本著作系国家社会科学基金重大项目"百年中国播音史"阶段性研究成果

电视戏曲节目播音主持发展研究

章晓杰 著

中国广播影视出版社

图书在版编目（CIP）数据

电视戏曲节目播音主持发展研究／章晓杰著. -- 北京：中国广播影视出版社，2022.9（2024.3重印）

ISBN 978-7-5043-8422-5

Ⅰ．①电… Ⅱ．①章… Ⅲ．①戏曲－电视节目－播音－语言艺术－研究②戏曲－电视节目－节目主持人－语言艺术－研究 Ⅳ．①G222.2

中国版本图书馆 CIP 数据核字（2022）第 165382 号

电视戏曲节目播音主持发展研究

章晓杰 著

责任编辑：王 佳 刘雨桥
封面设计：北京卓伟博文印刷设计有限公司
责任校对：贾利娜 龚 晨

出版发行 中国广播影视出版社
电 话：010-86093580 010-86093583
社 址：北京市西城区真武庙二条 9 号
邮 编：100045
网 址：www.crtp.com.cn
电子信箱：crtp8@sina.com

经 销：全国各地新华书店
印 刷：三河市华晨印务有限公司

开 本：710 毫米×1000 毫米 1/16
字 数：295（千）字
印 张：18.75
版 次：2022 年 9 月第 1 版 2024 年 3 月第 2 次印刷

书 号：ISBN 978-7-5043-8422-5
定 价：88.00 元

序

电视戏曲节目播音主持是电视戏曲节目的重要组成部分，从电视戏曲节目诞生之日起就发挥着重要的作用，电视戏曲节目播音员主持人或对戏曲节目进行整体把控，或为戏曲晚会穿针引线，或与戏曲名家、名角儿访谈交流，或对戏曲表演进行评析，电视戏曲节目播音主持甚至成为一些电视戏曲节目的"灵魂"。经过多年的发展，我国电视戏曲节目播音主持队伍已经成长为中华优秀传统文化瑰宝——戏曲不可或缺的弘扬者和推广人。然而，当前播音主持界对我国电视戏曲节目播音主持的研究还比较匮乏，重视程度亦显不足。随着互联网技术的进一步发展，媒介生态愈发多元化，戏曲、电视戏曲节目以及电视戏曲节目播音主持面临着诸多的新情况、新问题。无论是从文化传承、发展和创新的角度，还是从戏曲艺术本身传播的角度，抑或是从播音主持艺术专业发展的角度考虑，都需要我们对我国电视戏曲节目播音主持的发展进行梳理和研究，对其历程进行回顾、对其现状进行解析、对其前景进行展望。

章晓杰所著的《电视戏曲节目播音主持发展研究》，以马克思主义新闻观为指导，以习近平新时代中国特色社会主义思想为根本遵循，以中国播音学为理论依据，以不同阶段我国电视戏曲节目播音主持创作活动为主要研究对象，以推进我国电视戏曲节目播音主持事业向前发展、电视戏曲节目繁荣兴盛、戏曲艺术重新焕发生机，以满足人民日益增长的美好生活需要为最终目的，进行了系统化、理论化的研究。该论著综合运用了播音主持艺术学、广播电视学、戏剧戏曲学等相关理论，对电视戏曲节目的功能与作用以及电视戏曲节目播音主持的主体特征和社会功能进行了论述，对各个阶段电视戏曲节目和电视戏曲节目播音主持发展的状况和阶段性特征进行了分析，从而总结出了我国电视戏曲节目播音主持发展的规律，并提出了推进我国电视戏曲节目播音主持向前发展的基本方略。

章晓杰一直以来踏踏实实躬耕播音主持艺术的实践、教学和科研领域，他曾于媒体一线担任十年播音员主持人，业务能力受到业界和广大观众的一致认可；留校以来，在教学工作中因材施教、勤勤恳恳、循循善诱，获得师生们的一致好评；在科研方面，他善于思考、乐于探究，深度参与了多个播音主持和媒体语言的国家级和省部级项目、在 CSSCI 期刊发表了多篇论文。为完成该论著，他收集、整理了大量资料，对播音主持、广播电视、戏剧戏曲等领域的大量文献资料进行了梳理、总结和对比研究，也对电视戏曲节目播音员主持人、电视戏曲节目制作人以及相关专家学者、戏曲演员和戏迷票友进行了大量访谈，获得了丰富的一手资料，实为可贵。

该论著补充完善了中国播音史理论，对于建立我国电视戏曲节目播音主持资料库，提高我国电视戏曲节目播音员主持人的综合素养提供了理论依据，为电视戏曲节目培养和选拔电视戏曲节目播音员主持人提供了参考。同时，在"一带一路"倡议和"国家文化数字化"战略背景下，该论著有益于增强电视戏曲节目播音员主持人传承和弘扬我国戏曲文化的能力、驾驭电视戏曲节目的能力；有利于提高我国电视戏曲节目的质量，满足电视戏曲节目观众的审美需求，更好接受我国优秀戏曲文化的熏陶，增强文化自信；有助于提升电视戏曲节目播音主持的国际传播能力建设，通过戏曲讲好中国故事。

章晓杰的论著《电视戏曲节目播音主持发展研究》，是国家社会科学基金重大项目"百年中国播音史"的阶段性研究成果，在此，对他论著的出版表示祝贺。未来，在戏曲节目播音主持方面还有很多内容值得研究，例如，广播戏曲节目播音主持以及新媒体戏曲节目播音主持等。希望他以此为起点，不断取得新的、更为丰硕的成果。

是为序。

姚喜双

2022 年 5 月 25 日

CONTENTS 目 录

第一章　绪　　论

　　戏曲是中华优秀传统文化的瑰宝，彰显着我们中华民族的审美风范、凝聚着我们中华民族的文化精髓，是表现和传承中华优秀传统文化的重要载体。保护传承戏曲艺术，赓续发扬戏曲文化有利于我们传承中华优秀传统文化，坚定文化自信。电视戏曲节目自诞生以来就在戏曲文化的传播与推广方面发挥着重要作用，为戏曲插上了电视的翅膀。电视戏曲节目播音主持是电视戏曲节目的重要组成部分，无论是在传播戏曲知识、评析戏曲表演，还是在推进节目流程、驾驭节目内容等方面，都是不可或缺的，因此，进行电视戏曲节目播音主持发展研究意义重大。

　　本文中的"我国"主要指中国大陆，暂未研究我国港澳台地区。"电视戏曲节目"是指运用电视的技术手段，以戏曲及其相关内容为主要创作素材，以戏迷票友、戏曲文艺爱好者等为主要目标受众，以传播戏曲文化为主要目的创作的电视节目。"播音主持"指节目中的播音员主持人或发挥播音主持作用的工作者及其播音主持创作活动。本研究不单独区分"电视戏曲"和"戏曲电视"之间的概念差异，将其普遍看作是"电视戏曲节目"的不同表述，不影响本文的研究重点、文章框架以及主要观点。

第一节 研究缘起与意义

一、研究缘起和依据

(一) 研究缘起

1. 我国电视戏曲节目播音主持研究呈散点化、碎片化状态

目前还没有专门研究我国电视戏曲节目播音主持的专著，我国电视戏曲节目播音主持研究的论文也大多处于散点化、碎片化的状态，因此对我国电视戏曲节目播音主持发展进行研究迫在眉睫。张颂 (2010) 指出，一个学科"必须得有史，包括播音创作史、播音教育史、播音学术史，等等。历史是一个学科三足鼎立的一足。目前我们只是在播音导论中提到了一些历史，还相当不完善、不完整。这是一个巨大的空白。"[①] 姚喜双 (2017) 指出"把握新时代社会主要矛盾的转化，是认识和把握当前播音主持事业发展的重要指导。"[②] 当前我国社会的主要矛盾已转化为人民日益增长的美好生活需要和不平衡不充分的发展之间的矛盾，这种不平衡、不充分体现在中国播音史方面就是"我们对中央台播音史研究得多，对地方台播音史研究得少；对整体播音史研究得多，对各种节目形态、分类别的播音史研究得少。"[③] 在中国播音学研究视域中，完善播音史，进行我国电视戏曲节目播音主持发展研究是当前必须要完成的任务。

2. 我国电视戏曲节目的数量和质量存在一定问题

戏曲是一门舞台艺术，在其漫长的发展历程中，舞台表演一直是其传播的主要途径。随着电视的出现，人们看戏的方式发生了巨大变革，人们从之前的坐在现场看戏台上的演员唱戏变成了坐在家里看电视里的演员唱戏。电视是一门遗憾的艺术，虽然电视的出现极大地增强了戏曲的传播力和影响力，

---

① 刘鹏、于哲、曾芝星、王珍子对张颂的专访，2010 年。
② 姚喜双在苏州大学"中国播音史研讨会"上的讲话，2017 年。
③ 同②。

但也遗失掉了部分原汁原味的戏曲元素，加之部分电视戏曲节目从业者业务能力有限，使得这个问题更加凸显。与此同时，当前我国电视戏曲节目受众当中，中老年观众所占比重较多，青少年观众较少，电视戏曲节目在吸引年轻受众方面存在一定的问题。在我国广播电视媒体自负盈亏的经营模式下，电视戏曲节目创造价值的周期较长，如中央广播电视总台央视戏曲频道，在所有频道中的广告份额一直处于劣势。当前，电视戏曲节目在我国所有电视节目中的比重较少，甚至很多地方台没有设置电视戏曲节目，部分电视台虽设立了电视戏曲节目，但观念陈旧、模式单一、同质化严重、技术条件落后、覆盖范围小、节目质量有待提高。这种状况无法满足弘扬我国优秀传统戏曲文化的需要，亟须我们重视且加以改善。

3. 我国电视戏曲节目播音员主持人素养有待进一步提高

当下电视戏曲节目播音员主持人队伍中，部分从业者政治站位不高，没有从弘扬我国优秀传统文化的高度和社会发展全局的角度认识电视戏曲节目播音主持，只是把这项活动当成自身从事的、单位安排的一项普通工作，上班签到、下班打卡，他们虽然完成了具体工作任务，却并没有充分发挥出个人潜力以及节目和受众所希望达到的更好的效果。著名电视戏曲节目主持人白燕升指出：“实话实说，戏曲人普遍来讲文化素养不高，电视戏曲人同样面临这样的问题。”[1] 部分电视戏曲节目播音员主持人从事电视戏曲节目的播音主持工作，却并不热爱戏曲，对我国的戏曲文化也只是略懂皮毛，没有在业余时间努力提升自身的戏曲文化素养，在主持电视戏曲节目的过程中对部分戏曲领域的专有名词和“唱念做打”的具体要求挖掘不够深入，不能引导观众在欣赏电视戏曲节目的过程中对戏曲内容的方方面面充分吸收，甚至有部分电视戏曲节目播音员主持人在主持的过程中，对戏曲演员是否唱完都拿捏不准。此外，部分电视戏曲节目播音员主持人播音主持基本功不够扎实，咬字不清、语音不准的现象时有发生，在播音主持服装的选择与搭配以及仪表的造型与设计方面也经常出现问题。在技术驱动传媒变革的当下，部分播音员主持人学习新技术、新知识的主动性不够积极，不能紧跟时代潮流，未将社会中出现的新手段、新方法较为充分地运用到电视戏曲节目播音主持创作活动当中。因此，

---

[1] 笔者对白燕升的专访，2019 年，详见附录。

目前我国电视戏曲节目播音员主持人的素养有待进一步提高。

4. 我国电视戏曲工作者互联网思维、创新能力有待加强

随着互联网技术的发展，电视媒体的受关注度和影响力衰减明显，越来越多的人（尤其是年轻人）观看电视节目的方式由原来的准时准点守在电视机前，变成现如今的在电视节目播出之后，随时随地可以通过手机或电脑观看。随着 5G、人工智能、VR 技术的诞生，万物互联即将成为现实，未来电视节目的主要传播渠道可能在大数据、零距离、趋透明、慧分享、便操作、惠众生的传媒生态下由电视平台转到其他平台。然而，当前具有融媒体特点的电视戏曲节目还比较少，无论是电视戏曲节目播音员主持人还是其他电视戏曲节目从业者，对市场、受众、节目制作方式的重新审视以及对电视戏曲节目未来走向的前瞻研究都比较欠缺。创新倘若乏力，前景令人唏嘘。在此背景下，我国电视戏曲节目播音员主持人应做好三方面的工作：一是要回顾历史，读史明智、鉴往知来，通过对我国电视戏曲节目发展脉络的梳理和播音主持历程的回顾来汲取养分；二是要把握当下，苦练内功、提升质量，无论传播媒介如何变幻都绕不开戏曲文化这一核心要义，通过苦练专业基本功和夯实戏曲文化知识，提升电视戏曲节目播音主持的质量来把握当下；三是要把握规律，我国电视戏曲节目播音员主持人应在认识和把握我国电视戏曲节目播音主持发展规律的前提下，进行梳理、总结和展望，进而推进我国电视戏曲节目播音主持事业向前发展。

此外，我国播音主持艺术在诞生、发展和完善的过程中从我国传统戏曲艺术当中借鉴了很多内容、汲取了很多养分。例如：戏曲中，唱曲时为了使字音准确、清晰，常把每个字音分为"字头""字腹""字尾"三部分，这三个名词就是戏曲术语；又如"基本功"，在戏曲中是指戏曲演员表演程式和技巧的基础功夫，包括腰、腿、台步、圆场、山膀、云手、毯子功、把子功等；再如"十三辙"，在戏曲中是指京剧和北方曲艺唱词的韵脚，包括中东、人辰、江阳、发花、梭波、遥条等；还如"五音"和"四呼"，五音是指喉音、齿音、牙音、舌音、唇音，四呼是指开口呼、齐齿呼、合口呼、撮口呼，戏曲演员只有准确掌握了五音的部位，结合四呼的运用，才能发音吐字正确，并且清晰地传送给远近的观众；除此之外，播音主持艺术基础中的"咬字""吐字""气口""换气""偷气""丹田音""调门""塌中"等词语都源于戏

曲术语。可见，戏曲艺术为我国播音主持艺术提供了丰富的营养，因此进行我国电视戏曲节目播音主持发展研究，有利于这两门学科进一步互通有无、相互借鉴，从而共同向前发展。

（二）研究依据

1. 理论依据

（1）马克思主义新闻观。马克思主义新闻观由马克思、恩格斯、列宁等杰出思想家创立，是马克思主义对新闻现象和新闻活动的根本观点和总体看法，其核心是关于无产阶级及其政党新闻事业的工作性质、工作原则和工作规律的一系列基本观点。马克思主义新闻观是一个博大精深的思想理论体系，是马克思主义理论体系的重要组成部分，其丰富的理论内涵、正确的价值导向决定了它成为我国传统主流媒体新闻舆论活动理论基础的地位。马克思主义新闻观是一个开放的、与时俱进的理论体系，以毛泽东、邓小平、江泽民、胡锦涛、习近平等为代表的几代中国共产党人在继承马克思等杰出思想家智慧结晶的基础上，结合中国革命、建设、改革和发展的实际对马克思主义新闻观不断发展和创新。作为无产阶级认识和改造世界的理论武器，进入新时代以来，马克思主义新闻观依然全方位地指导着党的新闻舆论工作。新闻属性是播音主持艺术的根本属性，我国电视戏曲节目播音主持是党的新闻舆论工作的一部分。本研究以马克思主义新闻观为指导，探讨在中国共产党领导下的我国电视戏曲节目播音主持是如何继承和弘扬我国优秀传统文化，为实现中华民族伟大复兴而不懈奋斗的。

（2）习近平新时代中国特色社会主义思想。党的十八大以来，以习近平为主要代表的中国共产党人顺应时代发展，从理论与实践相结合的角度系统回答了新时代坚持和发展什么样的中国特色社会主义、怎样坚持和发展中国特色社会主义的重大时代课题，创立了习近平新时代中国特色社会主义思想。2017 年 10 月，党的十九大在北京召开，党的十九大报告首次提出习近平新时代中国特色社会主义思想，并予以充分论述。从中我们可以看出，习近平新时代中国特色社会主义思想充分体现了对中华传统文化精髓、世界优秀文明和现代科学成果的融会贯通，体现了对世情、国情、党情和民情、民意、民心的精准把握，是进行伟大斗争、建设伟大工程、推进伟大事业、实现伟大梦想的强大思想武器。党的十九大报告指出，要"繁荣发展社会主义文艺。

要繁荣文艺创作，坚持思想深邃、艺术精湛、制作精良相统一"①，这一要求为本研究提供了指导方针。党的十九大报告指出，新时代我国社会的主要矛盾已经转化为人民日益增长的美好生活需要和不平衡不充分的发展之间的矛盾，这种不平衡不充分体现在我国电视戏曲节目及电视戏曲节目播音主持领域主要有：中央台和地方台之间、各个地方台之间以及传统媒体与新媒体之间。本研究以习近平新时代中国特色社会主义思想为根本遵循，从播音主持创作角度出发，以对我国电视戏曲节目播音主持发展的历程进行纵向回顾以及对当下典型电视戏曲节目播音主持进行横向解析的方式来推进，从电视戏曲节目播音主持的表象来研究其深层次的文化内涵，进而促进我国电视戏曲节目播音主持均衡、充分、向前发展。

（3）中国播音学。中国播音学是一门综合性的交叉学科，涉及新闻传播学、艺术学、语言学、广播电视学、美学、戏剧与影视学、心理学、社会学等多个学科。中国播音学是指导我们坚持正确播音主持创作道路的学科，要求我们"站在无产阶级的党性和党的政策的立场上，以新闻工作者特有的敏感，把握国内外形势的发展变化和人民群众的思想实际，准确及时、高效率、高质量地完成'理解稿件—具体感受—形之于声—及于受众'的过程，以积极自如的话筒前状态进行有声语言的创造，达到恰切的思想感情与尽可能完美的语言技巧的统一，达到体裁风格与声音形式的统一，准确、鲜明、生动地传达出稿件的精神实质，发挥广播电视教育和鼓舞广大人民群众的作用。"②齐越《献给祖国的声音》中的《实践—认识—实践》，是 1963 年在上海播音组的讲话形成的文章，是中国播音学理论的奠基之作；张颂主编的《中国播音学》凝聚了集体智慧的结晶，全面系统地梳理和总结了播音主持艺术的学术理论体系，成为播音学科正式建立的标志；此外，张颂的《播音主持艺术论》《播音创作基础》，姚喜双的《播音学概论》《播音导论》《播音风格探》，鲁景超的《播音主持语言的文化功能》《广播电视即兴口语表达》等一大批播音主持艺术专业的著作，都为本研究向前推进提供了强大的理论支撑。中国播音学是一门

---

① 习近平：《决胜全面建成小康社会　夺取新时代中国特色社会主义伟大胜利——在中国共产党第十九次全国代表大会上的报告》，人民出版社，2017，第 43 页。

② 张颂主编：《中国播音学》，北京广播学院出版社，2003，第 37 页。

不断丰富和发展的、与时俱进的学科。本研究不仅以中国播音学为依据和理论支撑，更以完善和发展中国播音学理论为努力方向。

2. 现实依据

（1）现行政策。党和国家历来重视戏曲艺术的发展，"繁荣文艺创作"和"推动文化事业和文化产业改革发展"等内容多次被写入《政府工作报告》。2015年7月，国务院办公厅印发《关于支持戏曲传承发展的若干政策》，提到要"鼓励开设、制作宣传推广戏曲作品、传播普及戏曲知识的栏目节目"。还指出，要"发挥互联网在戏曲传承发展中的重要作用，鼓励通过新媒体普及和宣传戏曲"以及"各级新闻媒体要加大戏曲宣传力度……报道戏曲界树立新风、弘扬美德、服务人民的精神风貌"①。

在"一带一路"倡议背景下，我国与世界各国的联系更加频繁、交往愈发深入，中国戏曲作为中华优秀传统文化的精髓，在文化交往方面有着举足轻重的地位，戏曲可以用生动直观的演绎方式来传达所要表达的内容，易于观众解读和接受，在跨文化传播中拥有着独特的优势。我国电视戏曲节目以及电视戏曲节目播音主持，可以将传播范畴提升到国际文化交流与互鉴互赏的层面，拓宽艺术表达的视野，用中国故事展示我国优秀传统文化中的爱国主义和民族精神，呈现中国气派和人文性格，让世界了解中国文化，也让中国文化真正走向世界。

（2）现有节目。我国戏曲艺术历史悠久，戏迷票友众多，拥有广泛的群众基础。电视戏曲节目是在1958年我国电视艺术诞生伊始就随之出现的节目形式，在我国电视戏曲节目发展过程中产生过诸多优秀作品，较有影响的节目有《秦之声》《九州戏苑》《梨园芬芳》《聚艺堂》《过把瘾》《戏曲采风》《梨园群英》《名家名段》《知识库》《戏迷角》《南腔北调》《空中剧院》《名段欣赏》《戏苑百家》等，在这些作品的共同影响之下，电视戏曲节目在戏曲传播活动中发挥着越来越重要的作用。当前具有代表性的电视戏曲节目有中央广播电视总台央视戏曲频道的《角儿来了》《梨园闯关我挂帅》《一鸣惊人》《跟我学》等；河南台的《梨园春》，北京台的《欢天戏地》，山西台的

---

① 国务院办公厅印发关于支持戏曲传承发展若干政策的通知［EB/OL］. 中央政府网. 2015 – 7 – 17. http://www.gov.cn/zhengce/content/2015 – 07/17/content_10010.htm

《走进大戏台》《伶人王中王》，安徽台的《相约花戏楼》，河北台的《绝对有戏》，浙江台的《戏相逢》，甘肃台的《大戏台》，湖北台的《戏码头》等。观赏电视戏曲节目是很多戏迷、票友以及电视戏曲节目爱好者业余文化生活中重要的休闲娱乐方式。

电视戏曲节目播音员主持人是我国播音主持队伍的重要组成部分，在电视戏曲节目播音主持史上，沈力、赵忠祥、宋世雄、刘璐、薛飞、杜宪、张宏民等播音员主持人都曾主持过电视戏曲节目。当前，我国较有影响力的电视戏曲节目播音员主持人有白燕升、董艺、张喆、赵宝乐、赵靓、庞晓戈、孔洁、程成、刘芳、张靓婧、马滢、朱晓杨、丁亮、李锦宏等。我国当前电视戏曲节目播音员主持人群体不断发展壮大，是本研究得以推进的重要现实依据。

二、研究意义和目的

(一) 研究意义

1. 为传承和发扬中华优秀传统文化——戏曲艺术踵事增华

戏曲是包含文学、音乐、舞蹈、美术、武术、杂技以及人物扮演等各种因素的综合艺术形式，是我国劳动人民和戏曲工作者的伟大创造，是我国优秀传统文化的瑰宝。中国戏曲起源于原始歌舞，从秦汉时期的乐舞、俳优和百戏发展到唐宋的参军戏、宋杂戏，再到南宋的南戏和元代的杂剧，经历了漫长的发展历程，直到清代地方戏曲空前繁荣，并且形成了京剧。中华优秀传统文化是中华民族精神之魂，是中国文化软实力最有力的支撑，弘扬中华优秀传统文化是实现中华民族伟大复兴的有力支撑。进行我国电视戏曲节目播音主持发展研究，提升我国电视戏曲节目播音员主持人的整体素养，有利于播音员主持人在进行电视戏曲节目播音主持创作的过程中更好地理解戏曲艺术的内涵和要义，在进行戏曲文化的传承和发扬过程中发挥更大价值，在戏曲艺术和戏曲受众之间更好地发挥桥梁和纽带作用，从而为坚定文化自信，传承和发扬中华优秀传统文化，实现中华民族伟大复兴作出应有的贡献。

2. 构建较为系统全面的电视戏曲节目播音主持发展史框架

当前，我国播音主持学界对戏曲节目播音主持的研究多处于散点化和碎片化状态。现有研究中，有的是戏曲节目播音员主持人以"情感投入""角色定位"等为主题进行的经验总结,有的是相关学者就戏曲节目播音主持的"知识结构""形象建构"等某一个角度进行的论述,还有的是部分电视戏曲节目研究者从电视戏曲节目的视角出发,对戏曲节目播音员主持人的"作用"和"价值"等略有提及,暂时还没有较为全面、系统研究我国电视戏曲节目播音主持的文献。本文旨在建构起我国电视戏曲节目播音主持发展史的框架,并以对历程的梳理为重点,勾勒出各个阶段我国电视戏曲节目播音主持的实际状态和不同特点,分析代表事件、代表节目和代表人物的价值和影响,并进行相应的论述,从而在理论层面,对中国播音史进行补充完善,为播音主持艺术学界的研究提供有力的参考。

3. 总结经验、把握规律,发展电视戏曲节目播音主持创作

本研究通过对相关资料的收集整理和对其他多种学科的参考借鉴,梳理我国电视戏曲节目播音主持发展脉络,分析当前典型电视戏曲节目播音主持创作特征,展望未来电视戏曲节目播音主持的前景,根据其因时而异、因势而异、因地而异的特点,探寻我国电视戏曲节目播音主持发展的基本经验和规律性特征,有助于电视戏曲节目播音员主持人总结经验、把握规律,发展我国电视戏曲节目播音主持创作,推进我国电视戏曲节目播音主持事业。在此基础上,论述电视戏曲节目播音员主持人的必备素养,促进播音主持艺术专业教学,为培养出愈来愈多的优秀电视戏曲节目播音员主持人贡献智慧和力量,为电视戏曲节目挑选播音员主持人提供一定的参考。同时,有益于我国电视戏曲节目播音员主持人在当前及未来更好地应对技术演进及传媒变局,更好地服务广大戏曲节目受众。

(二)研究目的

进入新时代以来,我国社会的主要矛盾发生了变化。把握社会主要矛盾的新变化,对我们紧密联系经济社会发展的新实际,耐心细致地做好各方面、各领域的工作,具有重要的指导意义。

本研究的目的,从微观层面来讲,是为提高我国电视戏曲节目播音员主持人的素养,增强传承和弘扬我国戏曲文化的能力,进而优化我国电视戏曲节目的质量;从中观层面来讲,是为了补充完善中国播音史理论,建立我国电视戏曲节目播音主持的资料库,形成一定的研究成果;从宏观层面来讲,是为了提升广大人民群众观看电视戏曲节目时的欣赏体验,更好接受我国优

秀戏曲文化的熏陶，从精神层面满足人民日益增长的美好生活需要。通过分析，找出电视戏曲节目播音主持领域内不平衡不充分的现象，为解决中央台与地方台之间的不平衡、传统电视媒体戏曲节目与新媒体戏曲节目之间的不平衡、各个戏曲剧种之间的不平衡作出努力，对电视戏曲节目播音主持发展的不充分、研究的不充分进行分析和论述，并且提出加以改善的举措，为化解当前我国社会的主要矛盾作出电视戏曲节目播音员主持人应有的贡献。

第二节　文献综述

根据本研究的主题内容，笔者通过中国传媒大学图书馆馆藏、国家图书馆馆藏和中国知网、万方、维普等数据库，以及 BALIS 馆际互借系统的检索和查阅，共获取了五个方面的文献资料：国家相关政策文献、电视戏曲相关文献、中国播音学相关文献、其他学科相关文献、国外电视戏曲节目及研究相关文献。这些文献对本研究都有着重要的参考价值和借鉴意义。

一、国家相关政策文件

戏曲是我国优秀传统文化的瑰宝，开展我国电视戏曲节目播音主持发展研究，不能脱离对我国文化事业的关注。我国作为世界上唯一文明未曾中断的文明古国，文化事业一直是党和国家所关注的重要方面，党和国家的文件、报告以及领导人的重要讲话中关于发展社会主义文化事业的表述，为本研究提供了政策支撑。

2014 年 10 月，习近平总书记在北京主持召开文艺工作座谈会，他强调："文艺是时代前进的号角，最能代表一个时代的风貌，最能引领一个时代的风气。"2016 年 11 月，习近平总书记出席中国文学艺术界联合会第十次全国代表大会、中国作家协会第九次全国代表大会时指出："文艺事业是党和人民的重要事业，文艺战线是党和人民的重要战线。"2021 年 12 月 14 日，习近平总书记在中国文联十一大、中国作协十大开幕式上指出："文化是民族的精神命脉，文艺是时代的号角。"2017 年 10 月 18 日，中国共产党第十九次全国代表大会在北京召开，习近平总书记在党的十九大报告中指出：要"坚定文化自信，推动社会主义文化繁荣兴盛"①，其中"繁荣发展社会主义文艺"和"推动文化事业和文化产业发展"的论述，为本研究指明了方向。2019 年 3 月，习近平总书记在看望参加全国政协十三届二次会议的文化艺术界、社会科学界委员并参加联组会时，对做好新形势下文化艺术工作、哲学社会科学工作提出了"四个坚持"的明确要求，即"坚持与时代同步伐、坚持以人民为中心、坚持以精品奉献人民、坚持用明德引领风尚"。②

《中华人民共和国宪法》（2018 年修正）第二十二条规定"国家发展为人民服务、为社会主义服务的文学艺术事业、新闻广播电视事业、出版发行事业、图书馆博物馆文化馆和其他文化事业，开展群众性的文化活动。"第四十七条规定"国家对于从事教育、科学、技术、文学、艺术和其他文化事业的公民的有益于人民的创造性工作，给以鼓励和帮助。"

2015 年 7 月，国务院办公厅印发《关于支持戏曲传承发展的若干政策》，涉及本研究中"我国电视戏曲节目"内容的条款有第二十条，为"扩大戏曲社会影响力"，其中提到"鼓励开设、制作宣传推广戏曲作品、传播普及戏曲知识的栏目节目"。此外，还指出要"发挥互联网在戏曲传承发展中的重要作用，鼓励通过新媒体普及和宣传戏曲"以及"各级新闻媒体要加大戏曲宣传力度……报道戏曲界树立新风、弘扬美德、服务人民的精神风貌"。

"繁荣文艺创作""推动文化事业和文化产业改革发展"等内容多次写入政府工作报告，"加强社会主义精神文明建设"列入国家"十三五"规划纲要，国务院办公厅发布的支持广播电视事业快速发展的一系列政策文件，都为本研究提供了政策支持。

二、电视戏曲相关文献

随着电视戏曲节目蓬勃发展，相关研究逐渐进入大众视野。在早期的电

---

① 习近平：《决胜全面建成小康社会 夺取新时代中国特色社会主义伟大胜利——在中国共产党第十九次全国代表大会上的报告》，人民出版社，2017，第40页。

② 习近平看望参加政协会议的文艺界社科界委员［OL］. 新华网 . 2019 – 03 – 04. http:// www. xinhuanet. com/politics/2019lh/2019 – 03/04/c_1124192099. htm？ agt = 542&tdsourcetag = s_pcqq_aiomsg

视戏曲节目研究中，大家的注意力大多都不可避免地关注出现的节目，如舞台戏曲实况录像、戏曲专题节目、戏曲电视剧创作的艺术规律等。这个时期能够跳出对具体节目的评论，从戏曲形态演变的视角来观察电视戏曲的是周华斌1987年在《北京广播学院学报》上发表的《广场戏曲—剧场戏曲—影视戏曲》一文。该文从不同时期戏曲载体形态的变化探讨了电视戏曲的出现及其特点，并得出了比较适宜的戏曲与影视的结合办法：但求多元，不需统一，因戏而异。之后，周华斌在著作《广播·电视·戏曲研究》（1998）中，从广播和电视媒介与戏曲艺术结合的角度审视了学科交叉背景下戏曲传播的新特点，并且，从编辑和制作的角度将戏曲专题节目分为"学者型编辑""主持人型编辑""文学型编辑"。其中，以浙江台的《越剧舞台江南春》、山西台的《戏曲艺人艺名趣谈》和大连台主持人常松枝编辑并主持的《好戏连台》为例，描述了主持人的主持风格以及串联词的特点：认为常松枝的主持亲切自然，语言流利得体，整个节目轻松，非常好听；认为浙江台主持串联词倾向于诗情画意的江南情调；认为山西台的特点是知识性与趣味性相结合。此外，对于语言艺术，他认为最高境界是两个字："得体"，得体的"体"包括符合身份、符合语境、符合语体，既意味着播音员主持人的自我本色，又意味着适应不同节目的"性格化"追求。得体的主持人应该是"桥"，最重要的应该是"让人感到平等"。

杨燕在《电视戏曲论纲——呼唤涅槃的火凤凰》（2000）中，从时间上将电视戏曲划分为四个阶段：1958—1966年为初生阶段；1966—1976年为停滞阶段；1976—1979年为恢复阶段。1979年后，各方面条件成熟，电视戏曲才真正进入发展状态。她指出，1979年之前，电视戏曲还处于一种早期的、无意识的探索阶段；1979年以后，开始进入自觉创作阶段。由于历史规律的总结具有一定的滞后性，所以虽没有将央视戏曲频道的成立也作为分期标准，但在当时来讲，这一分期依然是科学合理的。杨燕主编的《中国电视戏曲研究（概览）》（2002）和《中国电视戏曲研究（汇评）》（2002）指出，电视与戏曲的结合是历史的必然。著作还以陕西电视台的陈爱美、浙江电视台的亚妮和更生、中央电视台的白燕升为例，介绍了电视戏曲节目播音员主持人的重要作用；杨燕主编的《电视戏曲文化名家纵横谈》（2009），通过对戏剧专家、电视行家和文化学者三个角度的采访，对电视与戏曲的结合、电视戏曲节目的作用以及电视戏曲节目的发展等多个视角进行了纵向和横向的广泛讨论。

焦福民在博士学位论文《后戏台时期戏曲传播研究》（山东大学 2006）中，对戏曲电视的传播进行了深入研究，梳理了从电视的发明到戏曲电视在我国出现、发展和普及的过程，对戏曲电视的传受特点进行了解析，并对当时戏曲电视所面临的困境和出路进行了论述。

费泳在《戏曲电视研究》（2012）中，对"电视戏曲"和"戏曲电视"概念的区别、戏曲电视栏目的分类及评价、戏曲电视人的素养等进行了分析，并给出了"戏曲电视节目主持人的成功秘诀"，指出电视戏曲节目播音员主持人要热爱戏曲，要向"专家型"主持人方向努力，即不说外行话、应变能力要强、最好会唱曲、参加节目制作、具备一定的采访能力，要培养自己的文化自觉。

王玉坤在博士学位论文《戏曲电视节目研究》（山西师范大学 2014）中，对戏曲电视的概况和分类进行了阐述和界定，从"节目化—栏目化—频道化"视角对戏曲电视节目的发展历程进行了梳理，并将"固定的主持人"列为戏曲由"节目"向"栏目"过渡的一个指标，对戏曲节目主持人白燕升的戏曲专业素养也进行了简要的阐述。

白燕升在《大幕拉开》（2014）中详细描写了其个人的家庭背景、成长经历、学习过程和电视戏曲节目播音主持工作历程，著作中对其童年时期热爱河北梆子、痴迷戏曲的描写以及学习河北梆子、参加戏曲演出的回忆，对于我们探索电视戏曲节目播音员主持人的养成具有重要的参考价值。由于央视戏曲频道成立之初只有白燕升一位专职戏曲节目主持人，所以其著作对其曾经主持过的戏曲节目的梳理和回顾，以及具体工作状态和心路历程都对本研究有着极大的参考价值。

在中国知网数据库中，笔者分别以"电视戏曲""戏曲电视""戏曲节目""电视戏曲节目"为关键词进行文献模糊跨库搜索。其中以"电视戏曲"为关键词对 1958—2018 年进行文献模糊跨库搜索，搜索出的文献总数为 201篇，均发表于 1983 年之后（见图 1.1）；以"戏曲电视"为关键词对 1958—

2018 年进行文献模糊跨库搜索，相关文献共 70 篇，均发表于 1994 年以后（见图 1.2）；以"戏曲节目"为关键词对 1958—2018 年进行文献模糊跨库搜索，相关文献共 306 篇，均发表于 1981 年之后（见图 1.3）；以"电视戏曲节目"为关键词对 1958—2018 年进行文献模糊跨库搜索，相关文献总数为 68篇，均发表于 1986 年以后（见图 1.4）。

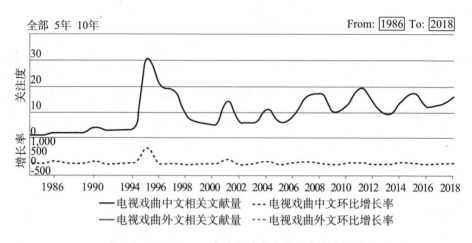

图 1.1　1986—2018 年电视戏曲文献跨库检索结果

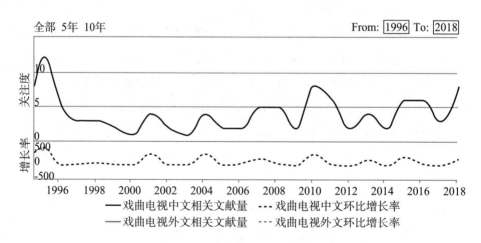

图 1.2　1996—2018 年戏曲电视文献跨库检索结果

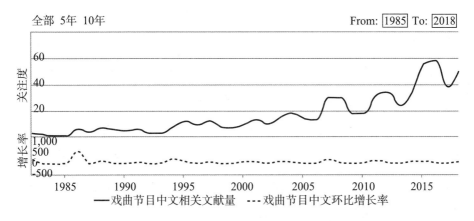

图 1.3 1985—2018 年戏曲节目文献跨库检索结果

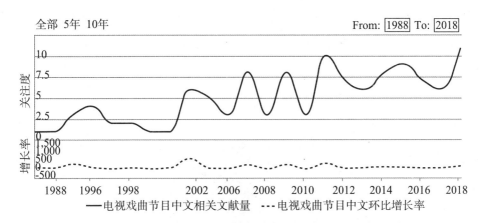

图 1.4 1988—2018 年电视戏曲节目文献跨库检索结果

综上所述，在 1981 年之前，以"电视戏曲""戏曲电视""戏曲节目""电视戏曲节目"四个关键词搜索到的文献较少，1981 年之后开始逐步增多，1995 年出现一次小高峰之后，在 2016 年达到峰值，达到 83 篇。比较来看，以"戏曲电视""电视戏曲节目"为关键词搜索到的相关文献较少；以"电视戏曲"为关键词搜索到的相关文献数量较多；以"戏曲节目"为关键词搜索到的相关文献最多，达 306 篇（见图 1.5）。对 1958—2018 年以"戏曲节目"为关键词搜索到的相关文献进行主题分布分析可见，对"戏曲节目"本体研究热度最高，在所有主题中占了将近一半的比例（见图 1.6）。对"戏曲艺术"的研究热度排在第二位，占所有主题的 6.62%。对"主持人"研究的热度排在第三位，占 5.46%，加上"节目主持人"的 1.99%，共 7.45%。可以说，在"戏曲节目"之外，对播音主持活动的研究热度最高。

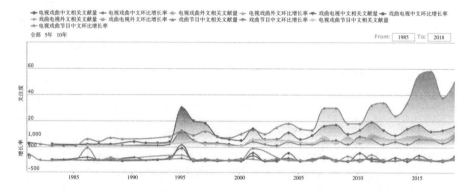

图 1.5　1985—2018 年电视戏曲、戏曲电视、戏曲节目、电视戏曲节目
文献跨库检索结果对比

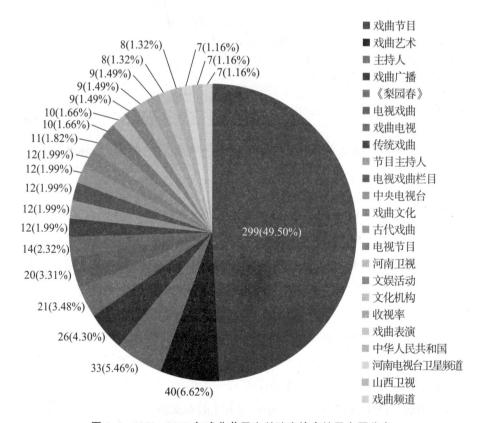

图 1.6　1958—2018 年戏曲节目文献跨库检索结果主题分布

按照分类，涉及戏曲艺术本体的主题有"戏曲艺术""传统戏曲""戏曲文化""古代戏曲""戏曲表演"；涉及电视戏曲节目播音主持创作主体的主题有"主持人"和"节目主持人"；涉及戏曲节目的主题有"戏曲节目""戏曲广播""梨园春""电视戏曲""戏曲电视""电视戏曲栏目""电视节目"；涉及电视频道的主题有"中央电视台""河南卫视""河南电视台卫星频道""山西卫视""戏曲频道"。此外，主题中还有"文娱活动""文化机构""中华人民共和国"和涉及戏曲节目受众的主题"收视率"。本研究也将以国家发展的历史变迁和社会状况为背景，围绕戏曲文化和戏曲艺术的特点，紧扣电视戏曲节目的发展脉络以及风格特征，将电视戏曲节目播音主持创作活动置于节目中进行考察。

近年来，关于电视戏曲节目播音主持的期刊论文也为本研究开阔了思路。陕西电视台戏曲节目《秦之声》主持人陈爱美在《中国广播电视学刊》上发表的《情感投入 深层参与——主持电视戏曲专栏〈秦之声〉的体会》（1996），结合她主持戏曲节目《秦之声》的经历，围绕"情感投入"和"深层参与"八个字，从"结合自身经历""贴近现实生活""切入感情热点"三个方面详细介绍了电视戏曲节目主持人如何更好地主持电视戏曲节目。这是我国较早的一篇探讨电视戏曲节目播音主持的论文。

河北电视台戏曲节目主持人于辉在《当代电视》上发表的《电视戏曲节目主持人的角色定位》（2007）指出，电视戏曲节目主持人首先要了解"戏曲是怎样的一门艺术"，只有了解戏曲才不会说外行话，并且要做到"尊重自己的观众"，电视戏曲节目的观众大多懂戏、爱戏，只有充分尊重观众，才能满足他们的期待。文章还提到把握准自身的定位还需要电视戏曲节目主持人提高综合素养，并从"做戏曲行家里手""语言把握恰当""最好能登台演唱"三个方面给出了提高综合素养的方式；最后指出电视戏曲节目主持人的角色定位应该是：带有专家学者风度的"戏迷的朋友"。

薛莹在《中国广播电视学刊》上发表的《电视戏曲主持人的角色换位》（2008）中，结合其主持电视戏曲节目的实践对电视戏曲节目播音员主持人的角色转换进行了探讨，她指出电视戏曲节目播音员主持人首先要做一个"亦播亦演"的角色，强调主持人可以尝试戏曲演员的角色，在对电视戏曲节目进行播音主持创作的同时还可以进行戏曲表演，如采用小曲唱或念白或程式动作表演来串联节目，会使播音主持创作更加生动、形象，与节目内容更加贴合；其次，电视戏曲节目播音员主持人可以做半个"戏曲专家"，提高戏曲素养，从剧目剧种介绍、演员表演赏析到台前幕后的轶事典故的讲解，会使播音主持创作更具知识性；再次，努力尝试在"不同角色中换位"，如节目前期的策划，节目当中扮演"医生""老师""经理"等角色，来提升节目的观赏度。

彭晓燕在《电影评介》上发表的《试析戏曲电视节目主持人的形象建构》（2014），从两方面探讨了戏曲电视节目主持人的形象建构：首先，"与节目彼此相融"是前提，主持人与节目应是协调统一、水乳交融的；其次，"塑造个性"是核心，通过"声音与情感的恰切""外形气质与节目的贴合""内行、独到、到位的语言表述"来塑造个性。

王屹飞在《四川戏剧》发表的《戏曲类节目主持人的现状研究》（2016）一文中探索了戏曲类主持人的发源，指出中国戏曲中没有出现主持人这一角色，然而在戏曲表演现场却存在着发挥主持人作用的戏曲角色。该文将20世纪80年代至90年代，各省台陆续开办的戏曲类电视栏目的主持人作为第一批具有开创性的探索者进行研究，并对我国戏曲类节目主持人的发展、戏曲类节目主持人的现状以及戏曲类节目主持人的角色定位进行了简要的论述。该文的研究方法虽与本研究有一定的差异，但为本研究提供了另一个视角。

笔者在《中国戏剧》发表的《我国电视戏曲节目播音主持发展研究初探》（2019）着重进行了我国电视戏曲节目播音主持发展历程的研究。文章将我国电视戏曲节目播音主持发展的历程划分为五个阶段：起步探索阶段的电视戏曲节目播音主持（1958—1966）、"文革"停滞阶段的电视戏曲节目播音主持（1966—1976）、改革开放时代背景下的电视戏曲节目播音主持（1976—1996）、专业戏曲频道背景下的电视戏曲节目播音主持（1996—2012）、融媒体背景下的电视戏曲节目播音主持（2012年之后）。分析了各个阶段的时代背景、相应的电视戏曲节目以及电视戏曲节目播音主持的阶段性特征，为本研究做好了框架性的铺垫工作。

三、中国播音学相关文献

我国电视戏曲节目播音主持发展研究是播音主持艺术领域的研究，中国播音学是本研究的理论基础和根源。中国播音学研究是随着我国人民广播事业诞生以来的播音主持实践开始萌芽的，如新中国成立之前的《邯郸台播音技术的点滴经验》、齐越的《十天播音工作个人总结》等文献都是中国气派播音风格形成的前提和中国气派播音主持学术的理论基础。

新中国成立之后的 1952 年 12 月 2 日，中央广播事业局召开了第一次全国广播工作会议。会议期间，中央人民广播电台主持召开了播音主持座谈会，作为新中国成立后召开的第一次播音工作会议，讨论了播音工作的性质、任务、作用、重要性，以及对播音员的要求和应学习的内容。1954 年齐越同志作为中国广播代表团成员去苏联学习，回国后先在中央台传达苏联播音工作的经验，并翻译了苏联播音员撰写的一些文章。在借鉴苏联播音经验的同时，也开始总结自己的播音经验。经过全体讨论共形成了五篇文章，由徐恒执笔的《播音员和播音工作》；夏青执笔的《克服报告新闻的八股腔》；李兵执笔的《播社论的体会》；张洛执笔的《把现实中的情景鲜明地再现在听众面前》；齐越执笔的《播音员和实况广播》。这些文章都为中国播音学的形成和发展打下了坚实的基础。1955 年 3 月，"全国播音业务学习会"在北京召开，明确了播音工作的重要性，学习了苏联播音经验，这次会议促进了各地播音组和播音员总结经验，为以后的播音理论建设积累了材料。齐越《献给祖国的声音》中的《实践—认识—实践》，是 1963 年在上海播音组的讲话形成的文章，是中国播音学理论的奠基之作；张颂主编的《中国播音学》凝聚了集体智慧的结晶，全面系统总结和梳理了播音主持艺术的学术理论体系，成为播音学科正式建立的标志。这些文献资料都为本研究提供了强大的理论支撑。

张颂的《播音主持艺术论》（2008）中关于对语言文化的思考、对播音标准的思考、对声形俱佳的思考以及关于对信息共享、认知共识、愉悦共鸣的思考等内容，都从学科基础层面为本研究提供了丰厚的营养。尤其是"论语言传播的三重空间"中对生存空间、规范空间、审美空间的论述，为笔者分析电视戏曲节目播音主持的语言传播如何发挥"言事醒人、言理服人、言情感人的精妙作用"，从而达到电视戏曲节目播音员主持人以及电视戏曲节目受众都可以获得审美愉悦的效果，开阔了理论视野。张颂的《播音创作基础》（2004）中对播音的正确创作道路的表述，为本研究确定了方向、指明了道路。

姚喜双的《播音学概论》（2000）和《播音导论教程》（2001）严谨细致地阐述了播音的性质和特征、地位和作用以及播音创作的要素和手段等内容，对于笔者进行电视戏曲节目播音主持的内涵界定，论述电视戏曲节目播音主持的功能与作用奠定了理论基础。姚喜双的《播音风格探》（1992）中对播音风格"独特的感受、独特的表达、整体美"的体现、播音风格"客观原因、主观原因"的成因的论述，以及对齐越、夏青、林如、方明的播音风格的具体分析，为笔者研究电视戏曲节目播音主持的整体风格以及各位电视戏曲节目播音员主持人的具体风格提供了重要参考。姚喜双主编的《新媒体时代广播电视语言研究》（2013）为笔者探讨媒介多元环境下电视戏曲节目播音主持的前景和趋势提供了全新的观念、视角、理念和操作方式。姚喜双主编的《首届播音主持·媒体语言西湖论坛文集》（2019）指出"中国特色社会主义播音主持体系基本建立"，对于本研究在新时代背景下，把握社会主要矛盾的变化进行相关研究具有指导意义。其中，关于改革开放以来我国播音主持理论和实践的论述，对本研究从宏观上透析我国播音主持事业的发展具有重要价值。

鲁景超的《播音主持语言的文化功能》（2016）鞭辟入里地论述了播音主持语言"真实、深刻、鲜活地记录历史""凝聚民族精神""标识时代""实现规范、传播规范""文化传承"的文化功能，为本研究探讨电视戏曲节目播音员主持人如何传承和弘扬中华优秀戏曲文化，充分发挥戏曲节目播音主持的文化功能提供了启发，尤其是"传承民族文化是一个民族自身发展的不竭动力"等表述，对本研究有着重要的借鉴意义和价值。鲁景超的《广播电视即兴口语表达》（2000）指出即兴口语表达对语言的基本要求为"准确与精炼、平易与质朴、亲切感人与语言的个性、启人心智与令人愉悦"，对于本研究概括电视戏曲节目播音员主持人在进行电视戏曲节目播音主持的过程中，面对临场出现的各种情况时的即兴口语表达和对戏曲表演的即兴评析具有重要的参考价值。

曾志华的《中国电视节目主持人文化影响力研究》（2009）关于主持人文化影响力的作用空间对受众审美心理、思维方式、受众价值的影响和对主持人及媒体自身影响的表述，为本研究分析电视戏曲节目播音主持对节目受众的影响和反馈提供了理论参考。关于主持人文化影响力最大化实现途径与战略思考的论述，对于笔者思考如何提高电视戏曲节目播音员主持人的文化影响力有启发意义。曾志华《电视节目主持人策划》（2006）中关于"选拔与打造——电视节目主持人策划的第一个环节"的阐述，选拔对象有大学毕业生、编辑记者、社会招聘人员、主持人大赛选手、相关行业人士等，为本研究中如何培养和选拔电视戏曲节目播音员主持人、储备电视戏曲节目播音主持后备力量提供了参考。

肖建华的《主持人文化底蕴》（2006）介绍了人类文化的本质、内涵和特点，并从历史、哲学、艺术等八个方面，阐述了人类文化的基本形式，涉及古今中外丰富的文化知识和深刻的文化理论。作者还力图将文化理论、文化知识与主持人的素质及其主持活动联结起来，使主持人摆脱一般的经验性操作，站在更高的文化层面上去从事主持活动，使主持人更具有文化修养、主持过程更有文化内涵。对本研究站在文化的高度衡量电视戏曲节目播音主持，分析如何提升电视戏曲节目播音员主持人的文化内涵和修养具有重要的参考价值。

王群和沈慧萍在《电视主持传播概论》（2007）中，从三个方面进行了电视主持传播的主体透析，即"节目主持人的角色定位""节目主持人的功能定位""节目主持人的素质定位"，角色定位中的"服务意识明朗的传播人"以及"主导意识明晰的主持人"对本研究中电视戏曲节目播音员主持人角色定位具有一定的参考价值；并且，著作中对电视主持传播中受众的特征、需求以及对受众需求的满足与引导策略，对本文研究电视戏曲节目播音主持的受众有启发意义。

李桃的《网络主持发展简史》（2018）对网络诞生以来，网络主持发展演进的过程进行了总结和梳理，并对"酝酿期""初始期""丰富期"等各个时期的特点进行了概括和探索，从而在此基础上对网络主持未来的发展趋势进行了预判。著述中对当下网络节目主持的解析，对本研究把握当前媒体融合阶段的电视戏曲节目播音主持有着重要的参考价值；该研究有关网络主持的分类、主持风格、人才培养及对某些网络节目的个案研究，对本研究也都有一定的参考价值。

除此之外，中国播音学领域的一大批播音主持艺术专业的文献，都为本研究的向前推进提供了强大的理论支撑，如张颂的《朗读美学（修订版）》

（2009）、《语言传播文论》（1999）、《语言传播文论（续集）》（2002）、《播音语言通论》（2002），徐恒的《播音发声学》（1985），毕征的《播音文体业务理论》（1989），祁芃的《播音主持心理学》（1999），姚喜双的《中国解放区新闻播音语言规范》（2007）、《媒体与语言：来自专家与明星的声音》（2002），吴郁和曾志华的《播音主持专业人才培养研究》（2008），吴郁的《当代广播电视播音主持》（2008）、《主持人的语言艺术》（1999），付程的《播音创作观念论》（2000），罗莉的《当代电视播音主持教程》（2011），高贵武和罗幸的《中国主持传播研究》（2018）等。笔者将以中国播音学理论为根基，站在巨人的肩膀上，确保本研究顺利完成。

四、其他学科相关文献

我国电视戏曲节目播音主持的发展既有广播电视传播者的传媒特点，也有戏剧戏曲传播者的文化特征，还有播音主持艺术专业的本体属性。因此，进行我国电视戏曲节目播音主持发展研究，离不开对戏剧戏曲学、新闻传播学、广播电视学、社会学、语言学、历史学等其他学科的借鉴和参考。

（一）戏剧戏曲学

周贻白的《中国剧场史（外二种）》（2016）收录了周贻白早年的三部著作：《中国剧场史》《中国戏剧小史》《中国戏剧史讲座》，全书凝聚着周贻白的戏剧观、戏剧史观和以史料"证史"的学术观念，对于笔者了解戏曲艺术的发生、发展、演变有着重要的参考价值。尤其是书中关于戏剧演出时"开场与散场"的研究，对于笔者探析广播电视出现之前我国戏曲艺术的剧场演出中是否衍生出了"主持人"这一行当有着重要意义。

张庚和郭汉城的著作《中国戏曲通论》（2013）对中国戏曲从理论层面进行了全方位的介绍，为非戏曲专业的研究者学习、了解、掌握戏曲理论文化知识提供了重要途径。著作中关于中国戏曲与中国社会、戏曲的人民性以及戏曲的艺术形式、艺术方法等内容，对于笔者从宏观上更加深入地了解中国戏曲具有重要的意义；关于戏曲文学、戏曲音乐、戏曲表演、戏曲舞台美术、戏曲导演的详细阐述可以为本研究关于戏曲艺术的具体论述提供理论依据；关于戏曲观众的论述对本研究分析电视戏曲节目播音员主持人与受众的关系具有重要的参考价值；关于戏曲改革以及未来前景的前瞻也为本研究开阔了思路。

梅兰芳在《舞台生活四十年：梅兰芳回忆录》（2017）中详细回顾了自己的学艺过程、舞台生涯和创作心得，生动再现了那个时代波澜壮阔的戏曲画卷。梅兰芳是中国戏曲的代表性人物，著作中对社会背景的描述、对戏曲唱段唱法的详细解释、对戏曲重要历史事件的口述，对整个戏曲界来讲都具有非凡的价值和意义，是戏曲界的宝贵财富。对于本研究从创作实践角度了解戏曲和戏曲表演、戏曲创作，从而分析电视戏曲节目播音员主持人如何更好地主持电视戏曲节目、分析戏曲表演、与观众交流都具有重要的参考价值。

傅谨在《新中国戏剧史（1949—2000）》（2002）中，全面叙述了1949年至2000年我国戏剧戏曲发展的历程，并将其划分为四个主要阶段，用"百花齐放、推陈出新""歌颂大跃进，回忆革命史""高大全，三突出""回到十七年，面向新世纪"来彰显这四个历史阶段的基本特征，梳理了新中国成立以来戏剧戏曲发展的脉络，该书关注到的政策和制度层面对戏剧戏曲发展的决定性作用对本研究有着重要的启发意义，对于当代戏剧创作和演出概况的描述对我国电视戏曲节目播音主持的发展研究亦有重要的借鉴意义。

赵山林所著的《中国戏曲观众学》（1990）和《中国戏曲传播接受史》（2008）从受众接受角度深入细致地论述了戏曲的传播活动。其中，后者主要从宋代、元代、明代、清代各个时期的戏曲传播活动进行了总结梳理和论述。前者分为上篇和下篇，上篇主要从"剧场与观众"的角度着手，梳理了瓦舍勾栏产生以来群众的观戏活动，以及观戏场所的变迁、不同观众的不同特点，等等；下篇为"观众心理学"，着重于戏剧学与心理学的交叉研究，分析了掌握观众心理的重要意义和观众的心理因素，从五个层面表述了以观众为主体的信息反馈流程。他认为"没有观众，就没有戏剧。有了伟大的观众，才会产生伟大的剧作家"。对于本研究而言，同样道理，没有受众，就没有电视戏曲节目播音主持，对于受众的研究也是本研究的一个重要组成部分。这两本著作对本研究中电视戏曲节目播音主持受众及受众心理的分析和思索有重要的借鉴意义。

刘祯的《戏曲历史与审美变迁》（2014）将我国戏曲发展的历史与审美的变迁进行了梳理，并对不同时期戏曲审美的不同特点进行了论述。研究我国电视戏曲节目播音主持的规律和特点离不开对戏曲艺术本体的观照，著述中关于"当代戏曲的发展及其走向"的内容，为本研究窥探电视戏曲节目的历史与电视戏曲节目播音主持审美变迁的关系提供了参考。刘祯提出"中华人民共和国的成立，开辟了戏曲艺术发展的新阶段"。其中，对于新中国成立初期毛泽东又一次提出"百花齐放，推陈出新"方针和这一方针所带来的影响进行了较为详细的阐述，指出"经过几年的努力尝试，戏曲改革结出丰硕之果"。

夏兰编著的《中国戏曲文化》（2007）整理出我国尚有记录的340多个戏曲剧种，并从形成与发展、音乐与唱腔、舞台与表演及角色与行头几个方面，对不同戏曲种类的不同特点予以简单介绍，对于本研究筛选戏曲种类的典型，从而确定研究对象具有一定的借鉴意义。同时，其中的中国戏曲发展简史，也为本研究简洁、清晰地把握戏曲发展的历程，从而把握电视戏曲节目发展历程和电视戏曲节目播音主持发展历程提供了一些参考。

张庚在《戏曲美学论》（2004）中，从美学角度对戏曲进行了深度剖析。他将"观众欣赏戏曲的特点"列为戏曲三度创作中的第三度创作，提出"戏曲欣赏的特点是台上在进行创作的同时，台下也在进行创作"。观众的品赏是一种"意会性"的创造，体现着中国戏曲艺术独特的舞台美学观念。蓝凡在导读中指出，"戏曲分场体制和舞台风格，规定了观众积极的艺术联想和想象""观众是编、导、演之外的中国戏曲舞台艺术的第四个创作成员"。此外，还提到"戏曲的人物塑造——求神似"和"在有限的舞台上表现无限的生活——虚实结合"等观点。最后他指出，戏曲是不断发展的，启发本研究用发展的眼光来看待戏曲和电视戏曲节目播音主持。

施旭升在《中国戏曲审美文化论》（2002）中，探讨了戏曲与中国文化的关系，指出戏曲是从中国民族民间的文化土壤中生长出来的一种艺术形式，在艺术精神上，戏曲体现着一种乐而不淫、中和有节、和婉深致、意味深长、雅俗共赏的精神特质，是名副其实的中国古代审美文化之集大成者。同时，著述还探讨了戏曲传播的界域，指出，中国戏曲一直是在不断地传播与交流中获得其审美与文化的定性的，戏曲的创作与欣赏、生成与发展离不开具体的传播与表达媒介；此外，还对电视戏曲和戏曲的网络传播等内容进行了一系列的阐述。

（二）新闻传播学

威尔伯·施拉姆在《传播学概论》（何道宽译，2010）中，从传播学角度出发，对传播的功能、传播的过程、传播的效果等进行了详细的阐述，尤其是传播的社会功能以及对人类的作用、传播关系的双向性、传播如何起作用、传播效果的若干模型等内容，对本研究中电视戏曲节目播音主持的戏曲传播、语言传播部分有着重要的参考价值，为本研究提供了传播学视域的理论支撑。

赖利夫妇在《大众传播与社会系统》（1959）一文中提出了著名的"赖利夫妇的传播系统模式"。他们指出，任何一种传播过程都表现为一定的系统的活动，而多重结构是社会传播系统的本质特点，即人内传播、人际传播和群体传播。这种"微观—中观—宏观"的社会传播系统模式对本研究把握电视戏曲节目受众、电视戏曲节目播音员主持人和电视戏曲节目之间的关系具有重要的参考价值。

雷蒙德·威廉斯在《文化与社会》（吴松江、张文定译，1991）中，详细论述了文化和社会的关系等内容，并指出：文化原来意指心灵状态或习惯，或者意指知识与道德活动的群体，现在变成也指整个生活方式。对于本研究中探讨戏曲与传统文化的关系具有一定的借鉴意义。

李良荣在《新闻学概论》（2013）中关于新闻事业的发展及其基本规律的总结，对本研究把握我国电视戏曲节目播音主持的发展规律，推进电视戏曲节目播音主持创作向前发展提供了参考；关于互联网与新媒体的叙述，对本研究探索新时代融媒体背景下的电视戏曲节目播音主持的演变及特点提供了新闻学视角的理论支持；关于新闻媒介的功能定位、传播效果以及我国新闻媒体的作用和任务，对本研究厘清电视戏曲节目的功能与作用、探索电视戏曲节目播音主持的特点有一定的启发。

约瑟夫·克拉珀的《大众传播的效果》（段鹏译，2016）分为两部分：第一部分为"说服传播效果"，其中约瑟夫指出，传播情境包含"传播的直接来源""传播媒介""传播内容""接收传播的各种社会环境"四方面的要素，对本研究探析戏曲传播与电视戏曲节目播音主持有声语言传播的关系有一定的参考价值。第二部分为"不同媒体素材的传播效果"，其中的媒体与受众的被动性研究对本研究中电视戏曲节目受众的相关部分有一定的借鉴意义。

古斯塔夫·勒庞的《乌合之众》（冯克利译，2004）作为大众传播学领域的经典著作，虽然成书于19世纪末，但该书中关于群体心理、群体特征、群体感情的表述对今天我们的研究依然具有巨大的启发意义，如他指出"我们要进入的时代，千真万确将是一个群体的时代"，放到当今社会依然适用。该书中关于群体意见的论述，为本研究中受众对电视戏曲节目的接纳与反馈提供了基本理论视角和方法，也为本研究开阔了社会学的视野，颇具参考价值。

刘海龙的《大众传播理论：范式与流派》（2008）详细介绍了国外传播学研究的历史和理论体系的构建过程，还重点解释了一些著名的大众传播学假说和理论。对本研究了解和掌握传播学基本理论，把握传播的规律和现实状况具有重要的参考价值。尤其是对受众使用与依赖取向着重从"受众的话语""使用与满足理论"和"使用与满足理论的发展与应用"三个方面进行了阐释。当下，移动互联网技术飞速发展，融媒体改变了过去以传者为中心的传播模式，以网民和链接关系为根本要素的网络传播结构业已形成，受众的主体地位愈发彰显，极大地转移了传统媒体的传播效力。在这种情况下，无论是对戏曲还是电视，抑或是电视戏曲和电视戏曲节目播音主持，如何把握年轻受众、吸引受众注意就显得愈发重要了。

伊莱修·卡茨等的《媒介研究经典文本解读》（常江译，2011）中收录了传播研究五大学派，即"芝加哥学派""格伦比亚学派""法兰克福学派""多伦多学派""英国文化研究学派"的经典基础性文本，其中芝加哥学派的"文化与日常生活""舆论与媒介控制"以及"受众及人群，人群及受众"假说等给予本研究以深层次的传播学思考和启发，具有重要的参考价值。

彭兰的《网络传播概论》（2017）对网络出现之后传播形态发生的变化以及网络传播中的新现象、新手段与新思维进行了解析，在充分吸纳新闻传播学理论的基础上注重将它们与网络传播现象相结合，并且对网络传播的内在规律进行了较为深刻地分析，这些都对本文关于互联网出现之后戏曲传播发生的新变化和新特点的研究具有较大的指导意义，对于总结新形势下电视戏曲节目播音主持创作的规律具有一定的启发。

（三）广播电视学

本研究带有史学研究的特点，史学研究历来有着"以史为鉴"的优良传统，电视戏曲节目播音主持发展的脉络依附于我国电视事业发展的大潮流，"皮之不存，毛将焉附"，因此，对我国电视史的探寻是做好本研究的前提和基础。我国电视事业诞生至今已经走过了六十多年的发展历程，史学文献如《中国广播电视通史》《中国电视史》《中央电视台年鉴》《广播电视年鉴》，等等，对本研究厘清电视戏曲节目播音主持发展历程及梳理各个时期的重大事件、重大决策、典型人物具有重要的作用。

刘习良主编的《中国电视史》（2007）对我国电视事业的发展历程进行了全面系统的梳理，将我国电视事业的发展划分为：艰苦创业（1958—1966年）、曲折发展（1966—1976年）、成长壮大（1976—1991年）、飞速发展（1992—2000年），并对各个时期的历史背景、电视事业的发展状况和特点进行了总结，为本研究提供了基本依据。

赵玉明主编的《中国广播电视通史》（2014）全面系统地梳理了我国广播电视的发展历程，其中广播电视各个时期的划分标准、宏观方面的社会政治文化、中观方面的广播电视发展状况和微观方面的具体节目发展细节，尤其是电视诞生之后的诸多史料都对本研究有着重要的参考价值，其中，涉及文艺节目及戏曲节目的内容更是为本研究提供了基本遵循。

高鑫的《电视艺术学》（1998）深入地阐述了电视艺术的理论，结合我国电视艺术创作和发展的实际，对电视艺术给予了科学的界定和分类，对电视艺术的语言、思维和审美特征及其规律进行了深入探讨。对本研究探寻电视戏曲节目播音主持语言、节目创作思维及审美的特征和发展规律具有一定的借鉴意义。

张海潮在《电视中国——电视媒体竞争优势》（2001）中结合媒体一线媒介经营管理经历，从理论与实践相结合的角度对电视媒体的特点和现实状况进行了详细阐述。尤其是"频道分众化与媒体市场"，对当时竞争激烈的电视媒体市场、各级电视台如何进行频道定位、如何凸显各自的竞争优势作了全景式的分析，具有实践上的指导意义，为本研究探析央视戏曲频道的建立和多家电视媒体设立戏曲频道的现象，以及对电视戏曲节目和电视戏曲节目播音主持的发展所产生的影响，提供了一定的参考价值。

此外，戏曲作为一门艺术形式，离不开艺术学理论的支持。王宏建在《艺术概论》（2010）中指出，大部分艺术理论家都认为艺术发展的规律应当从两个方面进行探讨：第一，揭示艺术发展的客观过程，阐释艺术发展的昨天、今天与明天之间的联系，这就是艺术发展的模式；第二，探究艺术发展的原因，阐释艺术作品与社会发展原因的关系，这就是艺术发展的动力。他指出，艺术发展的他律性包括：经济（决定力量和终极原因）、政治（直接、重大、深刻的影响）、宗教（双刃剑）、道德（巨大影响）、哲学（通过美学中介、创作方法中介影响）。郑杭生主编的《社会学概论新修》（2013）为本研究提供了社会学视角，将我国电视戏曲节目播音主持放在整个社会大系统中进行观察和分析，尤其是关于"社会运行与社会文化"的阐述，为笔者了解文化的含义和特征、文化的类型和功能，从而分析电视戏曲节目播音主持所承载的文化基因以及所发挥的文化功能具有重要的参考价值。岑运强主编的《语言学概论》（2015）对语言的本质进行了全方位地解析，为本研究提供了语言学视角。

五、国外电视戏曲节目及研究概况

世界上很多国家都有自己的民族戏剧，追根溯源之后不难发现，源头有三：古希腊戏剧、古印度梵剧、中国戏曲。中国戏曲是现存唯一还活着的古老戏剧，不仅依然在我们这个十几亿人口的国家发荣滋长，而且对日本、朝鲜、越南的戏剧都具有一定的影响。当前，国外与中国戏曲类似的传统戏剧有日本的歌舞伎、能剧，韩国的盘索里、假面剧，越南的丛剧，泰国的孔剧等。另外，自19世纪40年代开始，中国戏曲在新加坡落地、生根、发芽，成为当时华人最重要的娱乐形式，因此当前新加坡的传统戏剧主要就是中国戏曲。通过检索数据库和网站发现，可以直接检索到的关于国外电视戏曲节目播音主持的相关研究和资料非常少，但可以确定的是新加坡、日本、韩国都有与之传统戏剧相应的电视戏曲（戏剧）节目。由于国外电视戏曲节目及其播音主持并非本研究的核心要义，笔者只得通过管窥匮乏的资料，进行简单而粗疏的概括。

（一）新加坡电视戏曲节目及研究概况

但凡有华人的地方，几乎都有戏曲剧目的演出或戏曲唱段的演唱。华人占新加坡总人口的70%以上，除中国外，只有新加坡能把戏曲传承提升到国家文化战略层面的高度。新加坡本地剧团首次步入电视是在1964年，由当时的马来西亚电视台现场转播六一儒乐社在文化馆的演出，有计划播出戏曲节目是在 1968 年 6 月，为了通过电视将戏曲传送到观众家中，新加坡电视台推动"地方戏曲大会串"，在摄影棚内搭建电视舞台，邀请新加坡当地戏曲团体到电视台录影，专门拍摄福建与潮州地方戏。新加坡学者赖素春在《独立后的新加坡戏曲的衰落》（2007）提到，把地方戏曲放入电视荧屏，无疑是扩大了戏曲的接受面，对业余剧团来说是很大的鼓舞。

1995 年 9 月，新加坡成立了第一家戏曲学院，并积极与中国高校及研究机构进行学术交流，蔡曙鹏、容世诚、蔡碧霞、郭淑云、王芳、胡桂馨等新加坡学者多次发表戏曲创作、表演和戏曲传承、发展的相关论文。胡桂馨在《中国戏剧》上发表的《中国戏曲在新加坡》（1992），详细介绍了中国戏曲在新加坡生根发芽的过程及其在新加坡传承发展创新的经历。容世诚 1997 年出版的论文集《戏曲人类学初探——仪式、剧场与社群》运用田野调查的方法探讨了多个剧种，其中着重探讨了表演艺术与宗教仪式的紧密关联，丰富和深化了宗教仪式剧对中国戏曲研究的意义。新加坡戏曲学院院长蔡曙鹏在《艺术百家》发表的《在创新中传承新加坡戏曲艺术》（2012），着重回顾和介绍了新加坡戏曲学院多年来在创作、编导、表演上如何创造性地对传统戏曲艺术推陈出新，以及在传承传统戏曲文化过程中所进行的努力及其所取得的成绩。

（二）日本电视戏剧节目及研究概况

日本传统戏剧歌舞伎、能剧、狂言、人形净琉璃被称为日本四大古典戏剧，这些戏剧剧种都是根植于日本民间而产生的艺术形式，其中的歌舞伎更是被日本视为国粹和艺术瑰宝。随着日本经济的快速发展，娱乐形式愈发多样化，同中国戏曲一样，日本传统戏剧也受到了一定的冲击。但日本通过采取各种措施，传统戏剧依旧拥有着较高的社会地位。20 世纪 50 年代，歌舞伎演员开始进入娱乐圈、参演电视剧等。60 年代之后，在十一代目市川团十郎等人带动下，歌舞伎再次活跃。板谷俊生在《歌舞伎和京剧的交流——以1955、1956 年的交流为中心》（康乐译，2009）中，详细介绍了 1955 年、1956年两年中以京剧演员梅兰芳和歌舞伎演员市川猿之助为代表的中日交流互访公演活动，增强了传统戏剧在民间的影响力。20 世纪 80 年代，歌舞伎与京剧同台演出的剧目《龙王》体现了歌舞伎演员借鉴京剧艺术的大胆尝试，21 世纪初的《第十二夜》将歌舞伎和莎士比亚、东方和西方连接在了一起。毛利三弥在《现代日本戏剧的发展及问题》（1996）中提到，日本戏剧现代化是一种"跨文化"的产物，介绍了日本戏剧发展的背景和状况。不论其他，这种将传统艺术以新的组合方式融为一体的尝试，确实重新唤起了人们对传统戏剧的热情。

把传统戏剧放上电视荧幕也是日本传承和推广传统戏剧的重要方式之一。当前，日本传统戏剧和电视结合得十分巧妙，如每周日播出的传统戏剧电视节目《白昼梦》，就曾邀请日本女子偶像组合 NGT48 成员中井里佳，以"成人修行"的形式探访戏剧表演者，在节目中既有欣赏表演者演唱的画面，又有中井里香与嘉宾嘉井秀俊和表演者进行交流、讲述戏剧内容以及唱法的画面，在吸引青少年观众方面具有一定的价值。从日本 NHK 电视台的节目预告中可以看出，关于传统戏剧的节目以欣赏类为主，内容主要以歌舞伎、能剧、狂言、人形净琉璃等为主，而且大多安排在非黄金时段，如：《日本传统艺术》节目每周五 23 时播出，每周一 12 时进行重播，节目时长为 54 分钟；《古典艺术介绍》为每月的最后一个周日播出，播出时间为晚上的 21 时。此外，日本 NHK 电视台国际频道"NHK WORLD"的《KABUKI KOOL》节目向世界播放歌舞伎节目，其中，男主持人由歌舞伎演员片冈爱之助担任，身着日本传统服饰。女主持人由出生于澳大利亚悉尼的 Sarah 担任，着现代服饰，Sarah 先以英文向观众问好并简要介绍节目的主要内容，之后两人以一问一答的形式用日语对歌舞伎进行介绍，一般由 Sarah 进行提问，之后由片冈爱之助进行专业的解答。在播放歌舞伎表演的画面时，会有英文字幕对演员的台词进行翻译。这一节目在 2016—2017 年度由中村壹太郎和春香克里斯汀主持，同样是拥有双语背景的主持人和专业歌舞伎演员的搭档形式。节目的设计有助于让世界了解日本的歌舞伎文化，推动歌舞伎走向世界。值得一提的是，这一节目的融媒体宣传做得也比较出色，在其官方网站，节目的详细情况、精彩花絮一目了然。

（三）韩国电视戏剧节目及研究概况

韩国的传统戏剧有假面剧、盘索里、人偶戏、巫剧等。在韩国，与中国的"非物质文化遗产"相对应的词是"无形文化财"。1962 年，为了保护这些文化瑰宝，韩国制定了《文化财保护法》，从国家角度进行指定和保护。除了国家层面的保护措施，韩国民间也同样在为弘扬韩国传统戏剧进行各种尝试。韩国电视综艺节目制作水平较高，这种水平在制作电视戏剧节目中也有展现。1995 年开播的 MBC 常规节目《好！我们的曲调》，在节目的第一千期进行特别策划，为了恢复盘索里的原型，曾经邀请王岐哲、王岐石、苏柱昊、金学勇、崔英兰、权河京、金美淑、廉敬爱、张文姬、朴爱利等十二位戏剧无形文化财传承人和总统奖获得者录制类似于真人秀的《盘索里生存》特别节目。为传播最原汁原味的韩国原生态的传统戏剧，节目再现了表演者和观众在一起和谐交融的盘索里原始舞台，摆脱了以往以欣赏为主的节目形式，传达出了盘索里特有的现实感。这一节目当时被 MBC 电视台当作明星产品推出，播出之后取得了良好的社会效果，也获得了多个奖项。该节目的主持人为周惠京，有网友评论"主持风格亲切自然、有人情味儿，给人一种甜美的感觉"，很受韩国观众的喜爱。

　　韩国学者田耕旭在其著作《韩国的传统戏剧》（2014）中，详细介绍了韩国传统戏剧的由来，梳理了发展的脉络，并对假面剧、盘索里、人偶戏、巫剧四个主要传统戏剧的形成和嬗变进行了深入浅出的论述，为人们了解韩国传统戏剧产生的社会背景、当下发展的特征以及未来发展的走向提供了清晰的视角。韩英姬在其博士论文《韩国假面剧研究》（延边大学，2010）中，从假面剧的历史、文学、戏剧、接受和功能五个层面对假面剧的前世今生进行了透彻地论述，文中有关"假面剧的传播媒介与接受方式"的论述对笔者启发很大，其中讲到：戏曲舞台上的桌椅等砌末（简单布景和大小道具的统称）并不确定舞台环境，它的假定必须通过演员的表演，即以剧中人物对时空所引起的内心反应通过"形之于外"的唱念做打表现出来。而假面剧场景中的任何道具都是一种具象的假定，它不需要通过演员的表演，这与中国戏曲存在本质上的差别，这表明韩国的电视戏剧节目与中国的电视戏曲节目在制作上存在一定的差异。同时文中谈到，二者也有很多类似的方面，说明中国和韩国的传统戏剧以及电视戏曲（戏剧）节目可以互相借鉴，共同提高。

第三节 研究框架与方法

一、研究框架

本研究从始至终贯穿"发展"的主线，以我国电视戏曲节目播音主持为研究对象，共分五章。

第一章的绪论部分，对选题的缘起与依据、意义与目的、框架与方法、难点与创新点进行详细阐述，明确研究对象和问题，详细梳理相关领域的文献资料，为下文的论述做铺垫和说明。在研究方法方面，选用访谈法、文献研究法、个案研究法、比较研究法、交叉研究法，同时，借鉴"表象艺术论"的方法对电视戏曲节目播音主持创作细节进行再现和描述，真实还原各位具有代表性的电视戏曲节目播音员主持人在播音主持创作活动中的风格和特点，力求在理论创新、方法创新和观点创新上有所建树。

第二章为我国电视戏曲节目播音主持概述。第一节主要论述我国电视戏曲节目的基本情况，从戏曲与电视的结合、电视戏曲节目的概念与分类、我国电视戏曲节目的功能与作用三个层面展开论述。着重分析不同的电视戏曲节目类型对电视戏曲节目播音员主持人的不同要求。从电视戏曲节目对弘扬中华优秀传统文化的作用、引导受众的功能以及对戏曲本身的作用等视角切入，充分论述我国电视戏曲节目的意义和价值。第二节主要对我国电视戏曲节目播音主持进行内涵界定。首先，对电视出现之前的戏曲"播音主持"进行爬梳；其次，结合电视戏曲节目播音主持的创作要素，阐述电视戏曲节目播音主持的概念；最后，通过分析电视戏曲节目播音主持的主体特征、社会功能以及发展瓶颈和生存困境，找准电视戏曲节目播音主持的定位，为接下来的分段研究打下坚实的基础。

第三章论述我国电视戏曲节目播音主持发展历程回顾（1958—2012）。综合政治环境、技术条件、社会文化等要素，纵观我国电视戏曲节目播音主持的变化，将我国电视戏曲节目播音主持发展的历程划分为四个阶段：萌芽与起步阶段（1958—1978）、迅速发展阶段（1978—1996）、蓬勃发展阶段（1996—2012）和融合发展阶段（2012年之后）。这一章的内容分为三节进行回顾，每一节都围绕我国电视戏曲节目播音主持发展的时代背景、电视戏曲节目状况和播音员主持人的具体创作活动进行分析，总结各个阶段的电视戏曲节目播音主持阶段性特征，并展开论述。将新时代以来的融合发展阶段作为第四章进行详细论述，以凸显新时代以来取得的成就以及新时代所面临的新挑战和新机遇。

第四章为我国电视戏曲节目播音主持发展现状分析（2012年—）。第一节介绍新时代的社会背景及媒介环境，结合社会主要矛盾的变化，深挖电视戏曲节目及电视戏曲节目播音主持生存和发展的土壤；第二节分析新时代背景下电视戏曲节目发展的模式，分析在政治环境和技术条件共同作用之下，我国电视戏曲节目呈现出的媒体融合式、综艺跨界式、联合创制式三种模式；第三节针对中央台和地方台最具代表性的电视戏曲节目，进行电视戏曲节目播音主持个案研究，详细分析各电视戏曲节目播音员主持人的创作风格及特点，指出播音主持创作过程中存在的不足，并尝试给出改进提升的建议；第四节总结新时代我国电视戏曲节目播音主持的特征。

第五章以前四章内容为基础，总结我国电视戏曲节目播音主持发展的规律性特征，并展望发展的前景，提出推进我国电视戏曲节目播音主持向前发展的方略。第一节阐述我国电视戏曲节目播音主持发展的客观性和多样性，客观性主要从生产力决定生产关系的角度进行论述，先指出政治环境、技术条件等因素对我国电视戏曲节目播音主持发展的决定性作用，再得出我国电视戏曲节目播音主持创作是以时代背景为创作土壤的客观不变的特征。再从变量角度出发，指出不同的戏曲剧种对电视戏曲节目播音员主持人的要求不同；不同层次的受众对电视戏曲节目播音主持的期许和反馈不同；不同时期的电视戏曲节目播音主持创作存在差异，同一时期不同类型的电视戏曲节目播音主持创作不尽相同，同一电视戏曲节目类型不同播音员主持人之间的播音主持创作不同，同一播音员主持人不同阶段的播音主持创作不同。在此基础上，论述我国电视戏曲节目播音主持创作的发展"百花齐放"的多样性特征。第二节阐述我国电视戏曲节目播音主持的曲折性和必然性。首先阐述由于社会发展问题、政治事件、电视戏曲节目播音员主持人自身问题等原因导致的曲折性，指出我国电视戏曲节目播音主持发展不是一帆风顺的。其中，主要论述我国电视戏曲节目播音员主持人自身存在的问题，如政治站位不高，缺乏战略眼光；戏曲素养不够深厚，未形成专家型电视播音员主持人群；忽视播音主持基本功训练，专业素养有待提高；持续学习的能力有待加强。针对以上问题，提出提升我国电视戏曲节目播音员主持人政治素养、业务素养、戏曲素养、文化素养等整体素养的对策。其次阐述我国电视戏曲节目播音主持发展的必然性，指出虽然发展过程中存在曲折性，但总体趋势也处于"否定之否定"的螺旋上升状态，我国电视戏曲节目播音主持发展的整体态势是不断进步的，在"实践—理论—实践"的原则下，我国电视戏曲节目播音主持一定会在实践中不断开拓前行，为我们传承弘扬优秀传统文化、坚定文化自信、实现中华民族伟大复兴作出应有贡献。第三节主要论述如何把握我国电视戏曲节目播音主持发展的规律性特征，推进我国电视戏曲节目播音主持创作向前发展。一是以人才为要，培养新生力量。论述人才的重要性以及培养新生力量的具体建议；二是以政策为纲，弘扬中华精粹。结合国家文化政策方向，发挥弘扬中华优秀传统戏曲文化的作用；三是以戏曲为核，坚持守正创新。电视戏曲节目播音员主持人区别于其他类型播音员主持人的特征就在于戏曲，因此，坚持以戏曲为电视戏曲节目播音主持的内核，将是推进发展的要义；四是以技术为基，适应新兴媒体。阐述在5G技术、万物互联、人工智能的媒体融合背景下，如何在传承优秀基因的前提下适应未来媒体的发展；最后是以传播为旨，讲好中国故事。阐述在"一带一路"倡议和"大国外交"政策背景下，我国与共建"一带一路"国家和世界各国的交流互通会更加频繁，电视戏曲节目播音员主持人应将戏曲和电视戏曲节目作为传播中华优秀传统文化的载体，以做好传播为目的，讲好中国故事，为世界各国更好地了解中国和中国文化贡献力量。

二、研究方法

我国电视戏曲节目播音主持发展研究，既涉及历史的回顾与梳理，又关切到当下现实状态的分析与论述，还关联到未来的发展前景与趋势，是一个着眼宏观与微观、包含纵向与横向、涵盖主观认知与客观评价的研究，需要借助多学科知识与多样化手段来予以推进，这也决定了研究方法的多样性。

（一）文献研究法

文献研究法主要是指运用检索、搜集、查询等方法获取文献之后，根据预先设定的研究问题对文献资料进行筛选、鉴别、归类等处理，从而形成对研究内容的科学认识的方法。通过中国知网、万方、维普等数据库下载与电视戏曲节目和电视戏曲节目播音主持相关的学术论文，借助国家图书馆、高校图书馆、媒体资料室和档案馆查询相关的书籍、报纸、杂志、光盘、录像带等各种形式的图文和音视频资料。通过对相关文献的学习、分析和比较，本文尝试为电视戏曲节目播音主持发展研究奠定扎实的理论基础。

（二）交叉研究法

交叉研究法也称"跨学科研究法"，是指运用多学科的理论、方法和成果，从整体上对某一课题进行综合研究的方法。本研究在马克思主义新闻观和习近平新时代中国特色社会主义思想指导下，运用中国播音学的基本理论，充分吸收新闻传播学、戏剧戏曲学、广播电视学、历史学、艺术学、美学、社会学、心理学等多学科的知识开展跨学科的交叉研究。播音主持艺术学本身就是一门涵盖多种学科因子的艺术形式，本研究也将继承和发扬播音主持艺术学科博采众长的优良传统，多视角切入、多学科交叉，对我国电视戏曲节目播音主持创作活动进行全面透彻的分析。

（三）访谈法

访谈法是指围绕相应的主题和研究目的与被访人进行的人际交流，从而获取相应信息和资料的一种研究方法。访谈法具有独到的优势，通过面对面的交谈可以根据对方的具体情况而采取恰当的方式来进行调整，使被访对象坦率地说出自己真实的思想、观点、态度、情感等有关情况。本研究拟选取我国电视戏曲节目播音主持发展历程中以及当前具有代表性的播音员主持人、电视戏曲节目相关研究专家学者、电视戏曲节目发起人、电视戏曲节目编导、戏曲演员、资深戏迷等为访谈对象，根据本研究主题或本研究中某一部分的要点进行访谈和交流。提前列出半框架式的采访提纲，以兼顾访谈的顺畅性和灵活性。

（四）个案研究法

个案研究法也称为案例研究法，是指对某一个体、某一群体或某一组织的研究，对所选案例进行全面、深入了解和分析的一种研究方法。本研究将主要采用此方法，对我国电视戏曲节目播音主持发展历程中以及当前具有代表性播音员主持人进行考察，运用通过访谈法获取的资料和信息，加之各类媒体对相应的播音员主持人的采访和报道，详细了解典型电视戏曲节目播音员主持人的成长背景、职业经历、创作心得和个人体会，探寻电视戏曲节目播音员主持人这一群体产生与发展的过程、内在与外在因素及各种因素的相互关系，将主观认知与客观评价相结合，使本研究的论述更有理有据。

（五）比较分析法

比较分析法是针对物与物之间和人与人之间的相似性或相异程度的研究与判断的方法。本研究对不同历史阶段电视戏曲节目播音主持活动进行历时比较，对同一阶段的不同电视戏曲节目播音员主持人、不同电视戏曲节目、不同类型电视戏曲节目播音主持活动以及国内外的电视戏曲节目进行共时比较。通过全方位地比较，深入分析各个研究对象之间的异同，并找出产生这种异同的原因，从而勾勒出影响我国电视戏曲节目播音主持发展的因素，探寻我国电视戏曲节目播音主持发展的基本经验和规律。

第四节 研究难点与创新点

一、研究难点和可行性

（一）研究难点

1. 相关文献和音视频资料搜集难。当前，关于我国电视戏曲节目播音主持的相关书籍和文章较少，由于电视戏曲节目一线工作繁忙，加之对学术史料不够重视，总结、梳理的记录和资料也较为缺乏。目前，从各个渠道搜集和查询到关于电视戏曲节目播音主持的文章和资料，大多为就某一个戏曲节目或戏曲节目播音主持的某个方面进行的个案分析。自 1958 年我国电视事业诞生以来至今，电视戏曲节目播音主持已经走过了六十多年的历程，由于技术条件有限和其他因素，除当下的电视戏曲节目视频资料比较容易找到，早期的很多音视频资料并未留存，搜集和查询的难度较大。

2. 多维学科视角研究难。我国电视戏曲节目播音主持发展研究是一个涉及多学科的研究，从题目中就可以看出其多维学科交叉的研究特点。本研究立足播音主持艺术专业，借鉴了其他学科研究视角，从而使该选题研究能够更加深入、更加全面。由于该选题涉及新闻传播、广播电视、戏曲艺术、历史学等其他学科，且时间紧、任务重，加之笔者多年来一直在播音主持领域深耕，对其他学科涉猎较少、研究不够深入。因此，难免会出现认识不到位、理解有偏差、视野有局限的问题。

3. 采访工作量较大。自我国电视戏曲节目播音主持出现以来，一代又一代电视戏曲节目播音员主持人出现在荧屏上，薪火相传、前赴后继。前文提到，访谈法是该选题一个重要的研究方法，进行各阶段的电视戏曲节目播音主持研究，离不开对相关典型电视戏曲节目播音员主持人的采访。然而，历史上的和当前的电视戏曲节目播音员主持人数量较多，确定具体采访对象存在一定难度，确定采访对象之后"联系采访对象、列出采访提纲、进行采访活动、整理采访资料、最后形成文字、提炼核心观点"也是一个繁琐而漫长的过程，任务较为繁重。

（二）可行性

首先，中国传媒大学是最早进行"广播戏曲""电视戏曲"研究的机构，依托强大的传媒类学科优势，相关专家学者在这一领域较为权威，研究成果较多，研究积淀较为深厚。当前，中国传媒大学的"新闻传播""戏剧与影视"两个学科入选"双一流"建设学科，雄厚的学术积淀和浓厚的学习氛围将为本研究创造良好的学术环境。

其次，强烈的个人研究意愿是本研究能够顺利完成的保障，戏曲和曲艺是笔者从小接触并且热爱的艺术形式。著名播音员主持人赵忠祥、白燕升、陈爱美、鞠萍、刘芳、赵靓、朱晓杨等对笔者的大力支持，电视戏曲节目研究专家杨燕、广播戏曲节目播音员主持人尚远、电视戏曲节目编导张弦、戏曲演员毕璐娜、裘识等对笔者的无私帮助，都是本研究得以顺利推进的重要保障。笔者近年来一直关注与电视戏曲节目相关的动态和信息，积累了一定的素材，尤其是近几年来，笔者查阅了大量相关的文献和资料，已具备一定的研究基础。

最后，对于其他学科积淀不够深厚的问题，笔者在研究的过程中查阅了大量其他相关学科书籍、旁听了诸多相关学科讲座、紧密关注相关学科前沿动态等方式持续输入相关知识，尽最大努力弥补了其他相关学科知识的不足；对于采访工作量大的问题，笔者从数量庞杂的电视戏曲节目播音员主持人中确定了各个历史阶段的代表人物进行采访，选取当下具有代表性的电视戏曲节目播音员主持人进行交流，从而以点到线、再到面地铺展开来，努力勾勒出了立体的、全方位的我国电视戏曲节目播音员主持人的历史和现实图景。

二、研究创新点

（一）理论创新

当前的文献资料中，有一些分析电视戏曲节目和电视戏曲节目播音主持的文章，但尚未出现对我国电视戏曲节目播音主持发展史进行梳理的论述。本研究将在前人对中国播音学研究的基础之上，参考一线电视戏曲节目播音员主持人的经验总结和本领域专家学者涉及电视戏曲节目播音主持的内容，全面系统地进行我国电视戏曲播音主持的研究，从整体上阐述我国电视戏曲节目的基本情况，论述电视戏曲节目播音主持的特征，抓住电视戏曲节目播音主持发展的症结，梳理电视戏曲节目播音主持的历史，分析当前我国电视戏曲节目播音主持的现实状态，总结电视戏曲节目播音主持创作的基本经验、创作原则、人员素养、一般规律等，完善中国播音学理论中电视戏曲节目播音主持的相关内容。

（二）方法创新

本研究综合运用文献研究法、交叉研究法、访谈法、个案研究法、比较分析法等主要方法，以中国播音学为主线，以历史学、戏曲学研究为重要参考，吸纳广播电视学、新闻传播学、艺术学、美学、社会学等学科的研究方法，按照对立统一、交叉互鉴的原则进行历时与共时、微观与宏观、定量与定性相结合的论述。在进行具体分析时，本研究还将借助"表象艺术论"的方法对电视戏曲节目播音主持创作的细节进行再现和描述，比如，主持电视戏曲节目时的服装道具是什么，在什么情景下说什么话，说这番话时的表情动作是什么样的，等等，从而真实还原各个代表性的电视戏曲节目播音员主持人在进行播音主持创作时的风格和特点。

（三）观点创新

本研究从国家文化发展战略高度对我国电视戏曲节目播音主持进行研究，从历史的角度对我国电视戏曲节目播音主持的发展进行梳理和总结，从弘扬中华优秀传统文化的层面对我国电视戏曲节目播音主持创作进行论述。结合时代背景、媒介环境以及社会发展趋势等因素，全面透析我国电视戏曲节目播音主持创作发展的前世今生，总结出我国电视戏曲节目播音主持发展的客观性与多样性、曲折性和必然性的规律性特征，从而为电视戏曲节目播音员主持人把握规律，为我国电视戏曲节目播音主持事业提供新的视角和观点。通过全方位的论述，为提升电视戏曲节目播音员主持人的整体素养提供理论依据，从而为创作出观众喜闻乐见的电视戏曲节目和弘扬中华优秀传统文化添砖加瓦。

第二章　我国电视戏曲节目播音主持概述

第一节　我国电视戏曲节目的基本情况

我国电视戏曲节目播音主持依托于我国电视戏曲节目。我国电视戏曲节目是伴随着我国电视事业的诞生而出现的，经过六十多年的发展，电视戏曲节目已经成为我国电视荧屏当中的一种重要节目类型。伴随着电视戏曲节目的蓬勃发展，电视戏曲节目播音主持亦遍地开花。因此，欲研究电视戏曲节目播音主持，必先厘清电视戏曲节目的基本情况。当下，无论是中央广播电视总台，还是省级电视台和市县级电视台都不乏电视戏曲节目的身影。近年来，电视戏曲节目与互联网的结合也成了当下戏曲传播和电视戏曲节目发展的一个新景观。尽管媒介环境日趋多元，媒体竞争日益激烈，电视戏曲节目依旧凭借自身独特的艺术魅力，在电视荧屏上绽放光彩。

中央广播电视总台央视戏曲频道（CCTV11）是以弘扬我国优秀戏曲艺术为主的电视频道，自 2001 年 7 月开播以来，为弘扬戏曲文化、普及戏曲知识发挥了重要作用。当前，央视戏曲频道的播出时间为每天早晨 6：00 到第二天凌晨 2：00，全天播出 20 个小时。主要电视戏曲节目有《角儿来了》《九州大戏台》《青春戏苑》《戏曲采风》《名段欣赏》《跟我学》《中国京剧像音像集萃》《一鸣惊人》《CCTV 空中剧院》《过把瘾》《梨园闯关我挂帅》等。此外，各类戏曲节庆晚会每年都会准时上演，如《新年戏曲晚会》《春节戏曲晚会》《元宵戏曲晚会》《中秋戏曲晚会》，每年都会如约与大家见面，内容丰富、雅俗共赏，不断推陈出新，深受广大戏迷票友的好评。近几年，地方台中较有影响力的电视戏曲节目有河南卫视的《梨园春》、北京卫视的《欢天戏地》、山西卫视的《走进大戏台》《伶人王中王》《中国梆子十大青年领军诞生记》、陕西卫视的《秦之声》、甘肃卫视的《大戏台》、湖北卫视的《戏码头》《全国大学生电视戏曲挑战赛》、安徽卫视的《相约花戏楼》、河北农民频道的《绝对有戏》、天津卫视的《国色天香》、天津文艺频道的《鱼龙百戏》、浙江影视娱乐频道的《戏相逢》、吉林卫视的《花开桃李梅》、山东卫视的《金声玉振》等。从最初原生态的戏曲表演实况转播到百花齐放、品类繁多的电视戏曲节目，甚至多个专业戏曲频道的出现，电视戏曲节目在传播戏曲、推广戏曲的同时也丰富了我国电视屏幕的内容。这些节目中，既有未设立播音员主持人的纯欣赏性电视戏曲节目，也有设立了播音员主持人的各种类型的电视戏曲节目；既有专职电视戏曲节目播音员主持人进行播音主持创作的节目，也有兼职电视戏曲节目播音员主持人进行播音主持创作的节目；既有播音员主持人发挥较大作用的电视戏曲节目，也有播音员主持人作用较小的电视戏曲节目。从历史的维度来看，我国电视戏曲节目播音主持创作活动的作用日益明显，电视戏曲节目播音主持队伍日益壮大，电视戏曲节目播音主持矩阵基本形成。

一、戏曲与电视的结合

（一）戏曲的内涵与特点

戏曲源于传统的民间歌舞表演，在我国有着悠久的历史，是我国劳动人民和戏曲工作者的伟大创造。我国原始时代的祭神歌舞中就已经出现了戏曲的萌芽，之后从秦汉时期的乐舞、俳优和百戏发展到唐宋的参军戏、宋杂戏，经历了漫长的发展历程，到 12 世纪戏曲形成了完整的形态。南宋的南戏和元代的杂剧时期是我国戏曲的黄金时期，在此之后，清代的地方戏空前繁荣，并且形成了被称为"国粹"的京剧。在历史上的很长一段时期，戏曲一直是我国最重要的一种艺术形式。作为我国优秀传统文化的瑰宝，可以说戏曲是我国老百姓须臾不可分离的精神食粮。

追根溯源，从目前可查阅到的文献中得知，最早使用"戏曲"一词的是南宋的刘埙，他著有《水云村稿》，其中《词人吴用章传》这样记载："至咸淳，永嘉戏曲出。"近代王国维的《宋元戏曲考》开始大量使用"戏曲"一词，并在《戏曲考原》中将戏曲的内涵界定为："戏曲者，谓以歌舞演故事也。"① 从戏曲艺术的内涵和形式来看，戏曲有综合性、虚拟性和程式性等基本特点。

戏曲的综合性体现在它是一种包含文学、音乐、舞蹈、美术、武术、杂技以及人物扮演等多种因素的艺术形式，它在文学方面的涉猎几乎达到了一应俱全的程度，无论是诗、词、歌、赋，还是散文、小说，都被囊括到了戏曲的剧本和唱词当中；在舞台布景及服饰化妆方面，充分吸纳了我国传统美术的精髓，无论是道具制作、脸谱设计、服饰搭配都将水墨丹青运用得妙不可言；在舞台表演方面，戏曲演员讲究"四功五法"，即"唱、念、做、打"和"手、眼、身、法、步"，将舞蹈、武术、杂技等多种门类融会贯通；在故事情节方面，既有历史事实又有神话传说，既有国家大事又有家长里短。

戏曲的虚拟性不仅是指戏曲演员在舞台上经常运用一些虚拟动作来完成的虚拟表演，还包括运用一些虚拟的场景来体现假定的场面，如一个圆场代表十万八千里、十几名士兵代表百万雄师、几声更鼓代表夜尽天明等，不求逼真、但求神似，这种虚拟性的表演需要通过观众调动联想来予以配合，从而使戏曲演员和观众之间达成一种心灵上的默契，这里的舞台时间与舞台空间的形态不是现实生活中时间和空间的艺术反映，而是经过心灵折射的时间和空间的艺术反映，类似于中国绘画美学中追求"此处无物胜有物"的"留白"艺术。

戏曲的程式性是指在戏曲创作和表演中需要严格遵守的格式和规范，表现在唱词上有七字或十字的不同对偶句式和字数，表现在音乐上有曲牌联套体和板式变化体，表现在人物造型和舞台布景上也有各种程式的组合和集结；戏曲的程式性是一代又一代戏曲人观察世事万物之后，经过反复推敲和提炼而形成的戏曲规范，是生活素材的艺术规范化，是戏曲吸收了诗歌、音乐、舞蹈、美术等注重形式感的艺术样式之后，经过同化和统一而形成的符号性、代表性特征，是戏曲区别于其他艺术品种的根本属性。

（二）戏曲与传统文化

戏曲中所蕴含的中国人的是非标准、审美观念、历史知识和伦理道德，

---

① 钮骠主编：《中国戏曲史教程》，文化艺术出版社，2004，第2页。

都是对我国优秀传统文化的映照。费孝通在《乡土中国》中指出："传统是社会所积累的经验。"① 文化是相对于政治、经济而言的人类全部精神活动及其活动产品。戏曲既是我国优秀传统文化的载体，同时又是我国优秀传统文化不可或缺的一部分。研究弘扬戏曲文化，揭示蕴含其中的中华民族的文化精神、文化胸怀，感受更基础、更广泛、更深厚的自信，积蓄更基本、更深沉、更持久的力量，面对纷繁复杂的传媒生态之大变局，我们更加需要深刻把握规律，在对历史的深入思考中，更好地走向未来。

狄德罗曾经说过："真理和美德是艺术的两个密友。"戏曲艺术发展至今，优秀作品不胜枚举，在作品中追求正义和真理的故事情节无不潜移默化地熏陶着每一位受众。新中国成立之前，我国社会的教育状况较为落后，整个社会文盲率较高，对于有些没有文化的老百姓而言"观戏如读书"，统治阶级的训教他们未必服从，然而戏曲中表演出来的内容则会润物无声地影响他们的三观。可以说，戏曲让人们懂得了为人处世之礼节和善恶忠良之纲常。如《程婴救孤》演绎了春秋战国时期，晋国忠臣赵盾一家三百余口被奸贼屠岸贾杀害，程婴冒死献子救孤的故事，剧中程婴作为正义与忠良的化身，承受着救孤之险、育孤之艰、失子之痛、丧妻之痛，经历了十六年忍辱含垢的心理压力和苦难命运的折磨，与奸贼屠岸贾进行了一场正义与邪恶、善良与残暴的比拼，凸显了程婴人性深处的光辉，全剧折射出了中华儿女的民族精神和民族气节；再如《窦娥冤》通过一位善良妇女窦娥遭受冤屈之后感天动地、愤恨凄楚的控诉，展现了中国人民面对黑暗压迫勇于反抗、坚强不屈的斗争精神。

戏曲艺术源于生活，又高于生活。戏曲中的故事从来都不是无中生有，戏曲内容都是源于我国老百姓的现实生活和精神生活。通过戏曲编剧的改编和演员的表演，又反作用于人们的社会生活。可以说，戏曲让人们知晓了历朝历代之状况、社会百态之常识。如《海瑞罢官》就取材于《明史·海瑞本传》，讲述的是明朝巡抚海瑞调任应天巡抚得知赵家冤情之后，为民请命、复审冤案的故事。面对强权威逼和罢官处境，海瑞依然在交印前将贪官恶霸及时行刑。故事展现了海瑞不畏强权、秉公执法的气节。人们通过观赏《海瑞

---

① 费孝通：《乡土中国》，人民出版社，2015，第 61 页。

罢官》不仅会对那段历史有所了解，还会被剧中主人公海瑞大公无私、刚正不阿的精神感染，从而达到趋善避恶的效果。戏曲中有很多类似的追求真善美的内容，其中蕴含的道德内涵源自中国传统的儒家道德思想，但又比正统的儒家道德规范更加宽泛，基本目的都是强调善恶之分、力劝世人向善。这种文化内涵将民族精神、人格力量、理性光辉三者完美融合，生动诠释了戏曲艺术与我国优秀传统文化的关系。

（三）电视与戏曲文化

电视是 20 世纪人类最伟大的发明创造之一。1924 年，英国科学家约翰·贝尔德制造出了世界上第一台电视发射和接收设备的雏形，用电视播送物体的轮廓。1936 年，英国广播公司在伦敦市郊开办了世界上第一家正规电视台，随后不久，法国和德国也都播出了固定的电视节目。在二战前夕，美国的电视事业发展进程明显落后于西欧，但是第二次世界大战之后，英、德、法、日、苏、意等国为满足战争需要，不得不暂时停止电视试验和电视播出，而将人力物力财力投入到战争之中，加之战争破坏，很多广播电视基础设施遭到摧毁性打击。虽然美国也参与了第二次世界大战，但美国本土并未受到战火影响，因此，在世界各国电视事业停滞的状态下，美国依然有六家商业电视台继续播出，并且，在第二次世界大战结束之后美国电视事业发展速度愈发加快，在 20 世纪 50 年代中期，美国有四分之三的家庭都有了电视机。

相比于西欧和美国，我国电视事业起步较晚，20 世纪 50 年代末期我国电视事业才开始出现，并且我国电视事业的孕育也是在较为错综复杂的国际国内环境之下进行的，我国电视事业诞生伊始就有着高度的政治意义和政策宣传使命。20 世纪 50 年代是资本主义和社会主义两大阵营冷战对峙的年代，当时新中国成立不久，虽然全国人民满腔热情地进行着社会主义革命和建设，但是毕竟经济基础和技术条件还很落后，因此，苏联等社会主义国家就成了我们学习研究电视技术的对象。1956 年我国开始筹建电视系统，1958 年 5 月 1 日，中国第一座电视台——北京电视台（现中央广播电视总台）开始试验播出，标志着我国电视事业的诞生。值得一提的是，当时出任我国第一位电视播音员的是从原中央人民广播电台调入的沈力。在我国电视事业刚刚起步的阶段，节目内容较为贫乏，戏曲实况转播以及戏曲唱段表演是主要的电视文艺形式。

　　电视的诞生使人们欣赏戏曲艺术的状态从群体共同欣赏为主转变成以个人或家庭为单位的观赏为主，从剧场、戏院回归到家庭；同时，电视也改变了整个社会的文化结构，很多以往备受追捧的文艺形式被电视抢走了风头，如戏曲、电影、文学等文艺形式都受到了前所未有的冲击；此外，电视的快速发展也深刻改变了当时社会原有的传播格局，报纸、广播等传播方式的主流地位被电视取代。可以说电视的出现是人类传播史上具有革命性质的一件大事。当前，受到互联网等新兴技术的影响，电视的发展速度及受追捧的程度虽今非昔比，但电视依然是我们日常生活中最具权威性的获取信息的渠道之一，依然是很多人娱乐放松的一个重要途径。

　　电视的出现改变了戏曲原有的传播生态。当前戏曲艺术的传播主要通过两种途径进行：一种是面对面的亲身传播；另一种是媒介传播。在戏曲艺术漫长的传播史上，面对面的亲身传播时间跨度最久、覆盖面最广、用途最多，它是指演员演戏和观众观戏必须在同一时间、同一地点进行，这个"地点"如今被称为"剧场"。剧场的形式是以表演者为中心，观众则处于围坐或旁立的位置。最早的剧场，是汉代的百戏之场；到隋唐时期，戏曲虽尚未成型，但是此时的歌舞剧已较为发达。《隋书·柳彧列传》中记载了当时隋炀帝为了显示国威而大兴演出的状况："建国门外，绵亘八里，列为戏场；百官起棚夹路，从昏至旦以纵观，至晦而罢。"[1] 此时的演出场所虽为临时搭建，但从中可以看出观戏场所已略显端倪；到宋元时期，戏曲已然成熟，观戏场所较为固定，如勾栏和瓦舍就是当时杂剧、曲艺、杂技的演出场所，勾栏内有戏台、戏房（后台）、神楼、腰棚（看席）。南宋孟元老《东京梦华录》卷二："其中大小勾栏五十余座。内中瓦子莲花棚、牡丹棚，里瓦子夜叉棚、象棚最大，可容数千人。"[2] 瓦舍中除了表演戏曲之外，还有卖药、估衣等店铺。南宋的耐得翁在《都城纪胜》中曾写道："瓦者，野合易散之意也。"[3] 可以看出，宋元时期勾栏瓦舍的分布已经具备一定的规模；到明清时期，地方戏日益繁荣兴盛，城市里的戏园、乡下的戏台已经是司空见惯般的存在。

---

[1]　周贻白：《中国剧场史》，中国戏剧出版社，2016。
[2]　上海艺术研究所、中国戏剧家协会上海分会：《中国戏曲曲艺词典》，上海辞书出版社，1981，第26页。
[3]　同[2]。

电子媒介传播背景下的戏曲，演员演戏和观众观戏不再局限于同一时间、同一地点，受众群也不局限于剧场观众。通过报纸、杂志、书籍、广播、电影、电视和互联网等大众传媒的传播，戏曲的受众面呈几何倍增长，其中的电影、电视、互联网更是满足了戏曲唱、念、做、打和手、眼、身、法、步四功五法以及服、化、道等全方位呈现的需要。尤其是电视，因其广泛的受众基础和戏曲节目制作的成熟机制，已成为当前主要的戏曲传播媒介。电视一方面极大地扩展了戏曲的传播空间，使戏曲这一艺术形式从戏园和剧场通过电视机走进千家万户，另一方面也遗失了一部分原汁原味的戏曲元素。普通戏园和剧场的观众数量少则几十人，多则一两千，然而电视戏曲节目观众的数量则多达几百万、几千万甚至上亿。以中央电视台的"春晚"为例，每年的"春晚"中都有戏曲节目，如 2019 年央视"春晚"中就有戏曲节目《锦绣梨园》，据统计，当年央视"春晚"的观众规模创造了跨媒体传播的新纪录，达到 11.73 亿人，也就是说，有数以亿计的人看到了戏曲艺术。所以说，电视为戏曲艺术的传播、普及和提高提供了非常有利的条件。

电视出现之后，戏曲受众也被严重分流，戏曲剧场门可罗雀，戏曲现场表演越发受到冷落；与此同时，电视戏曲节目在传播戏曲的过程中也存在一定的问题，如部分电视戏曲节目未设置观众，然而观众的现场回应和互动是激发戏曲演员表演出最佳状态的一个重要因素，艺术是有灵性的，在观众的热情鼓掌叫好声中，演员更容易激发出创作灵感，从而将戏曲表演的"华彩部分"表现出来，而当部分电视戏曲节目将这华彩部分抹杀掉之后，观众可能很难被吸引，从而放弃更深层次地了解戏曲；此外，戏曲表演的节奏与当下一些新兴的艺术门类相比较慢，观众专门到戏园或剧场观赏戏曲会有一种仪式感，在观赏过程中也会更加聚精会神，从而投入其中、深刻品味，而在电视机前人们很难达到注意力高度集中；加之，当前电视戏曲节目存在同质化严重的现象，各类草根戏迷票友大赛"你方唱罢我登场"，以戏曲为本体的电视节目相对较少，电视在揭示戏曲本体之精髓方面着力稍弱，在真正展示戏曲之美方面仍需努力。

总之，电视对于戏曲来讲是一把"双刃剑"，电视的出现既为戏曲带来了机遇，也为戏曲带来了挑战。然而从整体来看，电视对于戏曲依然是利大于弊。

二、电视戏曲节目的概念与分类

(一) 电视戏曲节目的概念

电视戏曲节目是我国最早的电视节目形态之一，它的出现是与我国电视事业的诞生紧密相随的，在北京电视台（现中央广播电视总台）最早的节目中，戏剧转播占了15%，这是电视与戏曲的第一次结缘。电视戏曲节目出现后不久，相关领域的专家学者就开始关注这一领域，进行了一些探索性的研究，但由于当时的电视戏曲节目还处于萌芽状态，因此，研究的着力点大多放在散点化、细节化的对"节目本体"的研究上。进入20世纪80年代，我国电视戏曲节目研究渐成规模，但在早期的电视戏曲节目研究中，大家的注意力不可避免地关注节目形态本身，如舞台戏曲实况录像、戏曲专题节目、戏曲电视剧创作的艺术规律等。这个时期能够跳出对具体节目的评论，从戏曲形态演变和戏曲传播的视角来观察电视戏曲的是周华斌，他于1987年在《北京广播学院学报》上发表的《广场戏曲—剧场戏曲—影视戏曲》一文，从不同时期戏曲载体形态的变化探讨了电视戏曲的出现及其特点，并得出了比较适当的戏曲与影视的结合办法：但求多元，不需统一，因戏而异。[1] 杨燕本着"模糊概念"和"约定俗成"原则在《中国电视戏曲研究概览》中给出的定义为："电视戏曲，也称戏曲电视，是中国传统艺术与现代化电视即时结合所产生的新兴艺术品种。它指运用电视的技术手段，突破戏曲舞台的时空局限，适当采用实景及电视视听语言来表现戏曲艺术、反映戏曲文化现象的一种电视文艺形式。"[2] 费泳在《戏曲电视研究》中指出："总体来说，这个定义是科学的、宽泛的，适合90年代戏曲在电视传播方面的需要。"[3]

本文中的"电视戏曲节目"是指：运用电视的技术手段，以戏曲及其相关内容为主要创作素材，以戏迷票友、戏曲文艺爱好者等为主要目标受众，以传播戏曲文化为主要目的创作的电视节目。本文主要研究我国电视戏曲节目中的播音主持行为，故不单独区分"电视戏曲"和"戏曲电视"之间的概

---

[1]　周华斌：《广场戏曲—剧场戏曲—影视戏曲》，《北京广播学院学报》1987年第1期。
[2]　杨燕主编：《中国电视戏曲研究概览》，北京广播学院出版社，2002，第112页。
[3]　费泳：《戏曲电视研究》，上海古籍出版社，2012，第11页。

念差异，将其普遍看作是"电视戏曲节目"的不同表述，不影响本文的研究重点、文章框架以及主要观点。研究我国电视戏曲节目播音主持的发展及创作特点，要先从电视戏曲节目着手，了解电视戏曲节目的概念与分类、电视戏曲节目的发展变迁及其特点，这样才能明确电视戏曲节目创作的背景、内容和对象，电视戏曲节目播音员主持人该如何定位、如何创作、如何创新。

（二）电视戏曲节目的分类

高鑫在《电视艺术学》中，依据电视节目的内容将电视节目分为四种形态：新闻类、教育类、文艺类、服务类。[①] 杨燕在《中国电视戏曲研究概览》中按照当时电视戏曲存在的形态将其划分成四类：电视戏曲栏目节目、电视戏曲专题片、戏曲电视剧、电视戏曲综艺节目。[②] 费泳在《戏曲电视研究》中将戏曲电视栏目分为五类：戏曲新闻类、戏曲欣赏类、戏曲教育类、戏曲服务类、戏曲综艺类。[③] 王玉坤在《戏曲电视节目研究》中以节目功能为划分标准，将戏曲电视节目划分为四类：欣赏类戏曲电视节目、竞赛类戏曲电视节目、专题类戏曲电视节目、晚会类戏曲电视节目。[④]

对我国电视戏曲节目的分类，由于研究对象和目的不同，划分标准不同。参考前人研究成果，本文对电视戏曲节目类型的划分，主要根据现有电视戏曲节目的内容和形式，分为六种类型：电视戏曲信息型节目、电视戏曲欣赏型节目、电视戏曲晚会型节目、电视戏曲竞赛型节目、电视戏曲访谈型节目、电视戏曲教育型节目。电视戏曲节目的类型不同，电视戏曲节目播音主持创作的侧重点各不相同。

1. 电视戏曲信息型节目

这类节目主要为受众提供戏曲方面的信息，包括戏曲领域的新闻、资讯、评论，等等。如央视戏曲频道的《戏曲采风》、上海的《戏闻大点击》就是典型的电视戏曲信息型节目。对电视戏曲信息型节目进行播音主持时，播音员主持人要以积极自如的状态，做到"字正腔圆、语言流畅"，进行戏曲信息播报时对相关内容仔细揣摩，让观众听得清楚、看得明白节目传播的戏曲内容。

---

① 高鑫：《电视艺术学》，北京师范大学出版社，1998，第 14 页。
② 杨燕主编：《中国电视戏曲研究概览》，北京广播学院出版社，2002，第 117 页。
③ 费泳：《戏曲电视研究》，上海古籍出版社，2012，第 41 页。
④ 王玉坤：《戏曲电视节目研究》，博士学位论文，山西师范大学，2014，第 33 页。

2. 电视戏曲欣赏型节目

电视戏曲欣赏型节目主要是指为满足观众赏剧审美需求，以原汁原味的专场录像、演出直播等戏曲表演为主的电视节目形态。如央视戏曲频道的《空中剧院》、安徽台的《相约花戏楼》就是典型的电视戏曲欣赏型节目。此类节目一般在播出大戏之前，邀请相关专家进行解读，播音员主持人引导嘉宾发表观点；或是只在剧目开头处和结尾处有播音主持行为，中间戏曲呈现较为连贯。对电视戏曲欣赏型节目进行播音主持，要求播音员主持人"娓娓道来"地发挥好"导赏功能"，对相应戏曲剧种进行细致解读、对参演人员及相关工作人员进行详细介绍等，使观众对播放的戏曲表演充分了解，引导观众进行欣赏。

3. 电视戏曲晚会型节目

电视戏曲晚会型节目主要是指以现场直播或录播的技术手段，文艺晚会的艺术样式，通过电子技术手段的制作，对各种戏曲节目进行再创作，经过播音员主持人的组织和串联，将不同的戏曲表演形式融为一体，给观众以戏曲审美享受的电视节目形态。如创办于 1991 年的央视"春节戏曲晚会"至今已有 29 年的历史。电视戏曲晚会型节目要求播音员主持人"热情洋溢""端庄大气"，尤其每年的央视《春节戏曲晚会》是重大节庆时刻的仪式性活动，播音员主持人一定程度上代表着国家形象，所以要力求展现中国的民族气派和大国风范，符合中华民族的传统审美。

4. 电视戏曲竞赛型节目

电视戏曲竞赛型节目是指按照一定规则，由多人参与，比拼戏曲表演技术和唱、念、做、打等本领，在电视媒体上播出的节目形态。这类节目带有一定的"真人秀"性质。当前国内的电视戏曲竞赛型节目分为"专业型"和"业余型"，如山西卫视的《伶人王中王》是典型的专业型竞赛，参赛选手都是各个戏曲剧种的名家名角儿；河南卫视的《梨园春》以及山西卫视的《走进大戏台》则是针对非专业的戏迷票友的业余型竞赛。此类节目要求播音员主持人要善于"随机应变""活泼灵动"，除了介绍选手及参赛曲目，还要针对场上选手的表现以及现场情况对节目进行把控，与嘉宾评委进行交流、与观众进行互动等。

5. 电视戏曲访谈型节目

电视戏曲访谈型节目是指由电视戏曲节目播音员主持人和戏曲演员、戏曲专家、戏迷等戏曲领域的代表性人物，围绕戏曲作品、戏曲人物以及戏曲界的重要话题，展开讨论的戏曲节目形态。如央视戏曲频道的《角儿来了》，每期邀请一位戏曲名角儿进行沟通互动等，是典型的电视戏曲访谈型节目。此类节目要求播音员主持人要"善于交流"，善于交流主要包含"访"和"谈"两方面内容，指在节目进行当中播音员主持人围绕某一主题善于提问、互动、沟通、评价，从而与嘉宾共同营造某种适合戏曲文化交流的话语场。这种类型的节目，电视戏曲节目播音员主持人要注重话轮转换，尽量避免"重问轻听"的现象。

6. 电视戏曲教育型节目

电视戏曲教育型节目主要是指邀请戏曲名家在电视媒体上进行示范教学、讲授戏曲知识，以帮助现场的被指导者以及电视机前的戏迷票友提升戏曲表演水平和能力，或让戏曲"门外汉"除了"看热闹"更懂得"看门道"的节目形态。央视戏曲频道《学唱京剧》和《跟我学》都是典型的电视戏曲教育型节目。此类节目一般未设传统意义上的播音员主持人，但事实上讲解嘉宾在进行教学的过程中发挥着播音员主持人的作用，此时也应将其看作电视戏曲教育型节目的播音员主持人进行研究。此类节目要求其"掰开揉碎、循循善诱"，对所讲授的戏曲知识和表演过程中的注意事项进行细致周到的解析，以确保观众充分吸收。

三、电视戏曲节目的功能与作用

电视戏曲节目是戏曲与电视结合的产物，戏曲实况转播以及戏曲选段表演是早期电视节目的重要组成部分，经过六十多年的演进和发展，时至今日，电视戏曲节目依然在我国电视节目中以其独特的内涵与丰富多彩的形式绽放光芒，发挥着不可替代的作用。传播学之父威尔伯·施拉姆将传播的基本功能概括为四个方面：雷达功能、控制功能、教育功能、娱乐功能，同时又分为外观面功能和内观面功能。从外观面来看为：寻求或给予资讯；劝说，命令；寻求知识，传授知识；愉悦。从内观面来看为：接受资讯；解释，决策；学习；享受。[①] 借

① 威尔伯·施拉姆、威廉·波特：《传播学概论》，何道宽译，中国人民大学出版社，2010，第29 页。

鉴施拉姆的观点，并结合戏曲本身所具有的特点，电视戏曲节目的功能和作用可以从宏观、中观、微观三个方面来考量。

（一）宏观层面——弘扬中华优秀传统文化

前文提到戏曲艺术与中华优秀传统文化的关系，指出戏曲既是中华优秀传统文化的一部分，也是承载着中华优秀传统文化的载体。通过收看电视戏曲节目，广大戏迷及戏曲节目爱好者还可以及时掌握戏曲领域发生的大事小情，从而加深对戏曲文化、戏曲作品、戏曲名家的认识和了解。在我国，戏曲有着广泛的群众基础，无论是国家发布各类与戏曲相关的文化政策，还是戏曲界出现的各类信息，抑或是戏曲名家名角儿的最新动态，甚至是戏曲演出的即时公告，都牵动着广大戏曲节目受众的心。电视戏曲节目极大地满足了受众第一时间获取最新信息的需要，有助于大家紧跟时代潮流和戏曲动态，根据电视戏曲节目发布的信息关注相应变化。电视戏曲节目增加了戏曲艺术在大众面前的曝光率，对戏曲来讲有着"广而告之"的作用，这本身就是对戏曲艺术和优秀传统文化的弘扬。

我国的广播电视事业是党和国家宣传工作的一个窗口，是党和政府的"喉舌"，很多大政方针都是通过广播和电视予以告知和传达，很多政策精神都需要通过广播电视来贯彻落实。电视本身就有着宣传、推广和普及的传播特点，各级电视媒体，承担着为我国主流意识形态发声的职责。我国传统的戏曲艺术是从我国封建社会的泥土中生根发芽和茁壮成长起来的一种艺术形式，在很长一段时期，戏曲都是一种小园子里的"俗文化"，因此，虽然戏曲文化的主流是好的，但戏曲中也存在一些糟粕的内容，这部分内容对人民有一定的麻痹作用和错误的诱导作用，电视对戏曲艺术要"取其精华，去其糟粕"，把主要的、对人民有益的作品和内容筛选出来，把次要的、对人民有害的部分予以剔除，有利于我们传承优秀的传统文化，摒弃腐朽糟粕的封建迷信等内容。

坚定文化自信，推动社会主义文化繁荣兴盛是实现中华民族伟大复兴的必由之路，戏曲文化是我国社会主义文化的重要组成部分，电视戏曲节目作为当前弘扬戏曲文化的主阵地，发挥着重要的作用。2015 年 7 月，国务院办公厅印发《关于支持戏曲传承发展的若干政策》，为"扩大戏曲社会影响力"，要"鼓励开设、制作宣传推广戏曲作品、传播普及戏曲知识的栏目节目"。此外，还指出要"发挥互联网在戏曲传承发展中的重要作用，鼓励通过新媒体普及和宣传戏曲"以及"各级新闻媒体要加大戏曲宣传力度……报道戏曲界树立新风、弘扬美德、服务人民的精神风貌"。从中可以看出，融媒体背景下国家对戏曲和电视戏曲节目的重视程度。

（二）中观层面——继承发展创新戏曲艺术

戏曲作为优秀传统文化的代表，剧种数量正在逐年减少，这不只是我们国家的损失，如果情况进一步恶化，也会是全人类的遗憾。我国是世界非物质文化遗产最多的国家，从 2001 年入选的昆曲，到 2009 年入选的藏戏、2010年入选的京剧，再到 2011 年入选的皮影戏，越来越多的中国传统戏曲被列入世界非物质文化遗产名录。世界非物质文化遗产的申报条件有三点：一是艺术价值；二是处于濒危状态；三是有完整的保护计划。因此，被列入世界非物质文化遗产，一方面说明这门艺术的重要性得到世界范围的认可，另一方面也说明这门艺术已经处于"濒危"的境地，亟须我们大力保护和弘扬推广。除了世界范围对非物质文化遗产的重视，一直以来我国对非物质文化遗产的保护也非常重视，尤其是进入 21 世纪以来。2006 年 5 月 20 日，国务院批准文化部确定了第一批非物质文化遗产名录，共计 518 项，传统戏剧有 92 项；2008 年 6 月 14 日，国务院公布了第二批国家级非物质文化遗产名录，共计510 项，传统戏剧有 46 项；2011 年 6 月 10 日，国务院公布了第三批国家级非物质文化遗产名录，共计 191 项，传统戏剧有 20 项；2014 年 7 月 16 日，国务院公布了第四批国家级非物质文化遗产名录，共计 153 项，传统戏剧有 4项。非物质文化遗产是文化遗产的重要组成部分，是我国历史的见证和中华文化的重要载体，蕴含着中华民族特有的精神价值、思维方式、想象力和文化意识，体现着中华民族的生命力和创造力。

电视戏曲节目对戏曲艺术的功能和作用，首先表现在"继承"。美国传播学家哈罗德·拉斯韦尔在其《传播在社会中的结构与功能》中指出，传播具有环境监视、社会协调、社会遗产继承三种功能。他认为，只有将前人的智慧、知识和经验予以记录、整理和保存，并将之传给后人，才能使后人站在巨人的肩膀上进行完善、发展和创新，从而推动社会的发展。我国戏曲艺术的传承一直依托于老艺人对徒弟的"口传心授"，这种师傅教徒弟的"传帮带"形式可以使后辈直观地学习、吸收戏曲表演和戏曲文化的精髓，但是今天的观众想要一睹历史上一些戏曲大师的表演可谓难于登天，因为历史上大多数的戏曲表演史料都属于文字资料，近代以来才有了一部分音频资料，但依然很难还原一些戏曲大师表演的原貌。电视作为电子媒介，可以将当前戏曲大师们戏曲表演的声音和画面全面地记录下来，从这一点上来讲，电视戏曲节目对戏曲的传承有着独特的优势。如我国 1985 年开始进行的《中国京剧音配像精粹》工程，为我国文化事业留下了一份宝贵财富。1994 年 7 月开始成批录制的这些音配像剧目，大部分是 20 世纪 40 年代到 60 年代的艺术珍品，涉及京剧的各个行当、流派，基本囊括了近代京剧黄金时期大部分名家的代表作。国家层面对戏曲艺术进行的这项抢救性保护工程，可谓"功在当代，利在千秋"。

电视戏曲节目对戏曲艺术的功能和作用，其次表现在"发展"和"创新"。艺术源于生活，戏曲是不断发展变化着的艺术形式，它在生存的过程中会不断从现实社会中吸收养分，紧密结合每个时代的时代精神，每个时代的戏曲都有独属于那个时代的烙印。我国对戏曲艺术的保护是发展性的"活态保护"，而非像韩国《文化财保护法》中要求的"静态保护"，我国更注重在发展中保护，在保护中发展。如果将戏曲艺术比喻成一条鱼，对它最佳的保护方法显然不是将其制作成标本泡入福尔马林中，而是将其放入原生的水池中，让它在原有的生态环境中不断成长。电视的出现、发展和壮大对人们的现实生活产生了深远的影响，尤其是从 20 世纪 80 年代开始，整个社会的传播生态进入了电视时代。电视时代的到来不仅改变了人们的生活，也使原本以剧场或戏台为主要传播阵地的戏曲艺术进入大众传播的"快车道"，促使戏曲艺术进行一定的创新来适应电视传播的特点。

戏曲具有地域性，每个地方都有自己的地方戏，除了几个影响力较大的戏曲剧种之外，以往以戏台为中心的传播方式很难让其他地域的观众或其他剧种的演员观赏到本地区的地方戏，电视戏曲节目扩大本地区的地方戏的影响之后，有利于各个戏曲剧种之间相互借鉴，取长补短，从而共同向前发展。传统戏曲以往的表演节奏较为拖沓、冗繁，为适应电视快节奏的传播方式和人们现代化快节奏的生活，电视戏曲节目可以调整节奏，使戏曲表演和观赏更适合大众传播的特点。电视戏曲节目除了展现戏曲表演的"台前"面貌，还可以展示戏曲以及戏曲演员的"幕后"故事，丰富大众对戏曲的认知，促使人们对戏曲的深度和厚度有更进一步的认识。电视直播具有一定的互动性，虽然互动的效果不如当前的网络便捷，但就当时的条件来讲，观众能够参与到节目中也是非常难得的一种体会。以山西电视台 1992 年推出的《戏曲舞台》为例，其中就有《各抒己见》《票友之窗》《票友信息》和《点戏台》等小版块，这种参与性可以调动戏迷和票友发表观点的兴趣，对于戏曲演员也是一种良性的反馈，以便在日后的演出中做得更好。

电视对于戏曲的创新和发展，还包括利用新兴技术手段将戏曲与当下电视荧屏上的其他艺术形式进行"跨界融合"，如裴继戎将戏曲元素与街舞元素相融合；王珮瑜在京剧中加入流行元素，带着京剧上综艺节目、访谈节目等。除此之外，她还开直播、唱戏歌，在网络戏曲节目中客串主持人。通过不懈努力，王珮瑜已然成为当下的"戏曲网红"。在接受《封面新闻》记者采访时，王珮瑜说："这个时代给了我们传统艺术从业者更多的机会，我们必须抓住这样一个机会来做现代化的传播，是很有必要的。酒香也怕巷子深，东西好没问题，还是要传播出去。而今的时代，年轻化的平台相对来说传播最有效，这是我参加电视、网络节目的初衷。"①

（三）微观层面——满足受众娱乐需求、提升受众审美品位

电视戏曲节目不仅发挥着满足受众娱乐需求的作用，在一定程度上也肩负着提升受众审美品位的责任。习近平总书记在党的十九大报告中指出："要发挥社会主义核心价值观对国民教育、精神文明创建、精神文化产品创作生产传播的引领作用，把社会主义核心价值观融入社会发展各方面，转化为人们的情感认同和行为习惯。"②电视作为党和政府的宣传阵地，承担着引导受众的责任，电视戏曲节目因其"戏曲"内核注定了它与传统文化的不解之缘，也注定了它在提升受众审美品位方面发挥着重要的作用。随着电子媒介以及移动终端的发展，部分年轻受众被快餐式的娱乐产品所吸引，并将大部分时间和精力消耗在一些文化营养较低的作品上，喜爱戏曲艺术的年轻人越来越少。戏曲是我国优秀传统文化的瑰宝，电视戏曲节目当中的戏曲作品是经过

---

① 京剧余派女老生王珮瑜：为何京剧也要玩跨界？［OL］. 封面新闻. 2018 – 03 – 27. https：//rs. mbd. baidu. com/vlqqrqy？f = cp&u = b1a47ab8569320a5

② 习近平：《决胜全面建成小康社会　夺取新时代中国特色社会主义伟大胜利》，人民出版社，2017，第 42 页。

历史检验、经过主管部门多层审查之后播出的精品，除了外表美、腔调美之外，更蕴含着精神美、文化美。电视戏曲节目的播出可以将营养丰富的文化大餐奉献给受众，尤其是年轻受众，使更多年轻人知戏、懂戏、爱戏，使其充分体味中华优秀传统文化的真善美，从而提升审美水平，受众审美水平的提高也会倒逼电视戏曲节目制作出更多寓教于乐的内容，从而形成良性互动的格局。

梅兰芳在《舞台生活四十年》中提到，"花钱听个戏，目的是为了找乐子来。"徐朔方在《莎士比亚的家乡和他的戏剧演出》中提到，"如果把问题说穿的话，戏剧最大的特点是它的娱乐性。"当今社会，人民在满足了物质文化生活之后，休闲娱乐生活需求愈发凸显，如果不能让观众感受到娱乐性和趣味性，电视戏曲节目很难在当前纷繁复杂的社会上立足。况且，戏迷票友有着强烈的观戏需求，在工作之余，通过收看电视戏曲节目来放松心情、缓解压力是个极佳的选择。戏曲艺术和电视戏曲节目都有着"形式美"的特征，戏曲艺术的服化道、四功五法和戏曲演员的个人魅力，电视戏曲节目的节目包装和电视戏曲节目播音员主持人的气质风度，都能给予观众一种感官愉悦。戏曲艺术和电视戏曲节目也有着"意蕴美"的特点，戏曲表演的情节设计、戏剧冲突，电视戏曲节目的内容设计、节目编排，都能给观众带来心满意足的感觉。李泽厚在《美学四讲》中曾将审美分为"悦耳悦目""悦心悦意""悦志悦神"三个层面，"形式美"和"意蕴美"正好契合了"悦耳悦目"和"悦心悦意"的层面。"悦志悦神"作为最高层次的审美境界，"是对某种和目的性道德理念的追求与满足，是对人的意志、毅力、志气的陶冶与培育，是投向本体存在的某种融合，是超道德而与无限相统一的精神感受。"① 通过欣赏戏曲艺术和电视戏曲节目，观众的思想得以启迪、精神得以熏陶，在此基础之上，生发出一种超然的、高尚的精神品位和审美层次，正是对"悦志悦神"的完美诠释。

电视戏曲节目的这些功能和作用并非界限分明、彼此孤立，而是互有交织和重叠。总之，从宏观层面来讲，电视戏曲节目对于我们弘扬中华优秀传统文化、实现中华民族伟大复兴，贯彻落实国家文化政策、促进社会主义精

---

① 李泽厚：《美学四讲》，生活·读书·新知三联书店，1989，第154—171页。

神文明建设具有重要而深远的意义；从中观层面来讲，电视戏曲节目对于保护、传承、发展、创新戏曲艺术，提升电视艺术的品位、丰富电视艺术表现手段两个方面作用明显；从微观层面来讲，对于满足戏迷票友以及电视戏曲节目爱好者娱乐放松的需求，引导、提升电视节目受众审美品位有着重要的作用。

第二节　电视戏曲节目播音主持内涵界定

一、前电视时代戏曲"播音主持"爬梳

（一）戏曲表演现场"播音主持"原貌

在戏曲艺术漫长的戏台表演生涯中，并未衍生出"播音员主持人"这一行当，但是通过研究可以发现，在古代戏曲表演的开场和散场都有特定的角色来负责与观众互动、交流，在戏曲表演过程当中也有负责串场的角色，而且一般是由不同的工种来进行，虽然形式与当前电视戏曲节目播音员主持人相差甚远，但实际上承担了戏曲播音员主持人的职责。我国的戏曲源自古老的歌舞表演，这种歌舞表演大多为古代祭祀所用，因此有着很多的规矩。在古代的祭祀大典中，安排活动流程和具体事项的人员是最初的戏曲现场表演主持者的原型，而在这种祭祀活动的演出中，除了主祭人员之外还设有专门的司仪，负责推进整场仪式和演出的流程，也发挥着一定的播音主持的作用。

进入宋元时期，戏曲日渐成熟成型，早已不再依附于祭祀活动的歌舞表演，这时受原始形态的影响和具体演出的需求，戏曲演出报幕和串场依然存在。如宋元南戏《张协状元》，开场用《诸宫调》引首，说明全剧大意，然后再开始表演，以剧中角色登场。[①] 元杂剧的开场较为简单，演出开始之前，会有"楔子"，这是剧中重要人物登场时用的第一个曲子，用来介绍剧中的

---

① 周贻白：《中国剧场史（外二种）》，中国戏剧出版社，2016，第79页。

规定情景，让观众对整部剧先有一个大概的了解，这一形式也叫作"引子"，京剧当中惯用有唱有念的韵文。宋代乐舞中的"参军色"，主要任务就是在正式演出开始之前，念诵一段骈语，介绍表演的内容，然后指挥乐队进场。在表演完之后，再念骈语向观众致意，指挥乐队出场，因为手执竹竿，所以这一角色也称"竹竿子"。宋元南戏和明清传奇中有"副末"这一角色，演出开场时向观众介绍剧情和概要，也叫"副末开场"。"参军色"和"副末"所承担的这一工作叫作"致语"，致语的内容大多为赞颂词，形式多为在戏曲表演开始之前，一个人上台致辞。南宋孟元老的《东京梦华录·驾登宝津楼诸军呈百戏》中写道："朱军百戏，呈于楼下。先列鼓子十数辈，一人摇双鼓子，近前进致语，多唱'青春三月暮山溪'也。"到明清时期，"副末开场"逐渐演变为"家门"，在演出开始时也是由一名副末登台，说明戏曲作者的编剧意图和内容梗概，从而引起观众的兴趣。如主要剧中人第一次上场时的自我介绍叫作"自报家门"。这种介绍一般包含姓名、籍贯、身世和剧中规定情境等，在戏曲中这一形式也叫作"定场白"。此外，还有一些剧目会安排一些丑角在表演过程中跳出原有剧情，来跟观众进行交流，为大家讲解剧情或调侃一番，这对于烘托气氛和观众了解剧情都能起到一定的作用。虽然这些形式与我们当下理解的播音主持的内涵有一定差异，但不可否认的一点就是，这些都可视为发挥戏曲表演现场"播音主持"作用的一种形式。

（二）广播戏曲节目播音主持创作

近代以来，大众电子传播媒介成了戏曲传播的重要阵地。20 世纪初的旧中国处于半殖民地半封建的状态，因此，在 20 世纪 20 年代初中国出现的第一批广播电台与早期的近代报刊、通讯社一样，都是由外国人最先创办。当时的开洛公司广播电台就曾邀请著名京剧演员程砚秋到该台播唱京剧。1928年 8 月，国民党的中央广播电台在南京开始播音，当时该台的广播节目按其性质可分为宣传、演讲、教育、新闻、娱乐五类，其中的娱乐类节目就是主要由乐曲和戏剧组成。为改进播音，30 年代先后还曾在南京、北平等地公开招聘男女播音员。1940 年 12 月 30 日，中国共产党领导的第一座电台——延安新华广播电台开播，延安新华广播电台初创时期，文艺节目中经常播出梅兰芳、马连良等著名京剧演员的唱片，更多的则是播音员吹奏口琴、演播抗日歌曲。① 当时的播音员基本上是各种内容、各种类型的节目都播，因此，麦风、孟启予、齐越等我国人民广播早期的播音员都播报过戏曲节目的相关内容。延安陕北台的播音"开创了中国无产阶级的、民族化的一代新风，是革命战争年代中国无产阶级和人民大众战斗风格的生动体现。显示出沉着从容、真理在握、稳健大度、朴素平易的气派"②。

1949年10月1日，中华人民共和国成立。我国广播事业和人民播音事业进入和平建设时期的大发展阶段，此时的播音充满了人民当家做主的喜悦。然而由于新中国成立初期我国经济条件落后、基础设施较差，中央人民广播电台的戏曲广播条件极为简陋，节目资源严重不足，主要靠播放1949年以前的旧戏唱片，偶尔也会请一些演员到播音室直播。1951年以前，每周只能播出三十分钟的戏曲节目。1952年到1954年，原中央人民广播电台投入大量人力物力采录戏曲会演中的节目，广播中由此涌现出大批具有鲜明时代特点的新戏，《刘巧儿》《小女婿》这些剧目正是这一时期产生并大量播出的作品。1956年，原文化部取消了所有禁戏的规定，广播戏曲迎来了黄金时期，而收音机更被亲切地称为"戏匣子"。这一时期，除了剧种曲目愈发多样，广播戏曲节目的形式也不断推陈出新，《戏曲教唱》节目就是一个典型的代表，当时除了齐越、夏青、费寄平、林田、葛兰、林如等著名播音员播过戏曲节目的内容之外，梅兰芳、马连良以及张君秋等名家也是节目经常邀请的嘉宾，在节目中教戏校的小孩儿一对一的教唱，如马连良教唱的《清官册》、张君秋教唱的《望江亭》。当时，中央人民广播电台的戏曲节目中还经常加入戏曲理论知识的探讨，比如："您现在听到的这个声音来自梅兰芳谈论旦角艺术。"1988年开始，《听戏谈戏》节目更是邀请戏曲界知名演员担任主持人，如新凤霞、孙毓敏、梅葆玖、高玉倩、叶少兰等名家名角儿都主持过《听戏谈戏》节目，这个节目设置的几个小版块也颇受听众们的喜爱，例如"点播台""戏曲故事""戏曲讲座""乐器介绍"等，体现了节目与听众紧密的互动感和交流感，增强了节目的影响力，也拉近了戏曲和戏曲名家与听众的距离。

---

① 赵玉明主编：《中国广播电视通史》，中国广播电视出版社，2014，第78页。
② 姚喜双：《播音学概论》，北京广播学院出版社，1998，第197页。

二、电视戏曲节目播音主持的概念

(一) 电视戏曲节目播音主持的定义

本文研究的对象是1958年电视在我国诞生以来，戏曲与电视结缘之后电视戏曲节目播音主持的创作活动。电视戏曲节目是戏曲与电视结缘而产生的一朵艺术之花，而电视戏曲节目播音员主持人则是这朵艺术之花的采蜜人。姚喜双在《播音学概论》中对"播音"的定义为"播音员和节目主持人运用有声语言和副语言，通过广播、电视传媒所进行的传播信息的创造性的活动。"[①] 罗莉在《当代电视播音主持教程》中谈道：电视播音主持指"电视节目主持人（主播）依节目或栏目需要，不同程度地参与节目策划、采编等工作，利用电视手段，按照节目预设，以有声语言及非语言进行创作。"[②] 由于广播电视出现的早期，只有"播音"样态，没有"主持"样态，在"主持"样态出现以后，"播音"与"主持"也是一种相伴相生的状态，因此以上定义默认播音主持是一个整体。当前在广播电视一线工作当中"播音"与"主持"也是作为有一定交叉与侧重的密不可分的整体存在，因此，本文也将"播音主持"看成一个"集合概念"，不做具体概念上的区分，不影响本文研究的重点。

参考前辈成果，本文中的"电视戏曲节目播音主持"是指：播音员主持人以电视戏曲节目为创作平台，以戏曲及其相关内容为创作素材，以戏迷票友、戏曲文艺爱好者等为主要目标受众，运用有声语言和副语言，按照节目的策划和预设，所进行的播音主持创作活动。这里所指的"电视戏曲节目"是个广义概念，既包括专题戏曲节目，也包括非专题戏曲节目。

根据传播方式划分，戏曲节目播音主持主要包含四种形式，即戏曲表演现场播音主持、广播戏曲节目播音主持、电视戏曲节目播音主持以及互联网戏曲节目播音主持。这四种形式出现的顺序虽有先后，但在当前的传播生态下，四者是并存的，甚至在有些情况下是"你中有我，我中有你"式的交互存在的。例如，由于当时的社会经济条件和技术条件较为落后，电视诞生早

---

① 姚喜双：《播音学概论》，北京广播学院出版社，1998，第1页。
② 罗莉：《当代电视播音主持教程》，中国传媒大学出版社，2011，第2页。

期缺乏录像设备，播出的戏曲节目大多为原生态的戏曲表演的实况直播，或是邀请当时的著名戏曲表演艺术家到电视台的演播室现场直播表演，这就结合了戏曲表演现场播音主持和电视戏曲节目播音主持；再如，当前的部分广播电视戏曲节目播音员主持人开通了微博、微信公众号、抖音、快手等自媒体平台，或作为节目的延伸，或作为自己另辟蹊径的内容制作传播渠道，在互联网上制作、播出一些戏曲节目，也是传统媒体戏曲节目播音主持与互联网新媒体戏曲节目播音主持融合的一个新现象；一些广播戏曲节目播音员主持人也会经常主持戏曲表演现场的晚会，电视会转播部分戏曲晚会的实况，经过电视转播的戏曲晚会视频也会经常被放到互联网平台上，如此一来，四种形式就巧妙地结合到了一起。

（二）电视戏曲节目播音主持的创作要素

"从创作要素上分，决定播音这一事物基本矛盾运动的三大要素为：创作主体、创作素材、受众。"[①] 结合播音创作的三要素，电视戏曲节目播音主持的创作要素可归纳为：以电视戏曲节目播音员主持人为创作主体，以戏曲及其相关内容为创作素材，以戏迷票友、戏曲文艺爱好者等为主要目标受众。

1. 以电视戏曲节目播音员主持人为创作主体

工欲善其事，必先利其器。任何类别节目的播音主持都要首先掌握强大的播音主持专业基本功，坚持正确的播音创作道路，"站在无产阶级的党性和党的政策的立场上，以新闻工作者特有的敏感，把握国内外形势的发展变化和人民群众的思想实际，准确及时、高效率、高质量地完成'理解稿件—具体感受—形之于声—及于受众'的过程，以积极自如的话筒前状态进行有声语言的创造，达到恰切的思想感情与尽可能完美的语言技巧的统一，达到体裁风格与声音形式的统一，准确、鲜明、生动地传达出稿件的精神实质，发挥广播电视教育和鼓舞广大人民群众的作用。"[②]

电视戏曲节目播音员主持人与其他类型节目播音员主持人最大的区别，在于创作主体要有爱戏、懂戏、最好会唱戏的特点。只有真正爱戏，才会具备对戏曲和电视戏曲节目播音主持进行孜孜不倦钻研的动力，进而在具体播

---

① 张颂主编：《中国播音学》，北京广播学院出版社，2003，第33页。
② 张颂：《播音创作基础》，中国传媒大学出版社，2011，第23页。

音主持创作中充分发挥主观能动性，充分彰显创作主体的人格化特征。只有真正懂戏，才能真正触摸到戏曲的脉搏、提炼出表演的精髓、诠释出戏曲的美，聚焦观众的诉求，表达出观众想表达的情感，在戏曲演员和观众之间架起一座桥梁，在共景和共述的基础上产生共情。在爱戏和懂戏的基础上，如果会唱戏，则有助于构建起立体多维的媒介形象，瞬间拉近电视戏曲节目播音员主持人与戏曲演员和观众之间的距离，给所有爱戏的人以"自己人"的印象，培养受众收视习惯、增强受众黏性。

此外，电视戏曲节目的制作、生产以及播出需要多个工种协调配合，如导演、策划、制片人、灯光、摄像、导播等，在众多专业人员和技术人员的共同努力之下，才能制作出观众喜闻乐见的电视戏曲节目。电视戏曲节目播音员主持人通常会积极参与节目的主要部分甚至全部，如在节目生产制作前期的构思阶段，对节目架构、嘉宾选定、内容主旨出谋划策；在节目生产制作的过程当中，对采访报道、资料配音、素材编辑献计出力；在节目录播、直播的镜头前或舞台上，对节目内容的播报、节目流程的把控、节目整体的主持深耕细作。然而，无论是对时代的反映、对戏曲文化的传播乃至对受众的服务，都要通过创作主体将所有的要素表现出来。

2. 以戏曲及其相关内容为创作素材

戏曲不仅是音乐、舞蹈、美术、杂技、表演多种艺术的综合体，而且涉及中国社会、政治、文学、伦理、心理、哲学、宗教以及自然科学等诸多领域。据统计，我国的戏剧剧种和曲艺曲种共有上千种之多，至今仍有记录的约有几百种。无论电视戏曲节目的形式如何千变万化，万变不离其宗，从本质上来讲，其主要内容都是以戏曲及其相关内容为主要创作素材。戏曲及其相关内容主要包括戏曲表演及活动、戏曲人物及故事、戏曲流派及特征、戏曲研究及探讨、戏曲行业动态消息等，凡是与戏曲相关的内容都是电视戏曲节目和电视戏曲节目播音主持的创作素材。厘清了电视戏曲节目播音主持创作的素材，有助于我们对素材进行分析和研究，从而更好地进行播音主持创作。

电视戏曲节目的播音员主持人无论是播报戏曲信息、主持戏曲访谈、驾驭戏曲晚会，都与戏曲息息相关。电视戏曲节目播音主持的主要任务就是向广大受众传播中国戏曲文化这一世界文化宝库中的璀璨明珠，因此，电视戏曲节目播音员主持人一定要了解中国戏曲文化的历史渊源、丰富内涵，清晰地认识当前时代背景下戏曲发展的状态。只有充分地了解戏曲文化并以传播中华优秀戏曲文化为己任，才能在主持电视戏曲节目的过程中充分地给予受众戏曲文化滋养，使观众在观戏中获得乐趣、赏戏中提高审美的同时，充分汲取戏曲文化中真善美的东西，陶冶情操、获得精神上深层次的愉悦感，从而映衬在现实中，给工作生活以灵感和启迪，在精神层面满足人民日益增长的美好生活需要。

此外，我国戏曲宝库中任何一个剧种都是有其地域属性的，即使是京剧（北京）、昆曲（昆山）等全国性的大剧种，也是由地方戏发展起来的。以风土人情、方言、地方音乐和地方性的审美习惯、审美取向为主要构成的地域文化是戏曲创生发展的重要土壤。不同的自然条件、社会现实、人文传统铸成了地域特色鲜明的民俗文化。千姿百态的地域文化和民俗文化造就了戏曲"一体而万殊"的形态与风格，因此，地方戏无论内容还是形式方面都有着浓浓的本土风味。不同的地方戏要满足不同地域观众的审美期待，不同的电视戏曲节目播音员主持人也要满足不同剧种受众的审美需求。电视戏曲节目播音员主持人应依据创作素材的地域指向性，充分了解相关戏曲剧种的独特性，从而在播音主持创作中精准地抓住所要呈现和传播的要点和焦点。

3. 以戏迷票友、戏曲文艺爱好者等为主要目标受众

电视戏曲节目播音主持的受众有其独有的"爱戏"的特征，这是与其他类型节目受众相比最明显的差异。1956 年 8 月 4 日在南京《新华日报》的座谈会上，复旦大学新闻系王中以《办报人要有读者概念》提出"读者需要论"，他提出"报纸根据读者需要来办，这是办好报纸的根本问题"①。就是说，新闻传媒必须满足受众需要。受众是电视戏曲节目的信息终端接收者，尤其是戏迷票友和戏曲文艺爱好者更是关注电视戏曲节目的主力军，电视戏曲节目播音员主持人是节目与受众之间的桥梁和纽带，必须以服务受众为最终目的。同时，戏曲受众与其他节目类型受众的差异还体现在：既是演出的欣赏者，也是演出的参与者，戏曲受众在观戏过程中也要调动联想和想象，从而理解戏曲演员的表演，此外，受众的叫好声和掌声是实况戏曲节目转播

① 朱光明：《重新评价王中新闻学理论》，《复旦学报（社会科学版）》1979 年第 4 期。

不可缺少的要素。

戏曲节目受众群体构成较为复杂，王珮瑜曾在《瑜你台上见》节目的一开始讲到，"这世界上有两种人：一种是喜欢京剧的人，另外一种是还不知道自己喜欢京剧的人。"这一说法虽较为感性，但也较为形象地概括了电视戏曲节目播音主持创作的受众，有戏曲涵养较为深厚的、爱戏的戏迷票友，也有普通戏曲文艺爱好者和潜在的电视戏曲节目观众。由于城市化进程的加快和经济社会的发展，人口流动的规模逐渐加大，频率逐渐加快，然而地方戏多采用当地方言演唱，能够听懂的受众呈不断减少的状态，因此地方戏的剧场演出越来越少，受众年龄层次呈现老龄化趋势。在这样的背景下，电视戏曲节目播音员主持人就要在分析受众、了解受众、尊重受众的基础上，进行靶向服务，这样才能使电视戏曲节目赢得受众的青睐。

分析戏曲节目受众的具体特点，可以通过几个维度来进行，如按懂戏的程度进行划分、按年龄层次划分等。首先，按照懂戏的程度进行划分，对戏曲有兴趣但不太懂戏的受众，可多发挥播音员主持人的"导赏"功能，以介绍戏曲的基本知识和戏曲的审美要点为主，引导受众进行欣赏，逐渐培养起对戏曲更为浓厚的兴趣，"让受众不仅看得懂更要看得精，只有看懂了才能产生一些思考，才算是有效的传播。"[1] 对于资深戏迷票友，播音员主持人则要在节目中发挥好"陪衬""穿针引线"和"烘云托月"的作用，不必对戏曲演员或戏曲选段做过多的介绍，因为这部分受众主要看的是"角儿"，"如果主持人话太多、特别热衷表现自己，那我从戏迷的角度来看就会觉得不舒服。"[2] 其次，按年龄层次划分，对于年龄较小的受众，曾有研究动画片的学者指出"孩子喜欢颜色、动作、声音这些元素"，戏曲本身的表演形式就有着吸引孩子的特点，这种情况下，播音员主持人应主要从培养兴趣着手；对于中老年受众来说，可以从"乡土情怀"入手，这部分受众从小受到地方戏的"乡音"熏陶，一听到当地地方戏旋律就会倍感亲切。此时，播音员主持人如果结合当地的文化特色及方言等要素在情怀上提升一下，对于拉近与这部分受众的距离大有裨益。

---

① 笔者对毕璐娜的专访，2020 年，详见附录。
② 笔者对林嵩的专访，2020 年，详见附录。

此外，在互联网背景下，对受众兴趣爱好的分析可以通过大数据进行统计，有助于进行受众的精准定位。如当下的年轻人中有一个群体"古风党"，这个群体对汉服、古琴、传统文化，包括戏曲都有着浓厚的兴趣，相应的消费也比较多，对于这部分受众，可以结合其兴趣爱好对戏曲进行解读；还有就是"文青"群体，这部分受众以女性居多，不仅对戏曲有兴趣，还爱好芭蕾舞、交响乐、话剧等艺术形式，这个群体的兴趣爱好有"潮汐式"的特点，过了相应的阶段兴趣爱好可能就没那么强烈了，对于这部分受众，电视戏曲节目播音员主持人要与其共同成长，培养黏性，引导其逐渐成为戏曲、戏曲节目及戏曲播音主持的长线受众。

（三）戏曲艺术与播音主持艺术的关系

我国电视戏曲节目播音主持的诞生与我国电视的诞生几乎同步，与我国播音主持艺术专业的诞生也处于同一时期。播音主持艺术专业是我国特有的专业类型，国外虽有播音员主持人、播音主持工作，但由于种种原因鲜见开办播音主持艺术学专业的情况。新中国成立以后，我国广播电视事业发展迅猛，为了适应广播电视发展对专门人才的需要，1954 年我国建立了北京广播学院。20 世纪 60 年代初中央台播音部的马尔方和天津台播音组的徐恒被调入北京广播学院，牵头成立播音专业。1963 年正式招收播音专业学生，学制为三年，自此，我国开始正式培养播音主持艺术专门人才。齐越曾指出："播音业务跟其他工作一样，总是由实践到认识，再以认识指导实践，这是一个反复的过程。"[①] 播音主持艺术专业从无到有、从小到大，每一步的发展都离不开对理论的探索、追求和对经验的总结，在此过程中，新闻传播学、艺术学、语言学、美学等诸多学科都为播音主持艺术学提供了丰富的养分和有力的支撑。

戏曲艺术是我国特有的艺术形式，历史悠久、底蕴深厚、较为完善。戏曲演员有着成熟的练习情感表达、气息控制、声音塑造的方法和手段。我国播音主持艺术在诞生和发展、完善的过程中从我国传统戏曲艺术当中借鉴了很多内容、汲取了很多养分。例如：戏曲中，唱曲时为了使字音准确、清晰，常把每个字音分为"字头""字腹""字尾"三部分，这三个名词就是戏曲术语；又如"基本功"，在戏曲中是指戏曲演员表演程式和技巧的基础功夫，包

---

① 齐越：《献给祖国的声音》，中国广播电视出版社，1991，第 74 页。

括腰、腿、台步、圆场、山膀、云手、毯子功、把子功等；再如"十三辙"，在戏曲中是指京剧和北方曲艺唱词的韵脚，包括中东、人辰、江阳、发花、梭波、遥条等；还如"五音"和"四呼"，五音是指喉音、齿音、牙音、舌音、唇音，四呼是指开口呼、齐齿呼、合口呼、撮口呼，戏曲演员准确掌握了五音的部位，结合四呼的运用，才能发音吐字正确，并且清晰地传送给远近的观众；除此之外，播音主持艺术基础中的"咬字""吐字""气口""换气""偷气""丹田音""调门""塌中"等词语都源于戏曲术语。我国播音专业奠基人之一的徐恒，在其经典著作《播音发声学》中就多次以戏曲为例或与戏曲进行对比，来论述播音的正确发声方法。在提到嗓音保护时，徐恒指出："不仅在戏曲、曲艺界过去演员'倒仓'的不少，目前喉部病变也时有发生……都是因为不了解喉部的生理构造及发音机制所造成的。"[1] 在提到吐字时她提到："我国传统的戏曲说唱艺术一向重视吐字这个环节，在这方面积累了丰富的经验，形成了民族的对吐字的审美要求。明代的魏良辅说：'曲有三绝，字清为一绝。'他说的'字清'不仅指字音要清晰，还有字音清扬的要求，也就是要优美动听。中国的播音员理应继承吐字方面的民族遗产，并在实际运用中不断总结新的经验。"她还强调："戏曲界有'千斤念白四两唱'的说法，用来强调'说'比'唱'还需要功力，不可等闲视之。"[2] 谈到吐字归音时，徐恒指出："第一次提到这一概念的是明代的沈宠绥，据《古典戏曲声乐论著丛编》记载，沈宠绥在《度曲须知》中赞赏一女郎唱得好，说她：'发调高华，出口雅丽，吐字归音，各各绝顶'。"徐恒还指出："吐字归音是我国古典唱法中对吐字法的概括，有人誉之为古典唱法的精髓……从元明开始有了这方面的理论著述，为我国戏曲曲艺界所言传身授，世代相袭，影响深远；无论一个字唱得多么长，字音仍能保持清晰饱满圆润动听。"[3] 除此之外，徐恒还借鉴戏曲理论家李渔、徐大椿、王德晖和徐元徵以及戏曲大师梅兰芳的经验，论述了播音发声的要义。可见，戏曲艺术为我国播音主持艺术提供了丰富的营养。

---

① 徐恒：《播音发声学》，北京广播学院出版社，1999，第68页。
② 徐恒：《播音发声学》，北京广播学院出版社，1999，第96页。
③ 同上，第120页。

播音主持艺术专业还可以从戏曲艺术中借鉴其思想性，戏曲作为中华优秀传统文化的代表，饱含着劝人向善的价值观，戏曲中的仁、义、礼、智、信每时每刻都教育着我们要做个好人。播音员主持人是党的"喉舌"，很多青年人甚至将优秀的播音员主持人视为奋斗的榜样和标杆，播音员主持人充分吸纳戏曲中的养分，有助于国家形象构建、社会风气优化、强化媒体公信力；同时，播音主持艺术专业还要借鉴戏曲艺术的形式，戏曲艺术对形式的要求非常讲究，比如"行头"的设计、穿着、运用等就值得播音主持艺术专业借鉴；播音主持艺术还可以借鉴戏曲艺术中的即兴反应能力，如晋剧表演艺术家丁果仙当年学习了京剧表演艺术家马连良的《四进士》，将自己的《反徐州》给了马连良，丁果仙第一次在北京长安剧场演出《四进士》，梅兰芳等诸多京剧艺术家到现场欣赏。演出中，戏中有两个角色：一个叫"丁旦娃娃（正面角色）"，另一个叫"二混娃娃（反面角色）"，丁果仙一上场口误将丁旦娃娃叫成了二混娃娃。当时面对台下诸多表演艺术家，文武场的人都捏了一把汗，丁果仙用双手揉了揉眼睛，立即补充道："哦，宋家爷爷眼目昏花，把丁旦娃娃认成二混娃娃了哇。"看到丁果仙的这种即兴的圆场能力，现场立即响起了热烈的掌声。除此之外，还有很多方面值得我们学习和借鉴，比如戏曲演员讲究"冬练三九、夏练三伏"的吃苦精神，再如戏曲人"戏大于天"的职业精神，等等。

三、电视戏曲节目播音主持的主体特征

我国播音主持艺术源自于中国共产党领导的人民广播事业，新闻属性是其根本属性，艺术属性是其重要属性。作为我国播音员主持人重要组成部分的电视戏曲节目播音员主持人，首先是党的新闻工作者，其次是戏曲文化传播者。作为党的新闻工作者，电视戏曲节目播音员主持人要具备敏锐的政治嗅觉，紧密结合党和国家的文化政策，进行电视戏曲节目播音主持创作。

（一）党的新闻工作者

2016 年 2 月 19 日，习近平总书记在党的新闻舆论工作座谈会上，概括了党的新闻舆论工作的职责和使命："高举旗帜、引领导向，围绕中心、服务大局，团结人民、鼓舞士气，成风化人、凝心聚力，澄清谬误、明辨是非，连

接中外、沟通世界。"① 这是习近平总书记着眼全党工作全局，为新形势下做好党的新闻舆论工作提出的明确要求，为我国所有新闻舆论工作者提供了根本遵循。我国电视戏曲节目播音员主持人是党的新闻工作者，因此必须牢牢坚持党性原则和马克思主义新闻观，切实做好党的新闻舆论工作。在习近平新时代中国特色社会主义思想指引下，将满足人民日益增长的美好生活需要作为奋斗目标，制作出更加优良的电视戏曲节目，为人民提供更有营养、更能滋润人心的精神食粮。广大电视戏曲节目播音员主持人还要坚定文化自信，以弘扬推广戏曲文化为己任，让这一传统艺术之花绽放出新的光彩，为实现中华民族伟大复兴贡献自己的智慧和力量。

广播电视播音员主持人是党的喉舌，延安时期的播音员更是将播音同整个民族的解放事业紧密联系在一起。齐越曾说："世界上有各种各样的播音员，我是中国人民的播音员、中国共产党的播音员，我以此引为自豪。"② "我传的是中国人民战胜艰难险阻、走向胜利的声音；我传的是人民和党政治上和谐一致的声音；我传的是中国共产党堂堂正正的真理之声。……我感到无比幸福和自豪！"③ 延安台较早的播音员萧岩是带着"播音工作是最重要的政治工作"的认识走上播音岗位的。④ 不论时代如何发展、环境如何变幻，我们的播音主持创作活动，都有一条不可动摇的主线和原则，即播音主持的正确创作道路。

电视戏曲节目播音员主持人还要从党和国家宣传事业和文化事业的高度，来进行电视戏曲节目播音主持创作，不折不扣地贯彻落实好党和国家在文艺方面的方针、政策、措施。习近平总书记多次在多个场合强调做好文艺工作的重要性，如：2014 年 10 月，习近平总书记在北京主持召开文艺工作座谈会，他强调："文艺是时代前进的号角，最能代表一个时代的风貌，最能引领一个时代的风气。"2016 年 11 月，习近平总书记出席中国文学艺术界联合会第十次全国代表大会、中国作家协会第九次全国代表大会时指出"文艺事业

---

① 习近平总书记主持召开党的新闻舆论工作座谈会并到人民日报社、新华社、中央电视台调研侧记 [OL] . 中国政府网 . 2016－02－21. http：//www. gov. cn/xinwen/2016－02/21/content_5044092. htm
② 齐越：《献给祖国的声音》，中国广播电视出版社，1991，第 182 页。
③ 齐越：《献给祖国的声音》，中国广播电视出版社，1991，第 182 页。
④ 姚喜双：《播音学概论》，北京广播学院出版社，1998，第 198 页。

是党和人民的重要事业，文艺战线是党和人民的重要战线。"2021 年 12 月 14 日，习近平总书记在中国文联十一大、中国作协十大开幕式上指出："以文弘业、以文培元，以文攻心、以文铸魂，把文艺创造写到民族复兴的历史上，写在人民奋斗的征程中。"2017 年 10 月 18 日，中国共产党第十九次全国代表大会在北京召开，习近平总书记在党的十九大报告中指出要"坚定文化自信，推动社会主义文化繁荣兴盛"，强调要"繁荣发展社会主义文艺"和"推动文化事业和文化产业发展"。2019 年 3 月，习近平总书记在看望参加全国政协十三届二次会议的文化艺术界、社会科学界委员，并参加联组会时，对做好新形势下文化艺术工作、哲学社会科学工作提出了"四个坚持"的明确要求，即"坚持与时代同步伐、坚持以人民为中心、坚持以精品奉献人民、坚持用明德引领风尚"。这一系列重要讲话为电视戏曲节目播音员主持人指明了方向。除此之外，"繁荣文艺创作""推动文化事业和文化产业改革发展"等内容多次写入政府工作报告，"加强社会主义精神文明建设"被列入国家"十三五"规划纲要，国务院办公厅发布的支持广播电视事业快速发展的一系列政策文件，都为电视戏曲节目播音员主持人做好电视戏曲节目播音主持工作提供了政策支撑。

（二）戏曲文化传播者

戏曲是电视戏曲节目的内核，电视戏曲节目播音员主持人与戏曲有着千丝万缕的密切关系，与其他各种类型的播音员主持人有着明显的不同，因此，电视戏曲节目播音员主持人也是实现电视戏曲节目策划、推进电视戏曲节目流程、分析介绍戏曲表演内容和弘扬推广戏曲艺术的戏曲文化传播者。具体来看，电视戏曲节目播音员主持人的戏曲文化传播者身份是通过以下三种形式呈现的。

1. 亦播亦演

电视戏曲节目播音员主持人在节目中首先要做好播音主持工作，按照整个节目组的要求，将节目的预先构思和策划意图，通过自己的语言组织能力和节目驾驭能力完整地呈现出来，在节目中当好戏曲和观众之间的桥梁，更好发挥大众传播媒介传播戏曲文化的作用，让观众接触戏曲、了解戏曲、熟悉戏曲，从而爱上戏曲。本着对节目负责、对戏曲负责、对观众负责的要求，把好节目的最后一道关口。其次，电视戏曲节目离不开戏曲表演，电视戏曲节目播音员主持人最好具备一定的戏曲表演能力。如果电视戏曲节目播音员主持人在电视戏曲节目中能够唱上一段，有利于产生"锦上添花"的效果，而且只有电视戏曲节目播音员主持人真正穿上行头、唱过戏，才能切身体会戏曲演员的苦辣酸甜，才能深刻体会戏曲这门艺术真正的博大精深。只有亲身感受过戏曲演员学戏、准备、化妆、登台表演等一系列的流程之后，在与戏曲演员交流的时候才能更容易聊到对方的心坎上，也更容易挖掘出戏曲演员的真情实感和细致入微的内容，从而做出电视戏曲节目的"华彩"部分，使电视机前的戏迷票友和电视戏曲节目爱好者似饮甘露、如沐春风。与此同时，电视戏曲节目播音员主持人在节目中唱戏会给观众眼前一亮的感觉，电视戏曲节目播音员主持人白燕升就多次在电视戏曲节目中唱戏，例如在《西北五省区秦腔名角儿大反串——第五届陕西广播电视台戏迷春节联欢晚会》上演唱的京剧《锁麟囊》选段，被众多观众赞叹不输专业京剧演员；他在电视戏曲节目中演唱的《霸王别姬》《朝阳沟》也都是一开口就博得满堂彩；在《梨园春》节目中彩唱豫剧《程婴救孤》选段，铿锵有力、感人至深，他感慨道："特别感动，只有扮上戏，才知道戏曲演员是多么的不容易，我就那么七八分钟，其实从头到脚、后背全湿透了，可以想见，我们的演员和艺术家，两个小时的大戏，那要经过多少年的摸爬滚打，那要流多少汗水。所以，就为这，我们也该向所有的演员和艺术家们鼓掌。"从中可以看出，电视戏曲节目播音员主持人唱戏、演戏并不只是为了表演戏曲，还兼顾着体味戏曲演员感受、感悟戏曲背后的故事并向观众介绍戏曲点滴的职责，总的来说，是为了更好地进行电视戏曲节目播音主持创作。

2. 亦庄亦谐

戏曲艺术是中华优秀传统文化的瑰宝，是凝聚了一代又一代戏曲人聪明才智的结晶，电视戏曲节目播音员主持人在主持节目的过程中一定要从尊重戏曲、爱护戏曲的角度出发，从党的新闻工作者的角度出发，有一定的层次和高度，不能油腔滑调、随意调侃、浅薄媚俗。同时，电视戏曲节目中的戏曲艺术不是枯燥乏味、板着脸说教的内容，因此电视戏曲节目播音员主持人不能过于严肃、不近人情、高高在上。电视戏曲节目播音员主持人要在正式中透着幽默、高雅中显出随意、大气中带着亲切，总之，要以一种亦庄亦谐的风格进行电视戏曲节目播音主持创作。中央台电视戏曲节目播音员主持人董艺在节目中的形象给人以一种端庄、典雅的感觉，符合大众对国家级媒体主持人的审美预期，同时，由于董艺主持的《角儿来了》是一档较为轻松的访谈节目，因此，她在端庄典雅之外还给人一种亲切感和幽默感，这不仅能迅速拉近与被访嘉宾的距离，还能让被访嘉宾更容易敞开心扉，把自己的真情实感表达出来。例如，董艺在主持《角儿来了》节目，访谈"昆曲名家魏春荣"时，开始在交流关于昆曲知识的时候，董艺大多从尊重戏曲的角度，以较为轻松的形式引导访谈话题，但在后面说到生活中的魏春荣时，特意设置了如"你们中有谁追求过魏春荣？"和"舞台上魏春荣经常是以大青衣的形象示人，和生活中的她反差大吗？"等问题来与魏春荣的三位好友互动，营造了良好的"笑果"，这种设置不仅使被访嘉宾一下子放下了演员的心理包袱，还让观众对舞台背后的魏春荣有了更深刻的了解，使整个节目的现场欢笑连连。陕西台电视戏曲节目播音员主持人陈爱美最初是电视新闻节目播音员，主要主持《陕西新闻联播》等节目，播音风格较为庄重、大方，后来成为电视戏曲节目《秦之声》的主持人。在一次到陕西兴平县的春节下乡演出中，陈爱美被临时安排与眉户戏表演艺术家李瑞芳合作表演李瑞芳的拿手戏《梁秋燕》，李瑞芳由于之前看过陈爱美在陕西电视台二套开播晚会中唱《梁秋燕》，感觉唱得不错，就提出自己唱"二嫂"，让陈爱美唱"秋燕"。演出中陈爱美："阳春儿天秋燕去田间，慰劳军属把菜剜……二嫂说和我一同去，约会好等她在这里！"李瑞芳："春风吹来天呀么天气暖……"，两人唱完之后，李瑞芳开始即兴唱，陈爱美就准备下台，李瑞芳把陈爱美拉回来继续唱，这时陈爱美唱到"二嫂，下面的词儿我不会了。"精彩的唱腔引来观众的阵阵掌声，唱完之后的即兴发挥和幽默表现也让观众感受到了诙谐的魅力，为现场及电视机前观众的春节假期平添了很多乐趣。

3. 亦师亦友

习近平总书记在党的十九大报告中指出："坚持正确舆论导向，高度重视传播手段建设和创新，提高新闻舆论传播力、引导力、影响力、公信力。"[①]电视戏曲节目播音员主持人作为党的新闻舆论工作者，首先应在价值观方面

---

① 习近平：《决胜全面建成小康社会 夺取新时代中国特色社会主义伟大胜利——在中国共产党第十九次全国代表大会上的报告》，人民出版社，2017，第 42 页。

引导观众、激励观众，使人们向上向善、孝老爱亲，忠于祖国、忠于人民。尤其是在网络新媒体发展迅猛的今天，更应以实际行动大力弘扬社会主义核心价值观。借助互联网生长的各类亚文化具有天生的"野蛮生长力"，而主流文化却恰恰应该借助深具权威性的传播平台助其为社会的发展掌舵导航。① 其次，电视戏曲节目播音员主持人在弘扬传统戏曲文化、普及优秀戏曲知识方面应注重为观众解疑释惑，多发挥讲解和教授的作用，使观众对戏曲的内涵和外延有更深刻的理解和把握。如央视戏曲频道的《跟我学》节目，就是中央电视台戏曲频道唯一一档以教授京剧和地方戏为宗旨的电视节目，这档节目未设置专门的主持人，而是由每期邀请的讲解嘉宾兼做节目主持人，推进节目的起承转合。如 2019 年 8 月 10 日播出的《跟我学》节目，就邀请到了中国戏曲学院的钮骠老师教授《打龙袍·报灯名》，节目开头先用片花的形式介绍了钮骠，随后镜头切换回演播室，钮骠说道："观众朋友们好，今天咱们把《报灯名》说一说，《报灯名》是京剧《打龙袍》里的一段儿，《打龙袍》讲的是包拯到陈州放粮回来，路过赵州桥，巧遇皇帝生母的故事……"，被邀嘉宾在节目中不仅要讲述剧目背后的戏曲故事，同时还要一字一句地仔细教唱，既发挥电视戏曲节目播音员主持人的作用，又发挥戏曲教师的作用。再次，电视戏曲节目播音员主持人还应将戏曲演员和观众当作朋友，在节目中站在戏曲演员和观众的立场进行播音主持创作活动，突出人文关怀，注重分享新现象和新观点，以平等、亲切的风格增强节目黏性，吸引更多的观众养成收视习惯，同时多参与戏曲线下推广活动，如戏曲进社区、进校园、进单位等。浙江台《戏相逢》节目主持人朱晓杨，在访谈一位表演耍牙的戏曲演员时，了解到她们"在练习过程中含在嘴里的猪牙会把嘴里磨破，溃疡都愈合不了，吃饭也很困难"时，不禁泪洒现场。虽然节目中演员是轻描淡写讲那些经历，但越是演员轻描淡写，就越是让朱晓杨感到心疼，他说："又有几个人能知道你这些背后的故事呢？"从中可以看出，朱晓杨真心为演员着想，发自内心地问候、交流，顿时使被访嘉宾敞开了心扉，将主持人当成交心的朋友，也说出了很多自己的真情实感，同时，也使观众感受到了浓浓的人情味。

---

① 李洪岩：《多维语境中播音主持的功能与拓展》，《现代传播》2013 年第 8 期。

四、电视戏曲节目播音主持的社会功能

自我国电视事业诞生以来，从中央台到地方台，一代又一代播音员主持人以高度的政治责任感和历史使命感，为国家建设、社会发展提供了强大的精神动力和舆论支持，播音员主持人的社会功能早已不再只限定于对节目进行播音主持的范畴，而是延伸到社会生活的各个方面。随着播音员主持人群体影响力的日益提升，播音员主持人的言谈举止都有一定的表率和示范作用。《中国广播电视播音员主持人职业道德准则》中首先强调了广播电视播音员主持人的"责任"，第一条明确指出：广播电视播音员主持人所从事的事业，担负着传播先进文化，弘扬民族精神，维护国家利益，促进经济社会发展，推动人类文明的崇高使命和社会责任。[①] 电视戏曲节目播音主持由于其特有的戏曲文化内涵，所发挥的社会功能除了需满足以上要求之外还具有一定特殊性。综合来看，电视戏曲节目播音主持主要通过其固有的文化责任、社会责任和媒体责任彰显其社会功能。

（一）文化责任

泰勒在《文化的起源》中认为，文化是一个错综复杂的总体，它包括知识、信仰、艺术、道德、法律、习俗和作为社会成员所获得的任何其他的能力和习惯，为"文化"提供了一个全方位的说明。事实上，文化是整个人类经验的总和，它的作用和魅力恩泽到社会的每个成员。中国的文化是世界文化的重要组成部分，只有让国内外观众理解了我国的文化，才能使更多的人理解其中的精髓和国家行为的目的、动机，播音员主持人在阐释我国文化和精神实质方面有着不可推卸的责任。电视戏曲节目播音员主持人作为电视戏曲节目推选出的一位体现节目意志、为节目发声的代表性人物，其文化责任体现在进行电视戏曲节目播音主持创作活动的能力、方式、过程及成果之中。大众传媒是传播文化和价值观的重要渠道，播音主持语言通过直接的讲述和阐释，传播着国家的文化形象和价值取向。[②] 播音员主持人除了具备一般职业

---

① 国家广播电影电视总局：《中国广播电视播音员主持人职业道德准则》，2004 年 12 月 2 日公布，第 12 页。

② 鲁景超：《播音主持语言的文化功能》，中国传媒大学出版社，2016，第 46 页。

文化人的基本品质之外，由于大众传媒的巨大传播力，比一般职业文化人具有更大的社会影响力，加之当前我国传统的戏曲文化处于一种危机之中，电视戏曲节目播音员主持人比一些其他类型节目播音员主持人所承担的文化责任更大，社会对其要求也更高。电视戏曲节目播音员主持人需要扛起传播中华优秀戏曲文化的大旗，为这份珍贵的人类非物质文化遗产鼓与呼，使戏曲文化得以更好地赓续和传承。

电视戏曲节目播音员主持人的文化责任还体现在，运用自身的文化影响力去感染和熏陶电视戏曲节目观众，这种文化影响力并非任何播音员主持人都具备，它有两个方面的条件：一是需要具备对文化的占有、过滤、诠释以及输出的能力；二是需要经过一个由"量变"到"质变"的变化过程。[①] 这就需要电视戏曲节目播音员主持人注重学习戏曲文化知识，并经过去糙取精的过程，从而达到融会贯通的程度，在此基础上向电视戏曲节目观众输出自己的想法和观点。同时，也要养成持续学习的习惯，只有不断地输入才能保证不断地输出，才能使"量变"慢慢转化成"质变"，从而提升自身文化影响力。在具体的语言表达方面，也应树立文化自觉意识，用充满中国智慧和中国文化的语言去表达中国的戏曲，用充满民族文化自觉地表述去影响和熏陶电视戏曲节目观众，不仅使国内受众感受到戏曲文化的精妙，还让国外受众感受到中国文化的魅力。在这方面，白燕升、陈爱美、庞晓戈等电视戏曲节目播音员主持人就值得称赞。当下，提到白燕升就会使很多人联想到电视戏曲节目，提到陈爱美很多人就会想到秦腔，提到庞晓戈人们大多会想到《梨园春》和豫剧。显然，他们已经成了电视戏曲节目的一张张文化名片和文化使者。

（二）社会责任

播音员主持人作为公众人物，在社会群体中是广受关注的对象，尤其是很多著名播音员主持人有大量的拥趸，很多青少年都将其喜爱的播音员主持人视为奋斗的楷模。因此，电视戏曲节目播音员主持人应将社会责任放在第一位，通过播音员主持人在台前及幕后传递的正确价值观、行为准则，从而给予受众积极影响，有利于受众树立正确的世界观、人生观、价值观和高尚

① 曾志华：《中国电视节目主持人文化影响力研究》，北京大学出版社，2009，第32页。

的审美情趣，有利于传播先进文化，弘扬民族精神，优化社会风气。① 广大电视戏曲节目播音员主持人要利用好自身"公众人物"的作用，利用自身影响带动更多的人，多组织或参加扶危助困的公益活动，推广戏曲艺术的文化活动，弘扬和践行社会主义核心价值观的社会活动。

党的十八大提出，要"推广和规范使用国家通用语言文字"。播音员主持人作为党和人民的喉舌，在普通话推广方面肩负着神圣的职责和使命。新时代，如何切实贯彻落实习近平新时代中国特色社会主义思想，如何有效推广国家通用语言文字，这就要求我们能从新时代我国社会主要矛盾出发，正视普通话推广普及中存在的不平衡不充分等问题。② 推广普及普通话也是我国电视戏曲节目播音员主持人的社会责任之所在。戏曲有着"一体而万殊"的形态和风格，大部分戏曲剧种都是与当地的基层文化和基层社会生活密切相连的，与之相应的电视戏曲节目也大多与当地的原汁原味的现实生活相关，针对的受众也具有一定的地域性。电视戏曲节目播音主持有着得天独厚的"对症下药"的工作环境和条件，电视戏曲节目播音员主持人应站在解决当前推广普及国家通用语言文字方面存在的不平衡不充分的角度，作出自己的贡献。电视戏曲节目播音员主持人在进行播音主持创作活动的过程中，针对节目中出现的地域方言和戏曲固定发音方式及时用普通话为观众进行解释，戏曲中的一些字的发音跟普通话不太一样，例如"胭脂宝褶"的"褶"字典上标注为"zhě"，但是戏曲演员都是唱"xué"；"王宝钏"的"钏"字典上是"chuàn"，但是戏曲里唱"chuān"。在这种情况下，如果按照普通话的读音去播，广大戏迷票友听着不知所云，然而如果不按照字典上的读音播又不符合国家通用语言文字的要求。此时，电视戏曲节目播音员主持人要努力做好平衡，例如，在介绍的过程中可以稍加解释："接下来请欣赏马派明剧《胭脂宝褶（xué）》，当然这个字在字典中应该念 zhě……"；对于一些由于受方言影响而与普通话当中的发音不同的情况，可以垫上一句话："这个字是按照我们当地方言的发音习惯，在普通话中应该是这样读……"。当然，在操作层面还要视具体情况而定，总之，电视戏曲节目播音员主持人承担着推广和普及国家

---

① 章晓杰：《当下播音员主持人传媒伦理研究初探》，《当代电视》2019 年第 4 期，第 69 页。
② 姚喜双：《新时代的推普方略》，《光明日报》2019 年 9 月 21 日第 12 版。

通用语言文字的社会责任。

（三）媒体责任

电视戏曲节目播音员主持人作为电视戏曲节目的最后一道关口，其言谈举止直接面向受众，代表着相应节目的形象，也代表着整个电视台的形象，电视戏曲节目播音员主持人有着维护所在媒体良好形象的责任，发挥着提升媒体公信力和权威性的功能。当前，广播电视媒体在自负盈亏的模式下生存和发展，为了使自身经济效益最大化，对收视率有着极大的渴望，因此，很多电视节目都充斥着过多的娱乐元素，搞笑、怪异、媚俗，为吸引观众眼球不遗余力。越是在这种情况下，电视戏曲节目播音员主持人越要坚守自己的底线，不忘初心、不忘责任，不断提升自身的综合素养，制作出既吸引观众目光而又精美高雅的寓教于乐的作品，通过电视戏曲节目播音主持创作活动来潜移默化地引导观众审美，为观众陶冶情操、塑造高尚品格、健全完善人格尽职尽责。在具体的操作层面，电视戏曲节目播音员主持人除了进行播音主持创作活动之外，也要积极参与到节目前期策划和后期制作当中，只有这样才能更加全面深入地了解和把握节目的核心要义，也只有这样才能在进行播音主持创作的过程中更好地把控整个节目走向。通过发挥衔接、叙事、沟通、评论、掌控等作用，传递娱乐方式、传播礼仪文明、传承文化遗产。

戏曲作为我国优秀传统文化的瑰宝，在当下的生存和发展与媒体有着密不可分的关系，而电视戏曲节目播音员主持人就是激发媒体传播弘扬推广戏曲文化的重要一环，可以说，电视戏曲节目播音员主持人的表现不仅影响着人们对电视戏曲节目的判断，还影响着人们对戏曲这门艺术的认知。因此，电视戏曲节目播音员主持人一定要在传承中华文明、传播戏曲文化、培育观众审美、陶冶观众情操方面肩负起应有的媒体责任。当前，网络新媒体发展迅猛，电视戏曲节目播音员主持人要审时度势，在新媒体中通过微博、微信公众号、抖音、快手等丰富多彩的形式，宣传推广戏曲，与广大网友互动交流，将新媒体当成电视戏曲节目的有益补充和延展，为广大电视戏曲节目爱好者提供一个可以尽情吸吮戏曲营养精髓的网络平台。另外，值得一提的是，在网络时代任何生活中的细微举动都有可能被无限放大，因此，电视戏曲节目播音员主持人在日常生活中也需要严格要求自己，争取与节目中出现的形象保持一致，发挥好媒体人应有的正能量，为广大观众和戏迷票友做榜样和表率，忠于祖国、忠于人民，热爱戏曲、热爱生活。在广大电视戏曲节目播音员主持人共同努力之下，我们的媒体一定会出现更多丰富多彩的具有强烈吸引力和感染力的优秀电视戏曲节目。

五、电视戏曲节目播音主持的生存困境

进入 21 世纪以来，电视戏曲节目在广度上不断扩大、在角度上愈发丰富、在深度上也不断加深，电视戏曲节目播音主持队伍不断壮大、风格趋于多元、品牌效应愈发凸显。然而，由于戏曲艺术发展过程中存在的问题、电视媒体逐渐势微的迹象以及电视戏曲节目播音主持自身存在的问题等原因，电视戏曲节目播音主持在发展过程中面临着一定的发展瓶颈和生存困境。

从戏曲本体的角度来分析。第一，在戏曲创作上，戏曲在鼎盛时期的剧作者和表演者大多为当时社会中最有艺术才华的人，然而由于戏曲创作与电影创作及电视剧创作在收益上有着较大的差距，大多数人宁愿从事其他收益较高的艺术创作。第二，戏曲内容创新乏力，戏曲演出的剧目大多为传统剧目，所反映的内容也大多是当时的社会生活，表现现代人们生活、心态、精神特征的作品较少，与时代脱节的现象较为严重。第三，当前，人们所熟悉的戏曲表演大多为"古文""诗意"等意蕴较高的阳春白雪型内容，需要受众细细品味才能有所收获，然而由于现代生活节奏的加快以及生活压力的加大，受众（尤其是年轻人）似乎更容易被较为直接的"快餐文化"等下里巴人型内容所吸引。第四，由于娱乐方式愈发多元化，愿意进入剧场看戏曲演出的人在不断减少，"演出少，演员锻炼的机会就少，我们常说百练不如一演。"[1] 演出机会少直接影响了青年戏曲演员的成长，而青年戏曲演员是戏曲的未来，这一情况在很大程度上影响了戏曲的自体传承与传播。

从电视戏曲节目的角度分析，首先，电视作为传统媒体，虽然依然拥有着主流媒体的地位和庞大的受众基础，但是随着 21 世纪以来互联网技术的飞速发展，电视媒体的生存空间也在逐渐变小，电视媒体广告收入持续减少、电视从业者收入不断降低、人才流向新兴媒体等问题愈发凸显。其次，电视媒体相对单一固化的体制机制一定程度上阻碍了电视戏曲节目的发展。在市

---

[1] 笔者对毕璐娜的专访，2020 年，详见附录。

场经济和自负盈亏的媒体运行机制下，收视率成为一档节目是否能存活的重要考量要素，然而电视戏曲节目收视率在所有类型节目中处于弱势，吸金能力较差，大部分电视媒体为了经济效益，着力打造综艺节目等节目类型，不断削减电视戏曲节目的播出时间，甚至很多电视台撤销了电视戏曲节目，如浙江电视台就曾撤销所有电视戏曲节目。党的十八大以后，浙江省"两会"提出，浙江作为戏曲资源大省理应有一档电视戏曲节目之后，才在浙江影视娱乐频道开办了《戏相逢》节目。再次，电视戏曲节目主创人员素养有待提升，对戏曲知识的掌握不够深厚，创作态度不够端正，缺乏追求精品的意识，所制作的节目存在内容老旧、缺乏创新或照抄照搬、丢失本真的问题。此外，部分电视戏曲节目对受众定位不够精准，既没有保持住原有的观众，也没有吸引到新的观众。在节目策划方面，没有找到雅俗共赏的契合点。

从电视戏曲节目播音主持的角度分析，首先，在人才培养方面，没有探索出一条电视戏曲节目播音员主持人培养的明确路径。人才是第一生产力，是一个行业发展的关键，然而，无论是设置了播音主持艺术专业的院校，还是设置了戏曲专业的院校当中，目前没有一所高校开辟戏曲节目播音主持专业或方向，多数对戏曲节目播音主持有兴趣的学生都处于"自生自灭"式的自我探索状态，导致新生后备力量严重不足。其次，在广播电视一线，电视戏曲节目播音员主持人的曝光度及影响力与综艺节目、新闻节目等其他节目类型的播音员主持人相比有着较大差距，电视戏曲节目播音主持岗位收入处于中下游，导致真正愿意主持电视戏曲节目的播音主持人才有限，电视戏曲节目在出现岗位空缺时也多是从其他节目中临时借调、选拔，导致专业性欠缺、戏曲素养羸弱。再次，部分电视戏曲节目播音员主持人在进行播音主持创作时，热衷表现自我，而大部分电视戏曲节目受众欣赏戏曲节目时主要想看的是戏曲或角儿，导致"喧宾夺主"现象时有发生。

进入新时代以来，我国出台了一系列政策文件，大力支持戏曲艺术等中华优秀传统文化的发展，各地纷纷加大"惠民演出""送戏下乡"的力度，"政府花钱，百姓看戏"，文艺事业愈发繁茂，为戏曲艺术、电视戏曲节目、电视戏曲节目播音主持创造了良好的发展环境，带来了新的发展机遇。在媒体融合的大背景下，众多电视戏曲节目进行了可喜的尝试与探索，呈现出媒体融合式、跨界真人秀式、联合创制式三种趋势。浙江电视台和上海电台等部分广播电视媒体开始不再考核戏曲节目的收视率，在一定程度上减轻了戏曲节目发展的压力，让戏曲节目从业者能够专心钻研业务，心无旁骛搞创作。新时代的电视戏曲节目播音主持呈现出多元身份重塑、多重手段传播、多样话语表达等新特征。一线电视戏曲节目播音员主持人队伍整体素养较高，大部分人在进行播音主持创作的同时，也在不断提升戏曲素养。此外，部分电视戏曲节目播音员主持人还利用空余时间参与"戏曲进校园"等线下活动，宣传推广戏曲艺术，在促使更多年轻人接触戏曲、了解戏曲、喜欢戏曲方面作出了贡献。通过中国知网检索可以发现，进入新时代以来，电视戏曲节目播音主持理论研究也逐渐升温，得到了相应的发展，为学科建设和实践发展提供了相应的智力支持。

2019 年 6 月，工业和信息化部正式向中国电信、中国移动、中国联通、中国广电发放 5G 牌照，5G 的出现、运用和普及将会巨大而深远地影响和改变当前的传媒生态以及人类的社会生活，带来一场全新的信息革命。在此背景下，"万物互联互通"的力量将会更为充分地显现出来，广播电视等传统媒体的媒介权力将被进一步稀释，然而，传统媒介在文明传承和社会逻辑洞察方面的优势将会成为新发展阶段不可或缺的推动力量，甚至是一种"稀缺资源"，信息来源和信息渠道越多，越能彰显传统媒体积淀的深厚实力。广播电视等传统媒体从业人员要传承好独特的媒体基因，履行好新型主流媒体的责任与担当，主动融入媒体融合的广阔空间，开辟新的发展空间。未来广大电视戏曲节目受众观看电视戏曲节目的方式可能不再依赖电视机这一外壳，而是通过手机、平板、电脑等多种形式，但是电视戏曲节目及电视戏曲节目播音主持的魅力及影响力可能会更加充分地释放开来。

总之，电视戏曲节目播音主持存在着自身的发展瓶颈和生存困境，我们有必要从发展的角度对其进行深入研究，回顾历史、剖析现状、总结规律、探索路径，在新时代一系列利好因素的作用下，抓住机遇、应对挑战，从而更好地解决发展过程中存在的瓶颈和问题，促进电视戏曲节目播音主持、电视戏曲节目和戏曲艺术全面、健康、可持续的发展。在应对发展瓶颈和生存困境的具体对策方面，后文将进行详细阐述。

第三章 我国电视戏曲节目播音
主持发展历程回顾

从 1958 年中国电视事业诞生至今，电视在中国已走过六十多年的发展历程，受社会背景、技术条件、媒介环境等因素影响，电视戏曲节目播音主持在不同的历史阶段也都呈现出了不同的特征。总结电视戏曲节目播音主持发展的规律，把握规律推进电视戏曲节目播音主持发展，必须对电视戏曲节目播音主持进行阶段性划分，梳理和研究各个阶段的代表人物和阶段性特征，并以此为研究的前提和基础。

杨燕在《电视戏曲论纲——呼唤涅槃的火凤凰》中将电视戏曲的历程划分为四个阶段："1958 年到 1966 年是初生阶段；1966 年到 1976 年是停滞阶段；1976 年到 1979 年是恢复阶段；1979 年后，各方面条件成熟，电视戏曲才真正进入发展状态。"[①] 由于这本书出版于 2000 年，所以在当时来看，这样的划分是科学合理的，凝练概括了电视戏曲各个发展阶段的状况。然而，时至今日，在时代变迁的大背景下，经济社会发展突飞猛进、媒介环境日新月异，显然电视戏曲节目的发展历程需要重新来审视，发展阶段的划分需要重新来界定。焦福民在《后戏台时期戏曲传播研究》中，将戏曲电视发展的阶段性特征从三个方面进行了总结：（1）直播与录播；（2）从电视文艺节目中走出来的戏曲电视；（3）电视戏曲栏目和电视戏曲频道。王玉坤在《戏曲电视节目研究》中，将戏曲电视的发展历程概括为"节目化—栏目化—频道化"三个阶段，对电视戏曲节目发展的历程进行了一定的概括。结合时代背景及

---

① 杨燕：《电视戏曲论纲——呼唤涅槃的火凤凰》，中国广播电视出版社，2000，第 35 页。

技术革新等要素，参考前人研究成果，本文将我国电视戏曲节目播音主持的发展历程划分为四个阶段：萌芽与起步阶段（1958—1978）、迅速发展阶段（1978—1996）、蓬勃发展阶段（1996—2012）以及融合发展阶段（2012—）。本章主要对前三个阶段进行回顾、研究和论述。

第一节　萌芽与起步阶段（1958 年—1978 年）

从 1949 年 10 月新中国成立到 1956 年，是中国共产党领导全国各族人民开展有计划的经济建设、实现从新民主主义到社会主义的转变时期，基本上完成了对农业、手工业和资本主义工商业的社会主义改造。1956 年 9 月，我国开始了曲折的社会主义建设时期。我国电视戏曲节目播音主持就是伴随着中国电视事业，在这样一个历史背景下诞生的。1966 年"文革"的爆发，阻碍了正处于起步和探索阶段且没有完全意识到自身创作规律的电视戏曲节目和电视戏曲节目播音主持创作活动的正常发展。这一时期属于电视戏曲节目播音主持的萌芽与起步阶段。

一、中国电视事业的诞生

（一）社会背景

新中国成立初期，全国人民满腔热忱地投入社会主义革命和建设中，各项事业都取得了一定的进步。文化事业方面的发展也较为明显，然而其中也存在着教条主义和宗派主义的倾向，例如医学界有人认为苏联巴普洛夫学说是社会主义医学、中医是封建医学、西医是资本主义医学；戏曲界存在着是以京剧为主还是以地方戏为主的争论。针对这些现象，毛泽东在 1951 年 4 月中国戏曲研究院成立时题词："百花齐放，推陈出新"。1956 年 4 月，毛泽东在中共中央政治局扩大会议上提出"百花齐放，百家争鸣"的方针。他说："艺术问题上的百花齐放，学术问题上的百家争鸣，我看应该成为我们的方针。"[1]

---

[1]　中共中央文献研究室：《毛泽东文集（第 7 卷）》，人民出版社，1999，第 54 页。

实践证明，"双百方针"符合社会主义文化发展的客观规律，有利于营造独立思考、自由探讨和思想活跃的文化氛围，也有助于激发广大文艺工作者和知识分子的积极性和创造性。1956年年初到1957年上半年，我国的文化事业呈现出生机勃勃的景象。

1958年5月，中共八大二次会议正式制定了"鼓足干劲、力争上游、多快好省地建设社会主义"的总路线。① 1957年冬到1958年春掀起的农业生产高潮，拉开了"大跃进"运动的序幕。社会主义建设总路线、"大跃进"运动和人民公社化运动的提出和推行，反映了长期遭受"三座大山"压迫的中国人民迫切希望强大和富裕的愿望。然而，由于当时中国缺乏社会主义建设的经验，对社会主义建设的长期性和艰巨性认识不足，导致"大跃进"等运动脱离了当时中国社会生产力的发展水平。"文革"期间，各文艺团体停止活动。然而，幸运的是周恩来、邓小平、叶剑英等部分党和国家领导人一直以自己的方式与社会的阴暗面作斗争，在他们的努力之下，我国外交、电视技术等部分领域也取得了一定的发展。

（二）媒介环境

经过1955年到1958年三年多的筹备，中国的电视事业在虽然简陋却基本可行的条件下诞生了。1958年5月1日，中国第一座电视台——北京电视台（现中央电视台）开始试验播出，标志着中国电视事业的诞生。经过几个月的设备调整、技术磨合、人员训练和节目试办等实践，1958年9月2日，北京电视台开始正式播出，每周播出4次，每次2—3小时，直播黑白电视节目。

新中国成立初期的广播事业经过恢复、改造和重建，呈现出了强劲的势头，不仅在新闻发布、政令传达方面承担着主要的宣传任务，还在普及科学文化知识、提供休闲娱乐方面发挥着不可替代的作用。在当时的社会背景下，人民广播事业在广大人民群众中享有很高的声誉。无论是发挥主要传播作用的广播还是初出茅庐的电视，作为党和政府的喉舌和宣传工具，都与当时的政策环境和社会背景有着紧密的联系，播出的广播电视节目在社会主义革命

---

① 《中华人民共和国史》编写组：《中华人民共和国史》，高等教育出版社、人民出版社，2013，第111页。

和建设的过程中发挥了极大的作用，但也不可避免地受到了"大跃进"的影响。"大跃进"期间的广播电视文艺节目，受到"左"的指导思想影响，充满了浮夸和过分渲染的内容。

在"大跃进"的热潮中，各个地方也纷纷成立电视台，然而，毕竟当时处于新中国成立初期，国家底子薄、基础弱，电视发射机功率小，电视机数量少，北京电视台开播时，北京市的电视接收机只有30多架，覆盖面极其有限，影响力不大。各个地方台电视事业成立初期只是电台总编室的一个小部门。

虽然电视在当时的影响力与报纸和广播无法相提并论，但是与事件的发生同步播出的"直播"时效性是报纸无法比拟的，除了声音还有画面补充的视觉性是广播无法与之媲美的。与此同时，早期的电视工作者克服种种困难，对电视的悉心呵护和全身心的热情投入，探索出了早期电视的基本节目形态。虽然之后在"调整、巩固、充实、提高"八字方针的指导下，大部分电视台停办，但不可否认的是电视已然展现出了它的独特魅力，为我国电视事业的长远发展打下了基础。况且，许多党和国家领导人对电视工作非常重视，周恩来总理非常关心我国电视事业的发展，为我国电视事业的早期发展提供了坚强后盾。1964年广播事业局制定的《宣传业务整改方案（提纲）》，推动并促进了全国广播电视宣传工作的普遍改进和提高。

1966年，北京电视台在直播完最后一部电视剧《焦裕禄》。到1970年，广播电视基本实行了录制播出制度，为了避免政治事故，所有节目一般不再直播，在技术上实现了电视戏曲节目的保存。1970年1月，全国电视专业会议召开，会议确定集中主要技术力量研制彩色电视，并适当发展黑白电视。1970年10月，新疆、青海、宁夏、甘肃、广西和福建六个省、自治区新建成电视台或实验电视台，并开始电视播出。至此，全国除西藏自治区外，所有省、自治区都有了电视台。1973年5月1日，北京电视台正式宣布彩色电视节目试播，使用八频道每周四次面向首都观众播出，同年10月，转入正式播出。1973年8月，上海电视台彩色电视开始试播，成为全国第一个播出彩色电视节目的地方电视台。

二、初创阶段的电视戏曲节目

早期的电视曾被人称为"缩型影剧院"，因为在北京电视台开办之初，电影占播出时间的75%，戏剧演出转播占了15%，到1959年底，据有关方面统计，电影占50%，戏剧转播占到了30%。直到"文化大革命"前，电视一直享受着影片优先供应的特权，最迟不过是与电影院同时播放，只是电视需求量大，而影片来源供不应求，旧片重播率越来越高。[①] 在片源不足、电影无法满足观众胃口的情况下，电视逐渐增加了戏剧的实况转播，戏曲界同电影界一样，对电视事业也非常支持，因为此时的电视机数量极其有限，能看电视的人极少，并不会对现场演出的票房造成威胁，所以只要有剧院舞台演出电视便可转播。戏曲电影的拍摄在1956年至1960年间就达到了57部，可以说，我国电视事业诞生在我国戏曲艺术较为辉煌的时代，电视戏曲节目从戏曲艺术和戏曲电影中吸收了丰富的营养。这个时期实况转播的戏曲演出有：梅兰芳特意为国庆十周年献礼而排演的大戏《穆桂英挂帅》、尚小云的代表剧目《双阳公主》（又名《珍珠烈火旗》）、荀慧生的拿手好戏《红娘》、马连良和张君秋的《三娘教子》（又名《机房讯》《王春娥》）、张君秋与叶盛兰和杜近芳合演的《西厢记》、周信芳的《四进士》（又名《紫金镯》《节义廉明》）等。电视实况转播戏曲剧场演出是戏曲与电视结缘之初最主要的呈现形式，可以说这种形式较为原汁原味地保留了戏曲表演的原貌，比较真实地呈现了戏曲剧场演出的现场状况，有其独特的艺术魅力，因此直到现在这种形式依然存在。

1958年，上海电视台开播后的第二次播出就播出了两场戏曲选段。当年11月19日首次举办《京剧晚会》。1958年至1966年"文化大革命"前夕，该台共直播戏曲351场，涉及剧种41个。1959年，文化部在北京举办了国庆十周年献礼演出，由全国各省、市选调了二十余个剧种，三十多个剧团进京演出，北京电视台承担了这次直播国庆十周年献礼演出的任务。北京电视台除了播出五场戏剧晚会，邀请著名戏曲表演艺术家马连良、谭富英、张君秋、裘盛戎、尚小云、荀慧生、筱白玉霜登台献艺之外，还转播了话剧京剧《穆

---

① 刘习良主编：《中国电视史》，中国广播电视出版社，2007，第47页。

桂英挂帅》、越剧《红楼梦》和昆曲《十五贯》等，让当时的电视观众大饱眼福。除了实况转播剧场演出，北京电视台还经常邀请著名表演艺术家和文艺院团到新建成的演播室和电视中心，根据电视特点进行戏曲艺术的再加工，如京剧《红灯记》、昆曲《李慧娘》、评剧《祥林嫂》、川剧《燕燕》等，呈现效果类似于后来出现的电视剧。1960 年 7 月 1 日，西安实验电视台直播了肖若兰主演的秦腔折子戏《藏舟》，1962 年—1964 年，该台播出戏剧近百场次，多数是传统戏曲。1961 年 12 月 11 日—19 日，文化部和中国戏剧家协会举办"纪念周信芳演剧生活六十年"活动，北京电视台进行了大规模的连续直播，这也成为我国电视第一次规模宏大的连续转播活动，播出了周信芳主演的《打渔杀家》《乌龙院》《打瓜招亲》《宋世杰》《张飞审瓜》《斩经堂》《海瑞上疏》等剧目。1964 年，北京电视台从日本引进一台两英寸黑白磁带录像机，首先录制了常香玉主演的豫剧《朝阳沟》第二场以及京剧《红灯记》中的"智斗鸠山"，成为我国第一次使用电视录像技术录制和播映文艺节目。1964 年前后，广州电视台播放了大量的以阶级斗争为主要内容的现代戏，如粤剧《白毛女》、潮剧《江姐》、粤剧《山乡恩仇录》和越剧《祥林嫂》等。1965 年 7 月至 8 月，广州举办了为期一个半月的中南区戏剧观摩演出大会，广州电视台将大部分戏剧搬上了电视屏幕，一时间工农兵的光辉形象将"才子佳人""王侯将相"统统赶出了戏曲舞台，电视荧屏得以"净化"，显得"更具革命性"了。

20 世纪五六十年代是电视戏曲节目的起步和探索阶段，此时的戏曲正处于现代戏创作的大发展阶段，广义的"歌颂大跃进，回忆革命史"非常符合 50 年代以来一直得到鼓励的"现代戏"的内涵。① 尤其是 1964 年 6 月 5 日到 7 月 31 日在北京举行的京剧现代戏观摩演出大会，引发了广泛的关注，新华社发布新闻称：于 1964 年 6 月 5 日下午在人民大会堂隆重开幕的京剧现代戏观摩演出大会"标志着京剧改革进入新的阶段"。报道还指出："这次全国瞩目的京剧现代戏观摩大会，是新中国成立以来京剧工作者演出现代戏的一次新高潮，是京剧界的空前盛举。它为京剧革命史揭开了光辉的一页。"② 受当

① 傅谨：《新中国戏剧史：1949—2000》，湖南美术出版社，2002，第 102 页。
② 傅谨：《新中国戏剧史：1949—2000》，湖南美术出版社，2002，第 108 页。

时的政治文化环境影响，作为反映戏曲艺术现状的电视戏曲节目，这一时期也多以现代戏为主要播出内容。

1965 年至 1975 年，京剧《红灯记》《智取威虎山》《沙家浜》《奇袭白虎团》《海港》、芭蕾舞剧《白毛女》《红色娘子军》、交响音乐《沙家浜》八部文艺作品为"革命样板戏"，北京电视台每天的文艺节目开始反复播放革命样板戏，开始了"八亿人民八个戏"①的状态，1970 年，北京电视台还制作播出过教唱"样板戏"选段的节目。客观来讲，"样板戏"本身的艺术水准确实达到了精品的程度，无论是演员的表演、唱腔以及气息的运用都十分精湛。戏曲艺术和电视戏曲节目在文化艺术界百花凋零的情景之下显得空前繁荣，然而，"文革"期间很多著名戏曲表演艺术家和电视戏曲节目创制者受到了批斗；连续十几年不允许演出传统剧目，那些承载于传统剧目中的源远流长的、丰厚的艺术表现传统随之断层。

针对这种情况，周恩来在百忙之中专门抽出时间关心文艺节目的情况，1970 年"五一"节晚上，他就北京电视台必须加强群众文艺宣传的问题作了批示，并且严正指出：广播电视的文艺节目不能太贫乏了。② 1975 年秋天，周恩来在病重住院治疗期间还不忘指示把文艺节目办好，更好地为人民服务，使得我国的电视事业最大限度地减小了损失。在 1975 年至 1976 年间，中央曾解放和调集了一批文艺工作者搞诗词配曲，并录制传统戏曲电视资料片。北京电视台利用彩色录像设备录制了一批戏曲界和曲艺界名家的保留节目，如李和曾的《碰碑》、赵燕侠的《红娘》、高盛麟的《挑滑车》、张学津和刘长瑜的《游龙戏凤》，以及岳美缇、蔡瑶铣的《琴挑》《思凡》，以及关鹔鹴、彭俐侬、张美娟、俞振飞、王传淞、左大玢、王爱爱、谭元寿、红线女等人的传统剧目，还有花鼓戏、粤剧、汉剧、晋剧、湘剧、河北梆子等传统剧目150 多个。一批濒临失传的著名艺术家的代表作得以保留下来，为中国戏曲保存了十分珍贵的资料，这是电视工作者在特殊的历史条件下尽最大努力为抢救戏曲作出的巨大贡献。③

① 杨燕：《电视戏曲论纲——呼唤涅槃的火凤凰》，中国广播电视出版社，2000，第 32 页。
② 赵玉明：《中国广播电视史文集（续集）》，北京广播学院出版社，2000，第 30 页。
③ 杨燕：《电视戏曲论纲——呼唤涅槃的火凤凰》，中国广播电视出版社，2000，第 34 页。

总之，这一时期的电视戏曲节目处于萌芽和起步状态，没有出现戏曲专题节目，电视戏曲节目形态尚未成型。节目形式也属于原生态的模样，大多只是将戏曲表演的原貌呈现在电视荧屏上，或是直接转播戏曲剧场的实况演出。加之，早期的电视戏曲节目也曾一度被当成单纯的政治宣传工具，受到一定的束缚，因此这一阶段的电视戏曲人并未意识到电视戏曲节目的创作规律，然而，早期的电视文艺工作者所进行的可贵尝试和实践探索，在一定程度上给电视观众以耳目一新、眼前一亮的感觉，也为后来的电视戏曲节目锻炼了队伍、储备了人才。由于在我国电视戏曲节目的初创阶段，我国经历了"大跃进"和"文革"，"百花齐放、百家争鸣"方针的贯彻受到了挫折，电视戏曲节目播音主持在初生阶段，在这样的历史条件下，也走了一条屡遭挫折、曲折演进的道路。但整体来讲，总的方向是正确的、取得的成绩是主要的，积累了宝贵的经验。

三、播音主持及其阶段性特征

这一阶段，电视戏曲节目是一种散点化、碎片化的戏曲表演或原生态的戏曲剧场实况转播，并非戏曲专题节目。我国电视戏曲节目播音主持也处于一种萌芽和起步状态，并未出现专门的电视戏曲节目播音员主持人，但电视戏曲节目的播音主持创作活动的雏形已经显现。

（一）萌芽阶段的探索性尝试取得初步成效

电视开播以后，电台的播音员和广播剧团的一些演员相继参加了电视播音员的试播，当时的沈力刚进入中央人民广播电台不久。经过几次试播，大概两个月之后，沈力接到通知参加第一次的正式播出。郭镇之在《中国电视史》中曾这样描述："1958 年，11 月 2 日，北京电视台（现中央电视台）开始口播《简明新闻》，每次 5 分钟。稿件起初是中央人民广播电台提供的。后来成为著名主持人的沈力是我国第一位电视播音员。"[①] 作为第一个电视播音员，沈力并没有可借鉴的电视播音经验，对电视这个新生事物也几乎没有任何概念，而是一种摸索状态。回忆那段历史，沈力指出："由于当时没有录

---

① 鲁景超主编；白岩松等口述：《真话实说——名主持人访谈录》，光明日报出版社，1998，第 292 页。

像，全是直播，因此，我无法检验自己在屏幕上的播出效果，而领导和同事们鼓励我，经常告诉我该怎么去做，特别是孟启予同志，常常提醒我电视播音员的图像要体现出亲切、自然、大方、朴素，就像对自己的朋友讲话一样。"① 除此之外，沈力只能不断地通过实践去摸索和总结电视播音创作的方法和注意事项。当时，北京电视台没有男播音员，为了解决这一问题，专门选拔了一批中学生到电视台试镜，孟启予等几位专家从监视器中注意到一位小伙子，这就是日后成为著名播音员主持人的赵忠祥。1960 年 2 月，赵忠祥进入北京电视台，成为我国第一位电视男播音员。几个月后的 6 月 20 日，吕大渝也进入了北京电视台。

虽然在电视播音方面无经验可循，但是在广播播音方面我国已积累了较为丰富的经验，因此，这一时期的电视播音从广播播音方面汲取了丰富的营养。如沈力在进入北京电视台之前就曾在著名播音员齐越的指导下学习播音创作，赵忠祥、吕大渝进入北京电视台以后也相继被安排到中央人民广播电台播音部学习，夏青作为赵忠祥的启蒙老师、林如作为吕大渝的启蒙老师，在播音创作方面给予了他们巨大的帮助。但是广播播音和电视播音存在一定的差异，电视播音员不能完全照搬。提到当初的播音状态，赵忠祥说："那时候我们不懂，除了沈力，没有看过任何人在电视上的表现形式，所以我们就以沈力为标志。她当时形成了一个比较温和的形式，播报状态端庄、温和，跟中央人民广播电台比起来的话调门比较低，语言的状态更松弛、更有对象感，比较接近于说话。因为我们是出图像的，就像面对面跟观众坐在一起，不可能调门儿太高地跟人家说话。"②

（二）"麻雀虽小，五脏俱全"

这一时期电视播音员数量极少，一方面，每个人都承担着所有节目的播音主持工作；另一方面，此时的节目类型虽然还没有明确划分，但是也形成了以新闻、专题、文艺三大支柱节目为主的节目形态，早期的电视播音员无论是串场、报幕、口播、画外音，还是现场采访和大型活动实况转播报道，

---

① 沈力：《难忘的时光》，转引自中华人民共和国史广播电视编辑部编：《当代中国广播电视回忆录（第 1 集）》，中国广播电视出版社，1995，第 401 页。

② 笔者对赵忠祥的专访，2019 年，详见附录。

每一种节目形态的播音主持能力都需要样样具备。因此，这个阶段我国电视戏曲节目播音主持创作的特点可以用"麻雀虽小，五脏俱全"来形容。首先，最初的北京电视台编辑部只有40多人，在开播之后的一年多时间里只有沈力一位播音员，后来赵忠祥和吕大渝加入电视播音队伍，在随后的近十年中主要也都是这三位电视播音员承担着所有类型节目的播音工作。"从预报节目、国内外新闻片解说、纪录片解说到节目之间的串联、人物访问、文艺节目和政治性人物的实况解说，以及播报《简明新闻》等，样样都要干。"① 这一时期的电视播音员各种类型节目的播音主持工作都要做，其中就包括电视戏曲节目。其次，电视戏曲节目作为我国电视事业早期的一种重要的节目形态，虽然还没出现有意识的电视戏曲节目的类型划分，但也是基本上囊括了当下我们所能够欣赏到的各种类型电视戏曲节目形态的雏形。由于当时的电视戏曲节目只能直播，因此除了一些实况转播外就是邀请著名戏曲表演艺术家到电视台的演播室表演，播音员的电视戏曲节目播音主持创作活动为："一方面负责介绍这些名家名角儿、介绍名曲名段和折子戏，以及整体的串联；另一方面就是他们在剧场演连台本戏，我们就会派转播车过去，如果需要，我们就会在中场休息的时候去采访一下，问一些比较简单的问题，例如'戏曲背景''个人风格'之类的。1962年左右，我还访谈过昆曲表演艺术家白云生，做了十几次访谈，主要介绍北昆的形式；还访谈过裘盛戎，大概也做过十几次访谈。"② 再次，虽然电视播音处于起步探索阶段，但是沈力、赵忠祥、吕大渝等人也从大量的播音实践中积累了丰富的经验。如沈力第一次接受入台教育时就获得了一个明确的认识："电视播音员的工作小到代表一个台，大到代表一个国家，绝不是个人行为，要有一种使命感。"③ 这些工作格局和工作细节的要求和走向，以及当时形成的电视播音风格和审美风格，影响了几代电视播音员主持人。

---

① 沈力：《难忘的时光》，转引自中华人民共和国史广播电视编辑部编：《当代中国广播电视回忆录（第1集）》，中国广播电视出版社，1995，第401页。
② 笔者对赵忠祥的专访，2019年，详见附录。
③ 中央电视台研究室主持人节目研究委员会：《中国荧屏第一人——沈力》，中国广播电视出版社，1996，第31页。

（三）早期电视戏曲节目播音主持以直播形态为主

由于受到技术条件的制约和录制设备缺乏的束缚，早期的电视节目几乎全部采用了"直播"的方式。一般来讲，直播对播音员主持人的要求要比录播高，因为没有返工的余地，所以电视播音员的语言要高度精练、准确。沈力在回忆那个时期的直播时，用"时间紧、任务重、压力巨大"来形容当时的感受，"每天上午要背当晚的节目预报和节目之间的串联词，下午要熟悉、核对各类新闻解说的画面，而大部分解说稿要在当天下午 4 点以后才能最后审定。因此，下午 4 点到开播之前，常常是播音员最紧张的准备时间。由于全部是直播，所以不仅每个画面要记得特别准确，而且解说词不能念错。"[1]因为出镜播报和画外音配音之间非常紧凑，沈力说当时她不得不像个跳跃的麻雀一样在站于镜头前报完节目之后，马上跑到几步外的话筒前为新闻片配音，这对播音员的体力、记忆力和语言表达能力都是不小的考验。当时的电视节目一般分为三部分：第一部分为播新闻，第二部分会播"医药卫生""电视台的客人"等相对固定的专题，第三部分播电影或剧场转播，剩下一个空档电视台就会请盖叫天、马连良、裘盛戎、赵艳侠、红线女等当时较为著名的戏曲表演艺术家来现场演唱些折子戏。赵忠祥说："我们那时候不叫主持，叫报幕。例如介绍戏曲演员的时候我们直接说：'下面进入文艺节目时间，今天我们请到了著名戏曲演员谁谁谁，他将为大家带来什么什么表演'。没有播音员发挥的空间，因为稿子都是经过领导三审的，电视台绝对不允许播音员自由发挥，我记得到 80 年代后期才允许播音员主持人加一些水词儿。"[2]虽然在稿件内容方面电视播音员没有发挥的空间，但是在"因陋就简"的电视播音环境中，沈力、赵忠祥、吕大渝等我国第一代电视播音员经过不断的锤炼和思考，探索出了电视播音的初步经验：首先，电视直播是一次成像，必须做足准备工作，尽量不出错；其次，电视图像是半身出像，摄像机会将播音员的每个细小的表情放大，要注意控制好自己的体态语，服饰也要符合观众的审美；再次，对播音技巧要不断精雕细琢，注意电视播音与广播播音的区

---

① 沈力：《难忘的时光》，转引自中华人民共和国史广播电视编辑部编：《当代中国广播电视回忆录（第 1 集）》，中国广播电视出版社，1995，第 401 页。

② 笔者对赵忠祥的专访，2019 年，详见附录。

别，例如电视播音要更有对象感和交流感，播音态度要谦虚、热情和亲切，播读手中的纸质稿件时要注意找好"抬头点"，等等。由于当时的电视机数量有限，能够收看到电视节目的观众很少，因此，这一时期电视播音员对电视播音规律的探索，可以说是一种自发行为。

"文革"期间，播音调门高、声音冷，总结起来，可以用"高、平、空、冷、僵、远"六个字来概括。这种风格的成因，一方面是由于当时的政治压力，另一方面是"由于我们那时候中央电视台的新闻播音主要不是口播和出图像，最主要的是画面播音，就像新闻简报一样，我们的播音是要对着片子的。当时的大场面很宏伟，比如批判会啊、大检阅啊，播音的语调就需要以那样一种状态去跟内容相呼应。"① 这种"扯着嗓子喊"的播音方式也违背了人的生理条件，很多电视播音员都因这一时期的播音患上了声带小结和息肉等疾病，使职业生涯过早结束。在周总理的关怀下，齐越等一些老播音员在"文革"后期被解救出来；在广大播音工作者的努力下，从基层选拔了李娟、刘佳等一批播音员，填补了电视播音员的空缺，使播音工作能延续下来。"一些老播音员以及播音教育工作者，在受到批判时，仍顶着压力，暗自钻研业务，为后来播音理论的建立积累了材料。"② 此外，值得一提的是，《教唱样板戏》节目中的教唱老师，在一定程度上发挥了电视戏曲节目播音员主持人的作用，虽然在具体内容上受到严苛管控，但对戏曲具体演唱方法"掰开揉碎"式的讲解和示范，为电视戏曲教育型节目的播音主持创作积累了宝贵的经验。

从1958年中国电视事业诞生到1978年改革开放前夕，受政治环境和社会背景等因素影响，我国电视戏曲节目播音主持创作在萌芽和起步阶段也走过一些弯路。但整体来讲，这一阶段为后来我国电视戏曲节目播音主持的发展奠定了基础、开辟了道路、指明了方向。

---

① 笔者对赵忠祥的专访，2019年，详见附录。
② 姚喜双：《播音学概论》，北京广播学院出版社，1998，第216页。

第二节　迅速发展阶段（1978 年—1996 年）

一、改革开放的到来

（一）社会背景

1978 年 12 月 18 日至 22 日，党的十一届三中全会在北京召开。这次会议端正了党的指导思想，重新确立了马克思主义"解放思想、实事求是"的思想路线。会议强调要坚持以经济建设为中心和民主集中制，做出把工作重点转移到社会主义现代化建设和实行改革开放的重大决策。党的十一届三中全会是中国共产党历史上继遵义会议之后又一次实现伟大转折的会议，具有划时代的意义和里程碑的作用，开辟了中国共产党和中华人民共和国历史的新篇章。1979 年 10 月，在第四次全国文学艺术工作者代表大会上，邓小平同志代表党中央致辞，重申了党的"百花齐放、百家争鸣、推陈出新"的方针，同时号召广大文艺工作者到群众中去，他说："人民需要艺术，艺术更需要人民。"这一时期，国家各项事业都开始迅速恢复和发展起来，不仅生产力得到了解放，人们的思想和心灵也都得到了空前的解放。

1982 年 9 月，中国共产党第十二次全国代表大会召开，邓小平首次明确提出"建设有中国特色的社会主义"，号召全党为全面开创社会主义现代化建设的新局面而奋斗。开创新局面的纲领指出：一定要努力建设高度的社会主义精神文明建设，这是建设社会主义的一个战略方针问题。社会主义精神文明建设可以分为文化建设和思想道德建设两个方面，思想建设决定着精神文明的社会主义性质。[①] 1992 年春，邓小平发表南方讲话，我国改革开放和现代化建设步入了快车道，改革开放加快步伐，现代化建设取得举世瞩目的成就，新一轮的思想解放再次涌起。特别是确立了"社会主义市场经济"的目标之后，我国的社会生产力、综合国力和人民的生活水平又上了一个新台阶。

---

① 陈述：《中华人民共和国史 1949—2009》，人民出版社，2009，第 435 页。

1994 年 1 月，江泽民同志在全国宣传思想工作会议上讲话，要求"必须以科学的理论武装人，以正确的舆论引导人，以高尚的情操塑造人，以优秀的作品鼓舞人"。在精神产品的生产中，要弘扬主旋律，提倡多样化。①

这一时期，我国政治、经济、文化、社会、科技、教育、外交等各个领域的发展日新月异，为我国电视戏曲节目和电视戏曲节目播音主持的迅速发展奠定了基础。

（二）媒介环境

改革开放以来，我国的广播电视事业以"进一步解放思想"的方针为指引，在科学、教育、文艺等领域全面复苏与振兴中也开始呈现出雨后春笋般的发展态势。一方面是由于政治思想上的正本清源；另一方面则是得益于打开国门之后，中国人的视野变得五彩斑斓，而作为主要传播媒介的广播电视，在此时发挥出了主流媒介的应有价值。尤其是电视，作为人们看世界的"千里眼"，在这个阶段更是迸发出了前所未有的传播魅力。1978 年 5 月 1 日，为适应我国广播电视事业发展的需要，北京电台更名为中华人民共和国国际广播电台，北京电视台更名为中央电视台。

1979 年 8 月，全国电视节目会议在北京召开，这是当时我国电视事业创建 21 年来首次就电视节目进行探讨的全国性会议。这次会议主要讨论的内容是：如何丰富和改进电视节目内容，努力搞好自办节目；举行全国电视节目大联播；加强全国各电视台之间的互相协作、经验交流和节目交换。会议提出，电视要"自己走路"，逐步摆脱对别人的依靠，自力更生，不吃现成饭。这次会议在中国电视史上是具有里程碑意义的一次会议，虽然此时广播仍旧是强势的主流媒体，但是电视事业也已经崭露头角，正在向着彩色化、录像化的方向发展，代表着中国电视事业羽翼渐丰，开始振翅飞翔。1980 年 10 月，第十次全国广播工作会议在北京召开。会议全面总结了新中国成立 30 年来，特别是"文革"以来全国广播电视宣传的经验和教训。确定了要将广播电视打造成为电化教育、科学普及、文艺欣赏和娱乐的重要阵地的目标，并且再一次强调广播电视要"自己走路"，要从内容、结构、形式到编排等方面进行全面改革，为我国电视戏曲节目的发展指明了方向。1982 年 5 月，中央

---

① 江泽民：《在全国宣传思想工作会议上的讲话》，《人民日报》1994 年 3 月 7 日。

广播事业局更名为国家广播电视部，电视更加受到重视，电视事业"自己走路"取得初步成效。同年 11 月召开的全国电视台台长会议提出，电视要"扬独家之优势，汇天下之精华"，为电视戏曲节目的成长带来更多机遇。1983 年3 月，第十一次全国广播电视工作会议确立了"四级办广播，四级办电视，四级混合覆盖"的方针，电视戏曲节目得以在国家级电视媒体、省级电视媒体、市级电视媒体和县级电视媒体多点开花。

这一时期，无论从广播电视节目的数量和质量来看，还是从广播电台和电视台数量的增长来看，都可以明显感受到整个媒介环境的生机勃勃的变化。1976 年，我国的广播电台有 89 座，电视台有 32 座。"文革"结束之后，经过20 多年的发展，我国广播电视事业得到了迅速发展，1996 年，我国的广播电台数量已经达到 1244 座，电视台达到 880 座。① 至此，我国已经形成了较为完整的广播电视节目传送网和覆盖网，全国范围内的广播电视受众人口和电视机、收录机、收音机拥有量也都走到世界前列，成为世界上为数不多的广播电视大国之一。

二、改革开放背景下的电视戏曲节目

1976 年，"文革"结束之后，党的文艺政策不断拨乱反正，"双百方针"得以更好地贯彻落实。1978 年春，邓小平回四川观看传统剧目演出并提出相关指示之后，中国传统戏曲迎来了重生的机会。1980 年 7 月，戏曲剧目工作座谈会召开，面对改革开放戏曲复苏的大好形势，这次会议的中心议题是：总结经验，肯定成绩，探讨存在的问题，进一步明确社会主义新时期的戏曲工作的方针政策，繁荣和发展戏曲事业。在这样的大背景下，戏曲、音乐、舞蹈、戏剧、曲艺、杂技、舞台艺术表演很快得到复苏，一些在"文革"期间被禁锢的文艺节目也陆续重新绽放光芒，各剧团在社会上的演出也逐渐频繁起来，电视文艺节目的来源不断得到充实和扩大，电视戏曲艺术的生命力也开始焕发出来，电视戏曲节目如雨后春笋般涌现出来。

（一）栏目化

这一时期电视戏曲节目最显著的特征就是栏目化。改革开放以前的电视

---

① 赵玉明主编：《中国广播电视通史》，中国广播电视出版社，2014，第 514 页。

戏曲节目尚处于萌芽状态，观众虽然可以在电视上观赏戏曲表演，但当时的电视戏曲节目大多为剧场实况转播和播放戏曲表演录像，并非真正意义上的电视戏曲节目，只有栏目化之后的电视戏曲节目才代表着电视戏曲节目跨上了一个崭新的台阶，标志着电视戏曲节目的正式诞生。电视栏目是电视节目的一种载体，是特定的电视传播内容按照相对统一稳定的标准和规则组织串联在一起的一种载体。① 由于电视栏目具有固定的播出时间、栏目时长和栏目标志等，因此与其他缺乏统一标准、播出时间较为随意的电视节目相比，电视栏目具有稳定的、类似于"约会"形式的吸引力。最早实行栏目化的是中央电视台，1979 年 1 月，中央电视台推出电视专栏《外国文艺》，以介绍外国的优秀文艺节目为宗旨，1985 年中央电视台提出"全部节目实行栏目化播出"。② 电视戏曲栏目的推出，中央电视台与各地方电视台几乎同时起步，最早的电视戏曲栏目有 1978 年上海电视台开办的《戏曲专题》、1981 年推出的《戏剧之家》以及 1984 年播出的《戏曲大舞台》，1979 年陕西电视台开办的《地方戏》（后改名为《秦之声》），1982 年中央电视台推出的《戏曲常识》、1985 年开办的《戏曲欣赏》（后改版为《九州戏苑》）。1981 年广东电视台推出的包含戏曲节目的专栏节目《万紫千红》和 1981 年广西电视台推出的《百花园》，这两档节目是我国电视文艺的一个重要标志，它们将电视文艺高高在上地教育人的俯视视角变成了与观众交朋友的平等视角。从 20 世纪 80 年代初开始，我国电视荧屏上的电视戏曲节目进入了栏目化的时代，虽然戏曲实况转播和播放戏曲表演录像等节目形态以其特有的魅力依然经常跃入大家眼帘，但不得不说，电视戏曲节目的栏目化代表着电视戏曲节目掀开了崭新的一页，标志着电视戏曲节目的成型。

（二）地域化

这一时期电视戏曲节目的第二个特征就是地域化。20 世纪 80 年代初期，中央电视台面向全国播出，拥有广泛的受众群，播出的电视戏曲节目主要以京剧为主，偶有兼顾其他地方戏曲剧种，并且中央电视台在一些综合类的电视节目中也会涉及电视戏曲节目，如 1986 年开办的《电视剧场》就经常播出

① 刘习良主编：《中国电视史》，中国广播电视出版社，2007，第 418 页。
② 于广华主编，马超曾副主编：《中央电视台简史》，人民出版社，1993，第 12 页。

戏曲演出的录像。各地方台覆盖范围只限于本省，因此各地方台开播的戏曲节目大多以本地区的戏曲剧种为主，如 1985 年河北电视台开办《戏曲集锦》节目，以介绍河北梆子、评剧、唐剧、落子等河北的地方戏为主，普及戏曲知识、播出戏曲剧目，受到观众普遍欢迎；1987 年，广东电视台开播的《南粤戏曲》主要播出粤剧、潮剧、正字戏等广东地方戏曲，对弘扬南方戏曲发挥了较大作用；1987 年，天津电视台开办的《戏曲之花》主要以评剧和京剧等戏曲剧种为主；1988 年，陕西电视台《地方戏》节目更名为《秦之声》，这也是目前播出时间最久的电视戏曲栏目，至今已有四十多年历史，共播出节目 1700 多期，主要以秦腔、眉户戏、汉调二簧等陕西地方戏曲剧种为主，分为周末的《综合晚会》，周一至周四的《秦之声大叫板》，周五到周日的《周末百戏汇》；1989 年，广西电视台开办《家乡戏》节目，主要以桂剧、邕剧、壮剧等广西地方戏曲剧种为主，荟萃京剧、其他省份地方戏、曲艺、杂技等艺术形式，采取"拼盘"的结构，以观众点播的形式，把一个个短小精彩的戏曲节目串联成辑进行播出；同年，四川电视台《川剧欣赏》节目开播，主要播出以川剧为主要内容的节目，川剧是融汇昆曲、高腔、弹戏、胡琴和四川民间灯戏五种声腔艺术而成的传统戏曲剧种，节目一经播出就受到了四川地区观众的广泛好评。这一时期开播的电视戏曲节目还有河北电视台的《戏曲大观园》、浙江电视台的《百花戏苑》，以及 80 年代后期，北京电视台开办的《菊苑乐》。整个 80 年代，从中央台到地方台，很多电视台都如火如荼地办起了电视戏曲节目，可谓是热情高涨、发展迅猛。但此时的电视戏曲节目还并不成熟，节目形式仍在探索，节目策划、编排还在摸索规律，资金和人才资源等也较为匮乏。

（三）参与性

进入 90 年代，电视戏曲节目逐渐向着成熟完善的状态迈进，一档档品牌节目开始崭露头角，除了栏目化和地域化的特点之外，节目的参与性大大增强，对于培养受众黏性和收视习惯进行了很多可贵的尝试。如：1990 年，湖北电视台开播的《戏曲大看台》，以汉剧、南剧、湖北高腔等戏曲剧种为主，节目制作考究，形式新颖，是当时湖北地区观众非常喜闻乐见的电视娱乐节目；1991 年，中央电视台第一届春节戏曲晚会开播，邀请梨园名家汇聚一堂，老中青三代同台献艺，南腔北调轮番登场，经典唱段精彩不断。时至今日，央视春节戏曲晚会依然是广大戏迷和观众春节期间不可或缺的一场视听盛宴；1992 年，山西电视台开办的《戏曲舞台》节目红极一时，该节目分设了《各抒己见》《票友之窗》《点戏台》等子栏目，加强了与观众的交流和互动，在一定程度上满足了戏迷票友参与节目的愿望；同年山东电视台播出的《五彩剧坛》也是在参与性上做足了文章，该节目开辟的《戏迷乐》小栏目，吸纳全省各地各个层次的业余群众在节目中展示他们的戏曲风采，《戏曲人生》小栏目主要讲述戏曲知识，提升观众的戏曲涵养；1993 年，中央电视台《戏曲欣赏》改版为《九州戏苑》，这是当时中央电视台第一套节目中唯一的一个戏曲栏目，它的子栏目设置得非常细致和全面，包括《梨园群英》《名家名段》《知识库》《戏曲采风》《戏迷角》《南腔北调》等，这个栏目基本上就是后来成立的央视戏曲频道的一个缩影，基本上后来戏曲频道的每一个栏目都能在《九州戏苑》中找到相同或定位相似的栏目；1994 年，河南电视台《梨园春》栏目开播，《梨园春》是一档将电视手段和河南传统戏曲有机结合的电视晚会栏目，尤其是戏迷擂台赛的设置，充分调动了广大戏迷票友的积极性，众多观众纷纷报名参与节目，同时，也使栏目的收视率不断攀升，受到广泛好评，成为河南卫视的一个名牌栏目；1994 年，陕西电视台开办戏曲综艺性电视栏目《民乐园》，也是由多个版块组成，既包括戏迷现场参与的以戏曲知识为主要内容的游戏版块，也包括戏迷票友登台唱戏的表演版块；1995 年，北京电视台开办的《戏迷天地》栏目，邀请戏曲名家名角儿登台亮相，与戏迷分享各个戏曲流派的风格特点；1995 年，天津电视台开播的《中华戏曲》节目，融会了传统与现代、古老与时尚的元素，"求新、求变、求美"的理念，吸引了众多观众的关注和参与；1995 年，福建电视台开办的《闽海观剧》栏目主打纪实风格的理念，通过讲述戏迷自身的故事以及戏迷与戏曲的渊源来加深与观众的沟通，是戏曲受众参与节目的理想园地，很多戏迷甚至在节目中结识了知音。

值得一提的是，从 1983 年开始的《春节联欢晚会》，几乎每年都有戏曲节目的亮相，如 1984 年的豫剧清唱《迎春曲》、1990 年的戏曲小品《拷红》、1991 年的戏曲小品《洞房花烛夜》，丰富了晚会的节目形式，提升了晚会的传统文化韵味。另外，在 20 世纪八九十年代，文化部振兴京剧指导委员会和中央电视台等单位还联合举办了一系列地区性、全国性、国际性的电视戏曲大赛，其中较有影响力和代表性的有 1987 年和 1991 年的"全国中青年京剧演员电视大赛"；1992 年到 1994 年连续三年的"梅兰芳金奖大赛"；1992 年举办的"全国业余京剧大赛"；1993 年举办的"北京国际京剧票友电视大赛"。一系列大赛的举办不仅为戏曲演员、戏迷票友和戏曲爱好者提供了展示风采的舞台，还为喜爱戏曲的观众奉献了一道道饕餮盛宴。

综上所述，这一时期属于我国电视戏曲节目的成型与发展阶段，无论是在数量上还是在质量上较往常都有了可观的成效，整体上呈现出"栏目化、地域化、参与性"的特征。这种局面得益于党和国家"双百方针"，也得益于改革开放以后我国社会经济的迅速发展、社会环境的多姿多彩。电视戏曲节目的成型与发展丰富了电视荧屏，让广大戏迷、票友、观众足不出户就可以欣赏到戏曲表演，为大家带来了审美愉悦和视听享受，一定程度上提升了戏曲的影响力，扩大了戏曲的覆盖面。然而，这一阶段的技术条件也是日新月异，各种娱乐形式层出不穷，在市场经济等各种因素的共同作用下，现实生活中进入剧场看戏的人越来越少，各个剧团的经济状况愈发凋敝。进入 90 年代，国内大批专业戏曲团体被迫解散，或处于濒临解散的状态。

三、播音主持及其阶段性特征

丰富多彩的电视戏曲节目带给了戏迷票友和戏曲爱好者极大的精神愉悦，给广大电视观众送上了一场场视听盛宴，也将一位位优秀的电视戏曲节目播音员主持人推到了大众的视野当中，为电视戏曲节目播音员主持人创造了施展才华、传播戏曲的舞台。经历了萌芽与起步阶段之后，我国电视戏曲节目播音主持事业和电视戏曲节目播音主持创作活动如雨后春笋般呈现出了迅速发展的良好态势。这一阶段，电视戏曲节目播音主持队伍逐渐发展起来，人员构成愈发多元化；电视戏曲节目播音主持语调逐渐从"文革"时的高嗓门儿降下来，播报的风格开始贴近群众、生动自然；电视戏曲节目播音员主持人的作用也愈发凸显，从改革开放以前的"报幕员"式的边缘角色逐渐向节目"代言人"式的核心角色转变。[①] 总体来讲，可以用"懂行的、固定的、

---

① 章晓杰：《我国电视戏曲节目播音主持发展研究初探》，《中国戏剧》2019 年第 4 期。

专职的"① 来概括这一阶段电视戏曲节目播音主持发展的特征。

（一）电视戏曲节目播音主持队伍初步形成

在电视戏曲节目播音主持的萌芽与起步阶段，我国电视事业尚处于初创阶段，当时全国范围内的电视播音员的数量也是极其有限的，我国电视戏曲节目的播音主持创作规模还未形成，北京电视台的沈力、赵忠祥、吕大渝等播音员基本上播音主持了所有类型的节目，地方台的电视播音员大多也是类似的情况，并未出现专职电视戏曲节目播音员主持人。改革开放以后，电视戏曲节目播音主持创作活动得到了空前发展，主要的表现之一就是不再"单兵作战"，而是初具规模。这个队伍当中既有以往身兼数职的播音员主持人，也出现了专职的播音员主持人；既有播音员主持人出身的电视戏曲节目播音员主持人，也有戏曲演员和影视演员出身的电视戏曲节目播音员主持人，还有戏曲理论专家出身的电视戏曲节目播音员主持人。整体来讲，这一阶段我国电视戏曲节目播音主持创作活动发展迅速，电视戏曲节目播音员主持人队伍得以初步形成，人员构成愈发多元。此时，中央电视台播音员主持人队伍也在不断扩大，"像赵忠祥、宋世雄、刘璐、杜宪、薛飞、张宏民等都曾主持过《九州戏苑》和《戏曲欣赏》等电视戏曲节目。"② 其中，宋世雄擅长体育解说，赵忠祥、杜宪、薛飞等主要播报新闻节目，刘璐作为文艺类节目主持人，主要承担了电视戏曲节目的播音主持工作。地方台当中较有影响力的电视戏曲节目播音员主持人有河南电视台的倪宝铎、陕西电视台的陈爱美、浙江电视台的更生和亚妮、山西电视台的白娟、天津电视台的吴同宾等。

1979年，刘璐在黄一鹤执导的中央电视台第一部音乐艺术片《梁祝》中担任解说员，重拍时再次被邀请为节目主持人，这一节目在当时成了中央电视台对外交流的保留节目，刘璐也从此踏上了播音主持的道路。1983年她开始担任中央电视台文艺部的主持人，之后相继主持过《文化生活》《旋转舞台》《戏曲欣赏》等节目。值得一提的是她主持的"全国中青年京剧演员电视大赛""梅兰芳金奖大赛"受到广泛关注，好评如潮。刘璐的主持风格亲切、自然、大气，还非常专业，让观众学到了不少戏曲知识，这也使她成为

① 杨燕主编：《中国电视戏曲节目研究》，北京广播学院出版社，2002，第145页。
② 笔者对白燕升的专访，2019年，详见附录。

八九十年代中国家喻户晓的文艺类节目主持人。山西电视台的戏曲节目主持人白娟，13 岁时由于会唱京剧《红灯记》而被选入当地文工团，之后在知青及省话剧院众多前辈、老师的教导和熏陶下，熟读了《古文观止》，通晓了《千家诗》，与此同时，她还学习了舞蹈、话剧和影视表演，积累了丰富的舞台表演经验。1989 年，白娟由山西省话剧院调入山西电视台，山西台为其量身打造的《荧屏之窗》《戏曲舞台》《定音锣》等节目，为其提供了充分施展才华的舞台，尤其是她主持的《戏曲舞台》节目，下设多个与观众互动交流的子栏目，她在主持过程中清新典雅、朴实谦逊，作为当地著名的电视节目主持人丝毫没有"大牌"架子，受到戏迷、票友和戏曲爱好者的一致好评。这一时期，天津电视台专门邀请戏曲理论家吴同宾主持《戏曲之花》节目，吴同宾出身于书香门第，自幼饱读诗书，文化造诣颇为深厚。作为天津戏曲理论界的领军人物，在全国范围内也是声望颇高的戏曲名人，早在 20 世纪 50 年代初，他就在戏曲编剧、导演、史论研究方面颇有造诣，撰写过多部（篇）戏曲学术著作和文章，与此同时，他还在天津人民广播电台开设过多次戏曲知识讲座，受到大批听众的交口称赞。他的主持风格文质彬彬、温文尔雅，既有学者风度又很接地气，可谓深入浅出、雅俗共赏，为广大戏迷票友、戏曲文艺爱好者强化戏曲文化素养提供了帮助，也为推广传播戏曲文化，吸引更多人关注戏曲、了解戏曲作出了贡献。

（二）电视戏曲节目播音主持创作内涵增强

这一阶段，我国电视戏曲节目播音主持创作内涵得以增强，主要表现在越来越多的电视戏曲节目播音员主持人都具备深厚的戏曲素养，不仅懂戏，而且能够在节目中唱戏，甚至有些电视戏曲节目播音员主持人本身就是戏曲演员或戏曲理论专家，在电视戏曲节目播音主持创作活动当中可以充分展现其戏曲才华。

陕西电视台戏曲节目《秦之声》的第一代主持人陈爱美，就是一位非常优秀的电视戏曲节目播音员主持人。陈爱美是从农村走出来的，秦腔在陕西农民群体中有着庞大的受众基础，从小耳濡目染的接受秦腔的熏陶，使她青少年时期就成了一位活跃的文艺分子，在大家面前经常登台献唱，她曾形容自己和秦腔就像是"鱼和水的关系"。开始主持电视戏曲节目之后，她将多年的积累不断激发出来。此外，她非常热爱学习，在跟随节目组到陕西任何一个地方下乡演出时都会早到一些，运用这部分时间向当地的戏曲演员和老百姓学习当地的戏曲，就这样她除了秦腔，还逐渐学会了眉户、碗碗腔、合阳线腔、富平阿宫腔、乾县弦板腔、阳县山歌、商洛花鼓等多个陕西的地方戏。"我跟农民在一起，只要他们哼哼曲儿，我就想学，我祖籍山东，是孔子的故乡，我也受中国传统文化的熏陶，本身就有那种掏心窝子为你好的热情，只要观众高兴我就高兴。"① 在主持电视戏曲节目最初的六年时间，她的足迹遍布陕西省七十多个市县乡，对陕西的几十个曲种了如指掌，从而形成了独具特色的主持风格与人格魅力。她的电视戏曲节目播音主持风格稳重成熟而又青春勃发、端庄大气而又谦恭随和，善于把握时机烘托气氛而又不居高临下、喧宾夺主。陈爱美对戏曲的热爱与投入，使她几乎与陕西老百姓须臾不可离开的秦腔融为一体，成了秦腔的代名词，20世纪九十年代，在陕西甚至有"陈爱美使秦腔起死回生"的说法。1996年，陈爱美成为中央电视台"金士明"杯全国电视节目主持人大赛中唯一获奖的电视戏曲节目主持人。

浙江电视台戏曲节目《百花戏苑》第一代主持人更生和亚妮，都是京剧演员出身。更生1987年进入浙江电视台之后，主持过包括《百花戏苑》《戏迷擂台》《更生更有戏》在内的多个节目，其中既有注重与观众进行交流的服务类节目，也有注重传播文化、寓教于乐的观赏类节目，多年的磨炼和实践使他将多种类型的文艺节目融会贯通，形成了亲切热情、生动活泼的主持风格。亚妮成长过程当中，有八年的时间是在宁波地区京剧训练班度过的，京剧表演的各种技巧和知识可谓轻车熟路，进入浙江电视台后先后主持了《艺苑百花》《大观园》《调色板》《亚妮专访》等节目，主持风格自然、鲜活、能动、即兴。更生和亚妮都曾获得中国广播电视"金话筒"奖，两人在电视戏曲节目播音主持创作过程中得心应手，随时可以来个前空翻和侧空翻，偶尔还会"扮上戏、扎上靠"有板有眼地表演一段儿，而且演出效果不输专业戏曲演员。由于是戏曲演员出身，更生和亚妮深知这一行的艰辛和快乐，在节目中特别能抓住演员和观众所关注的点，受到戏曲演员和电视戏曲节目观众的广泛好评。

陈爱美、更生、亚妮等人懂戏、爱戏，他们与以往的电视戏曲节目播音

---

① 笔者对陈爱美的专访，2018年，详见附录。

员主持人最大不同就在于他们拥有深厚的戏曲素养，这种专业素养延展了电视戏曲节目播音主持创作活动的内涵。也正是在这些优秀的电视戏曲节目播音员主持人的共同作用之下，我国电视戏曲节目播音主持创作除了注重播音主持业务素养之外，开始向戏曲"行家里手"的方向发展，对戏曲更加"懂行"，逐渐成了电视戏曲节目播音主持的核心要义。

（三）电视戏曲节目播音主持定位逐渐明晰

在电视戏曲节目播音主持发展的萌芽与起步阶段，电视戏曲节目播音员主持人一直属于"报幕员"式的边缘人物。但是进入迅速发展阶段，电视戏曲节目播音员主持人不仅在数量和规模上有明显的提升，在节目中发挥的作用也越来越大，除了串联节目之外，还担任着解析、控场和为节目代言、为某戏曲剧种代言等重要职责，甚至很多电视戏曲节目播音员主持人开始成为电视戏曲节目的灵魂人物。电视戏曲节目播音员主持人除了播音主持的本体特征之外，开始呈现出戏曲文化传播者身份的特征。电视戏曲节目播音员主持人的定位更加明晰，不仅有利于电视戏曲节目播音员主持人找准方向，有的放矢地发挥作用，还有利于把节目打造成为经典的品牌节目。我国多个经典的、大家耳熟能详的电视戏曲节目正是在这一时期发轫的，为后来专业戏曲频道的建立和电视戏曲节目播音主持的蓬勃发展奠定了坚实的基础。

电视戏曲节目播音员主持人的定位既与整个社会的文化背景有关，也与电视戏曲节目的整体风格直接相关，还与观众的普遍期待密不可分。这一时期，观众对电视戏曲节目的审美期待，已不再只停留于纯欣赏式的播放戏曲表演视频或简单的表演艺术家访谈层面，而是更加期盼既能保留戏曲艺术神韵，又能带来审美愉悦和精神放松的节目形式。越来越多的观众在"知其然"的前提下，更希望知其"所以然"。河北电视台戏曲节目主持人于辉，于1989年以来先后主持了《戏苑乡音》《欢乐急急风》《真情旋律》等节目，她工作十分勤勉，经常利用业余时间学习各类知识，从播音主持业务的基本功，到戏曲知识的内涵外延都进行了长期的学习和锻炼。除了担任主持人外，她还担任电视戏曲节目制片人，在改革栏目、创新形式、探索新题上也下了不少功夫，因此她对电视戏曲节目播音员主持人的定位有着更为深刻而清晰的认识，她曾指出：电视戏曲节目主持人应该是一个戏曲艺术的行家里手，必须善于学习，积累学识；电视戏曲节目主持人的语言要把握恰当，既不能说外行话，也不能满嘴的专业术语，要深入浅出；电视戏曲节目主持人最好能登台演唱。于辉认为："电视戏曲节目主持人的角色定位应该是带有专家学者风度的'戏迷的朋友'。"① 这种观点显然是科学合理的，只有像专家学者一样尽可能多地掌握戏曲知识，才能够将主持人作用发挥到最大化，将节目中所涉及的专业知识掰开、揉碎呈现给观众，赢得观众信任；只有像朋友一样亲切、自然、平易，才能与戏曲演员和观众拉近距离，受到观众喜爱。

河南电视台戏曲节目主持人倪宝铎是《梨园春》节目的元老级主持人，说过相声、演过小品、拍过戏剧。本是"笑星"出身的他，主持电视戏曲节目之后更是很快就找到了自己的风格和定位，经常在节目中即兴发挥诙谐幽默的潜质，引得观众捧腹大笑，创造了极佳的播音主持效果，还因此获得了"中原笑星"的雅称。倪宝铎的临场应变能力也相当了得，对节目的把控更是游刃有余，他与搭档庞晓戈"一老一少、一动一静"的配合十分默契，受到了观众的广泛好评。

从陈爱美"秦腔代言人"的定位、于辉"带有专家学者风度的'戏迷的朋友'"的定位和倪宝铎"中原笑星"的定位中，可以窥探出这一阶段我国电视戏曲节目播音主持的定位越来越清晰。除了播音主持素养和戏曲素养这些大家公认的素养之外，大多数电视戏曲节目播音员主持人都在不断地磨炼和探索中，找到了属于自己的风格，并以此为定位，在电视戏曲节目播音主持的过程中充分发挥个人特点。电视戏曲节目与电视戏曲节目播音员主持人是相辅相成的，我国电视戏曲节目的逐渐成形与发展壮大，离不开广大电视戏曲节目播音员主持人的共同努力；也正是在电视戏曲节目迅速发展的背景下，我国电视戏曲节目播音主持才呈现出了良好的发展态势。

---

① 于辉：《电视戏曲节目主持人的角色定位》，《当代电视》2007 年第 5 期。

第三节　蓬勃发展阶段（1996 年—2012 年）

一、专业戏曲频道的开办

（一）社会背景

20 世纪 90 年代中期，我国改革开放步伐逐渐加快，建设中国特色社会主义的伟大事业欣欣向荣，社会面貌呈现出和平稳定的发展态势。在政治方面，坚持依法治国和以德治国相结合。在经济方面，社会主义市场经济体制逐步建立和完善，经济增长方式逐渐由粗放型向集约型转变。在文化方面，1996 年 10 月召开的中共第十四届六中全会指出"改革开放和社会主义现代化建设的伟大实践，为文化建设注入了新的活力，同时迫切要求文化事业有一个大的提高和发展。"会议强调："树立精品意识，实施精品战略，在文学艺术各门类中，努力创作出一批思想性、艺术性统一，具有强烈吸引力、感染力，深受广大群众欢迎的优秀作品，带动社会主义文艺事业的全面繁荣。"

1997 年 9 月，中共十五大在北京召开，会议首次提出和使用了"邓小平理论"这一科学概念，并决定将邓小平理论确定为党的指导思想；确立了党在社会主义初级阶段的基本路线和基本纲领，其中的"文化纲领"指出要"坚持为人民服务、为社会主义服务的方向和百花齐放、百家争鸣的方针，重在建设，繁荣学术和文艺。建设立足中国现实、继承历史文化优秀传统、吸取外国文化有益成果的社会主义精神文明。"① 2002 年 11 月，中共十六大在北京举行，会议阐述了全面贯彻"三个代表"重要思想的根本要求，并将其确立为党的指导思想；提出了全面建设小康社会的奋斗目标、明确了全面建设小康社会的行动纲领。会议还指出"当今世界，文化与经济和政治相互交融，在综合国力竞争中的地位和作用越来越突出。文化的力量，深深熔铸在民族的生命力、创造力和凝聚力之中。全党同志要深刻认识文化建设的战略

---

① 陈述：《中华人民共和国史 1949—2009》，人民出版社，2009，第 614 页。

意义，推动社会主义文化的发展繁荣。"① 2007 年 10 月，中共十七大在北京召开，会议全面系统地阐述了"科学发展观"，并对深入贯彻科学发展观提出明确要求。其中，在文化建设方面，提出"要建设社会主义核心价值观，增强社会主义意识形态的吸引力和凝聚力；建设和谐文化，培育文明风尚；弘扬中华文化，建设中华民族共有的精神家园；推进文化创新，增强文化发展活力。"②

这一阶段，在中国共产党的坚强领导下，我国社会政治、经济、文化等各个方面得以全面发展。到 2012 年，我国社会主义市场经济体制建立 20 周年，经济社会发展的速度和规模效应等各个方面成效显著，文艺事业蒸蒸日上，为我国电视戏曲节目和电视戏曲节目播音主持的发展营造了良好的社会环境，也为我国步入新时代打下了坚实的基础。

（二）媒介环境

20 世纪末、21 世纪初的这些年，是我国电视事业形成自己的传播特征与艺术秉性的重要阶段，电视节目的生产、加工与传播等各个环节经过不断改善，基本确立了自身独特的定位与风格。广播的发展由于受到电视的影响整体上出现了关注度下滑的现象，网络新媒体在这一阶段开始崭露头角、潜力不断显现。

随着电视数字技术的发展和推进，电视的频道越来越多，全球范围内很多国家的电视行业都出现了"频道专业化"的趋势，我国的电视行业也不例外。这一时期，我国经济社会快速发展，人民物质、文化生活水平不断提高。改革开放的不断深入也推进了人们思想的解放，人民的精神文化生活和追求日益丰富，中国观众在收视需求上呈现出了多层次的差异性和收视心理多样性的特征，电视频道专业化契合了我国多元文化发展的潮流。这种潮流使电视业逐渐由"卖方市场"向"买方市场"发展，从以"传者"为中心逐渐向以"受者"为中心转变。专业电视频道的出现是大众传媒分众化传播发展的必然趋势，也是紧密结合电视受众市场变化、适应媒体竞争的必然要求。"广

---

① 陈述：《中华人民共和国史 1949—2009》，人民出版社，2009，第 693 页。
② 郭大钧主编，耿向东副主编：《中国当代史（1949—2007）》，北京师范大学出版社，2009，第 478 页。

大观众摆脱了过去的被动状态，拥有了更多的选择权和主动权。他们从集群化转向分众化，电视的传播从'广播'转向'窄播'，在这种情况下，中国电视业的发展，从节目时代到栏目时代再到频道时代已经成为历史的必然趋势。"① 在时代的发展、技术的进步以及受众的呼唤和传统戏曲艺术本身发展的迫切愿望等因素共同作用下，电视戏曲频道呼之欲出。

20 世纪 90 年代之前，专业频道就已经出现了，但当时大家对它的认识还不够，并未将其作为主要的发展方向。1996 年 1 月 1 日，中央电视台"戏曲·音乐频道（即当时的 CCTV3）"正式开播，虽然戏曲并未独占一个频道，且开办初期音乐类节目在该频道所占比重较大，电视戏曲节目储备不足，但戏曲节目终归有了专业的传播平台，为电视戏曲节目和电视戏曲节目播音主持的蓬勃发展埋下了伏笔。1996 年 6 月，在第三届全国省级电视台台长会议上，广播电影电视部部长孙家正提出"精办专业频道"的要求。1999 年 8 月，中央电视台戏曲音乐频道改版为戏曲音乐综艺频道。2001 年 7 月，中央电视台戏曲频道（即 CCTV11）开播，至此，作为国家级媒体的中央电视台终于为戏曲开办了专门的频道。其实在 1995 年 5 月，上海有线电视台和上海人民广播电台就开办了国内首家戏剧台"上海有线戏剧台"，但由于覆盖面较小，影响力也主要集中在上海地区。在中央电视台戏曲频道开办以后，借着频道专业化的东风，各个地方台也开始兴起开办戏曲频道的热潮，2005 年 8 月，河南电视台梨园频道开播，播出剧种涵盖京剧、豫剧、评剧、越剧、黄梅戏等全国主要知名剧种；2006 年 4 月，广东岭南戏曲频道开播，这是广东省内唯一的数字电视专业戏曲频道，频道定位为"传承岭南文化，繁荣广东戏曲艺术"，节目内容有六成是戏曲艺术类的节目；2007 年 10 月，吉林电视台东北戏曲频道开播，这是覆盖黑、吉、辽、蒙四省区的数字电视付费频道，内容涵盖吉剧、辽南戏、龙江戏、二人转等东北地方戏种，立足东北地方剧种的宣传与推广；2010 年 3 月，SiTV 七彩戏剧频道与上海戏剧频道结合并改版，原上海戏剧频道改为东方购物频道。七彩戏剧频道播出内容以南方戏剧为主兼顾其他剧种，下设栏目包括新闻专题类节目《戏闻大点击》、戏剧欣赏

---

① 彭吉象、杨乘虎：《中国电视频道化生存的理论构想及其营销策略——访北京大学艺术学院副院长彭吉象教授》，《现代传播》2006 年第 3 期。

栏目《戏剧长廊》、访谈栏目《粉墨春秋》等。

总之，专业电视戏曲频道的开办，使我国电视戏曲节目和电视戏曲节目播音主持走上了规模化、集群化、优质化的发展道路，是我国电视戏曲节目及电视戏曲节目播音主持发展的一个里程碑，标志着我国电视戏曲节目及电视戏曲节目播音主持进入了蓬勃发展阶段。

二、专业戏曲频道化背景下的电视戏曲节目

这一阶段的电视戏曲节目，在电视技术和制作理念齐头并进的作用之下，整体上呈现出了三大特征：一是随着卫星在广播电视事业中的广泛应用，电视戏曲节目传播的范围得到显著扩大；二是制作节目的角度愈发新颖多样，使得电视戏曲节目的类型更加丰富多元；三是品牌意识逐渐树立，经典电视戏曲节目得以深入人心。

（一）广度：覆盖范围显著扩大

电视技术的发展不仅体现在可以传播的频道越来越多，还体现在卫星传送在广播电视事业中的广泛运用。20 世纪 80 年代，卫星传送就已经运用在我国广播电视事业中，但真正的普及要从 20 世纪 90 年代中后期说起。继中央电视台利用卫星传送电视节目之后，1997 年 7 月开始，河南、广东、内蒙古、辽宁、江西、福建等多个省级电视台开始通过亚洲 2 号卫星传送节目。到 1999 年 7 月，全国所有省、自治区、直辖市的第一套节目都通过亚洲 2 号卫星传送，并且大多采用了数字压缩技术。卫星传送的广泛运用，不仅使电视戏曲节目在内的诸多电视画面覆盖范围显著扩大，给了电视观众多重选择的空间，而且迅即改变了我国电视业按地域划分的竞争格局，对于促进全国范围内的电视事业改革发挥了巨大作用，使我国的电视事业迈上一个新台阶，开辟了一个新纪元。以往电视观众大多只能观看中央电视台和本地区电视台的电视戏曲节目，然而在这一阶段，全国范围内中央电视台和各省级电视台上星频道的所有电视戏曲节目共同呈现在观众面前。各个上星频道播出的电视戏曲节目在顾及本地区电视观众审美印象的基础上，也要兼顾其他地区观众的收视感受，一定程度上也倒逼电视戏曲节目不断提质增效，创作出更多"放之四海而皆准"的内容。喜欢看黄梅戏的观众可以选择收看安徽电视台的《相约花戏楼》；喜欢豫剧的观众可以打开河南电视台，收看《梨园春》节

目；爱好晋剧的观众可以守候在电视机前关注山西电视台的《走进大戏台》节目；钟情秦腔的观众可以选择陕西电视台的《秦之声》节目来欣赏。电视戏曲节目在广度上的拓展，使我国电视戏曲节目呈现出一种"百花齐放"的格局。

（二）角度：节目类型更加丰富

专业电视戏曲频道开办起来之后，一改某个电视台只有少数的一两档电视戏曲节目的面貌。既然是一个专业的频道，就需要有足够数量的电视戏曲节目作为支撑，而且节目创制的角度必须有所侧重和区别，才能满足不同受众的收视需求，将观众吸引在电视机前。以中央电视台为例，"戏曲·音乐"频道开办之初，电视戏曲节目准备不足，大多数的节目为音乐类节目，在半年之后，才逐渐增多了戏曲节目的数量。除了保留原有的电视戏曲节目外，又增加了多个切入角度新颖、节目风格各异的电视戏曲节目，其中既有在下午时段播出、适合闲暇时间较多的中老年观众收看的节目，也有黄金时段播出、适合下班之后才有时间关注电视节目的青年观众收看的节目；在节目类型上也进行了多方面的探索，如专题类电视戏曲节目《戏曲采风》、知识类电视戏曲节目《知识库》和欣赏类电视戏曲节目《戏曲大舞台》等。到2001年央视戏曲频道正式开播之后，央视戏曲频道的电视戏曲节目更加丰富多元，如以戏曲表演艺术家或戏曲专业教师教学为主，面对面讲授戏曲表演细节的《跟我学》；以播放著名戏曲表演艺术家和戏曲界颇受关注的后起之秀的经典剧目为主，兼顾全国上百个戏曲剧种精彩片段的《名段欣赏》；以普及曲艺知识、介绍和播出民族曲艺说唱艺术的《南腔北调》；以荟萃各类戏曲唱段、名家名段的专题性节目《锦绣梨园》；以现场嘉宾、观众互动交流为主，形式欢快活泼的《过把瘾》；以戏迷票友登台献唱为主，注重参与的《戏曲俱乐部》；以讲述戏曲人成长故事和心路历程为主的《戏曲人生》；有发挥向导作用，宣传推介戏曲频道节目的《戏中有戏》等节目。此时的电视戏曲节目，可谓各个角度均有涉猎，节目类型趋于完善，愈发成熟。

（三）深度：品牌意识愈发凸显

随着各个电视频道纷纷上星，电视市场竞争愈发激烈，在这样的大背景下，品牌化战略逐渐成为电视节目制作的必由之路。电视节目品牌是在一定范围内同类电视节目中的精品。此时的电视戏曲节目无论是在节目定位、内容制作、包装设计还是在主持人队伍建设方面都开始向着打造精品、打造品牌的方向发展。因此，这一阶段的电视戏曲节目出现了一批有着相当的品牌知名度和社会美誉度的代表作，形成了良好的受众公信度和市场号召力。如1999 年 3 月，河南电视台的《梨园春》节目围绕"打造品牌"进行了全面改版，其中"戏迷擂台赛"的设置，充分调动了观众参与节目的积极性，改版后第一年的平均收视率稳步攀升到河南卫视播出节目的第一位，成为河南卫视的一个名牌节目。①《梨园春》从创办以来获得过包括"星光奖""金鹰奖""兰花奖"在内的多个国家级电视大奖。1999 年 10 月，安徽电视台《相约花戏楼》栏目开播，栏目开播伊始就牢固树立品牌意识，经过不断调整和改版，将观众的诉求定位在普通人的戏曲爱好和自我表现上，在节目内容、节目宣传片、舞台场景上不断创新和突破，使节目的竞技性、观赏性和知识性有机的融合起来，取得了良好的效果。②《相约花戏楼》开播以来也曾多次获得国家级奖项，比如"星光奖""金鹰奖""兰花奖""全国创新创优栏目 20 佳"等。2001 年 3 月，山西电视台《走进大戏台》栏目开播，这是一档融知识性、娱乐性、艺术性为一体的大型综艺类戏曲栏目，栏目内容主要通过比拼、打擂、才艺表演等形式呈现。节目利用现代传媒优势对戏曲内容进行广泛挖掘，也为各具特点的戏曲表演者搭建了平台，吸引了多个方面的受众，当前也已成为山西卫视的一档名牌节目。近年来，《走进大戏台》获得了"2011年全国十大品牌电视栏目"等多个奖项。这一阶段，河南卫视的《梨园春》、山西卫视的《走进大戏台》和安徽卫视的《相约花戏楼》多次获全国地方台戏曲类节目收视前三甲。

三、播音主持及其阶段性特征

在经历了迅速发展阶段之后，这一时期，我国电视戏曲节目播音主持的各个方面都愈发完善，我国电视戏曲节目播音主持事业进入蓬勃发展阶段。阶段性特征主要表现在以下三个方面：我国电视戏曲节目播音主持矩阵基本

---

① 潘伟：《〈梨园春〉的品牌化研究》，《中国广播电视学刊》2013 年第 9 期。
② 关文彬：《继承与创新——从〈相约花戏楼〉谈电视戏曲栏目的包装》，《中国广播电视学刊》2003 年第 5 期。

形成，队伍不断壮大；电视戏曲节目播音主持风格向着多样化方向发展，可谓"丰富多彩、特色鲜明"；电视戏曲节目播音员主持人的品牌价值愈发凸显，影响力逐步扩大，部分优秀播音员主持人的名字可谓家喻户晓。

（一）播音主持矩阵基本形成、队伍不断壮大

随着专业电视戏曲频道的陆续开办以及诸多电视戏曲节目的蓬勃发展，我国电视戏曲节目播音员主持人队伍也日趋壮大起来，从中央台到地方台，整体上呈现出了梯队化、矩阵化的状态。中央电视台"戏曲·音乐"频道在开播之初的几年只有白燕升一位专职电视戏曲节目播音员主持人，但刘璐、鞠萍、孙晓梅、任鲁豫等主持人，都曾多次兼职主持电视戏曲节目，为电视戏曲节目的发展提供了坚实的播音主持后盾。在董艺、赵宝乐等电视戏曲节目播音主持的中坚力量陆续补充进来之后，新生代电视戏曲节目播音员主持人张喆等也开始崭露头角，央视的电视戏曲节目播音主持队伍已逐渐成形。

这一阶段，地方台方面，陕西台的陈爱美、河南台的倪宝铎、浙江台的更生和亚妮等较为成熟的电视戏曲节目播音员主持人依然在节目中发光发热。年青一代的电视戏曲节目播音员主持人迅速成长，业务能力不断趋于成熟，比如陕西台的刘波和吕越涛、甘肃台的丁亮和李锦宏、河南台的庞晓戈和关枫、安徽台的马滢、北京台的孔洁和龚宁、河北台的于辉和程成等，都慢慢成长为电视戏曲节目播音主持的中坚力量。同时，陕西台的刘芳、河南台的赵靓、山西台的张靓婧、浙江台的朱晓杨等新生代电视戏曲节目播音员主持人也已展现出年青一代的风采，整个电视戏曲节目播音主持队伍呈现出"百花齐放"的面貌。

这一阶段，除了一线播音主持队伍大发展之外，我国播音主持教育事业也呈现出了蓬勃发展的态势。播音主持教育体系日趋成型，开设播音主持专业的院校数量逐年增长，投身播音主持专业教育领域的人才越来越多。专业建设在模式上更加科学合理，方向上更加坚定明确，电视播音主持专业理论研究日益丰满，各类相关专业书籍也开始枝繁叶茂，为我国电视戏曲节目播音主持事业的蓬勃发展提供了坚实的人才保障。

（二）播音主持创作风格特色鲜明、丰富多彩

整体来讲，这一阶段专职的电视戏曲节目播音员主持人越来越多，我国

电视戏曲节目播音主持创作更具专业化。电视戏曲节目的播音主持业务能力构成愈发丰满，除了播音主持有声语言表达、戏曲知识的深入了解、相关知识的广泛涉猎、各类型电视戏曲节目的掌控驾驭之外，临场应变能力、观察分析能力、总结归纳能力和即兴表达能力都有了极大的提升，各方面能力都更加成熟完善。这种进步，既有共性风格上的近似特征，也有个性风格上的差异存在；既表现在同一电视戏曲节目播音员主持人具备的能力更加成熟完善，也表现在整个电视戏曲节目播音主持队伍中不同类型的播音员主持人"美美与共、天下大同"。在表现形式上，我国电视戏曲节目播音主持愈发灵活多样，逐渐向着特色鲜明、丰富多彩的风格发展，这种发展并非一蹴而就，它主要经历了三个步骤：第一，追求共性，符合基本的语言表达规律；第二，依照节目类型需要，"对什么人说什么话"；第三，根据个人积累和特点，在播音主持创作上力求做到独特新颖的表达和富有情趣的个性呈现。

中央电视台的《九州戏苑》节目内涵丰富，包含的子栏目众多。1996 年到 2000 年，白燕升主持《九州戏苑》期间，由于节目录制需要，足迹遍布了大江南北，加上《九州戏苑》与兄弟台合作的形式大多为外景串联，主持人要负责节目串联、采访和介绍演员剧目。强大的工作密度锤炼了他的业务能力，刻苦的学习夯实了他的戏曲素养。经过几年的历练，白燕升几乎可以胜任各种类型的电视戏曲节目，并逐渐造就了他潇洒自如、热情洋溢、张弛有度的主持风格。河南卫视的《梨园春》节目特色鲜明、广受好评，主持人庞晓戈也因主持此节目而走红，成了河南家喻户晓的"明星"，而她却说："我不喜欢明星的做派，我喜欢做一个邻家女孩儿。我们下去演出，大爷大娘拉着我晓戈、晓戈地叫，我觉得特别幸福。"① 这种贴近基层、贴近群众的心态使庞晓戈逐渐形成了亲切雅致、活泼灵动的主持风格。董艺在这一阶段也逐渐成长为了央视戏曲频道的"当家花旦"，她主持风格亲和、自然、轻松、活泼，受到观众的广泛好评。赵宝乐当过相声演员，进入央视戏曲频道担任电视戏曲节目主持人之后，充分地发挥了他逗趣搞笑、诙谐幽默的风格，经常让观众欢笑连连。除此之外，河北台于辉的生动优雅、陕西台刘波的干练大方、安徽台马滢的清新自如、北京台孔洁的文质彬彬、甘肃台李锦宏的热情

---

① 张体义、庞晓戈：《〈梨园春〉的"当家花旦"》，《新闻爱好者》2004 年第 12 期。

活泼，以及其他各级电视台的电视戏曲节目播音员主持人的不同主持风格，共同勾勒出了我国电视戏曲节目播音主持蓬勃发展的瑰丽画卷，为戏曲艺术的传播以及电视戏曲节目的发展贡献了重要力量。

（三）播音员主持人品牌效应显现、影响扩大

电视播音员主持人是电视节目的形象代言人，电视播音员主持人品牌化直接影响着电视节目的品牌化建设。在频道上星和专业戏曲频道分众化传播的大背景下，电视媒体从依靠稀缺频道资源和制度性垄断保持竞争优势，转变成了依靠综合实力和品牌影响力进行角逐。"品牌就是形象，多元化的媒体竞争在更高层面上表现为形象的竞争。品牌标志着一种超越时空的品位和文化，而主持人就是电视媒体人格化形象。"① 作为电视戏曲节目的人格化形象，电视戏曲节目播音员主持人的品牌经营成为电视戏曲节目品牌发展战略的重要因素。

这一阶段，观众在电视上只要看到白燕升就知道这是央视的戏曲节目、只要看到庞晓戈就知道这是《梨园春》、只要看到刘波就知道这是《秦之声》，电视戏曲节目播音员主持人的形象成了电视戏曲节目的"品牌"标志。富有个性的电视戏曲节目播音员主持人，逐渐开始以自身独特的品牌形象推动节目竞相占领收视榜前茅。2006 年到 2013 年，白燕升不仅是《燕升访谈——戏苑百家》的主持人，还是节目的制片人，增强了电视戏曲节目播音员主持人在整个节目生产流程中的地位和作用，"主持人中心制"的作用得以充分发挥，在一定程度上改变了以往采制、编辑、播音主持等工作之间存在的隔阂，为"采编播合一"创造了条件，也为电视戏曲节目播音员主持人在节目中充分施展个人才华打下了基础。白燕升表示，"可以说，这七年是我打造个人品牌的七年，也是我积累人脉的七年"②。

电视戏曲节目播音员主持人的品牌化，离不开其自身的努力，也离不开电视媒体提供的机制保障和包装策划，这一阶段，电视媒体为电视戏曲节目播音主持的发展提供了较为宽松的环境。诸多电视戏曲节目播音员主持人也根据自身成长背景的不同、文化积淀的差异和节目类型的区别，在播音主持创作实践中形成了各自不可复制、不可替代的个性品牌形象，电视戏曲节目播音主持传播的文化张力日益提升，品牌效应日益凸显。

---

① 巩晓亮：《电视节目主持人品牌研究》，博士学位论文，华东师范大学，2008，第 21 页。
② 笔者对白燕升的专访，2019 年，详见附录。

第四章 我国电视戏曲节目播音主持发展现状分析

第一节 融合发展阶段（2012 年—）

2012 年 11 月 8 日，中国共产党第十八次全国代表大会在北京召开。党的十八大以来，以习近平同志为核心的党中央在坚持和发展中国特色社会主义伟大实践中，开辟了治国理政的新境界，深化了党对共产党执政规律、社会主义建设规律、人类社会发展规律的认识，我国社会发展处在了一个新的历史起点上，中国特色社会主义进入了新时代。

进入新时代以来，我国社会的主要矛盾转变成了人民日益增长的美好生活需要和不平衡不充分发展之间的矛盾。这种矛盾体现在电视戏曲节目和电视戏曲节目播音主持方面，表现为：电视戏曲节目在我国所有电视节目中所占比重较低；电视戏曲节目播音员主持人数量在我国整个播音员主持人队伍中占比较低；有些电视台设置了电视戏曲节目和电视戏曲节目播音员主持人，有些电视台未设置电视戏曲节目和电视戏曲节目播音员主持人；部分电视戏曲节目质量较高，部分电视戏曲节目质量较低；有的电视戏曲节目播音员主持人水平较高，有的电视戏曲节目播音员主持人水平较低，等等。

在审美层面，进入新时代以来，人们对美好的、经典的作品需求更为强烈。因此，新时代对电视戏曲节目播音主持也提出了更高的要求，同时，也为电视戏曲节目播音主持提供了更为广阔的天地。从科学技术和媒体融合的角度来讲，技术迭代不断加速，媒体也真正进入了深度融合的阶段，移动化、智能化、大数据等新兴技术给电视戏曲节目和电视戏曲节目播音主持带来了更多的现代意义上的特点，包括电视戏曲节目的内容、电视戏曲节目的结构、电视戏曲节目播音员主持人的创作方式以及电视戏曲节目播音员主持人与电视戏曲节目之间的关系，都呈现出了新的变化。以前已经形成品牌的电视戏曲节目，在新时代还需要进一步提升、优化，既要传承原有的、经典的美，又要融入现代意义的、新颖的传播手段。已经形成的较为成熟完善的电视戏曲节目播音主持，在新时代要着眼解决社会的主要矛盾，满足人们对美好生活的向往，解决发展中不平衡不充分的问题，适应新时代的媒介融合。

这些新时代的新变化，使电视戏曲节目播音主持面临着新的机遇和挑战，但总体来讲，好的趋势是主导。现阶段对电视戏曲节目播音主持的发展要通过继承和创新两种方式：一方面是回望过去，站在巨人的肩膀上，将已有的优良传统发扬光大；另一方面是开拓创新，结合新时代的大背景，推动我国电视戏曲节目播音主持朝着更加美好、更为平衡、更为充分的方向发展。当下电视戏曲节目播音员主持人及电视戏曲节目播音主持研究者，要深刻分析新时代的电视戏曲节目播音主持，哪些是经典的？哪些是在过去基础上发展了，发展以后更精品化了？哪些是在传统的基础上又加入了现代的元素？哪些情况是过去电视戏曲节目播音主持没有的，而现在正在涌现？在此基础之上，总结我国电视戏曲节目播音主持的发展规律，并把握规律，继续推进我国电视戏曲节目播音主持不断向前发展。

一、新时代的社会背景

进入新时代以来，在以习近平同志为核心的党中央的坚强领导下，党和国家各项事业全面开创了新的局面，取得了历史性成就。在文艺事业方面，2014 年 10 月，习近平总书记在北京主持召开文艺工作座谈会，他强调"文艺是时代前进的号角，最能代表一个时代的风貌，最能引领一个时代的风气"，指出了文艺事业的重要价值和意义，为电视戏曲人和电视戏曲节目播音员主持人提供了重要的精神指引。2015 年 7 月，国务院办公厅印发《关于支持戏曲传承发展的若干政策》，第二十条指出，要"扩大戏曲社会影响力，鼓励开设、制作宣传推广戏曲作品、传播普及戏曲知识的栏目节目""发挥互联网在戏曲传承发展中的重要作用，鼓励通过新媒体普及和宣传戏曲。"政策还要求各级新闻媒体加大戏曲宣传力度，报道戏曲界树立新风、弘扬美德、服务人民的精神风貌，为电视戏曲节目的发展提供了政策支持。2016年2月，党的新闻舆论工作座谈会在北京召开，习近平总书记指出，在新时代条件下，党的新闻舆论工作的职责和使命是：高举旗帜、引领导向，围绕中心、服务大局，团结人民、鼓舞士气，成风化人、凝心聚力，澄清谬误、明辨是非，联接中外、沟通世界。习近平总书记强调：团结稳定鼓劲、正面宣传为主，是党的新闻舆论工作必须遵循的基本方针。电视戏曲节目播音员主持人作为党的新闻工作者，也要深刻理解这48个字的深刻内涵，切实在电视戏曲节目播音主持方面践行党的新闻舆论工作的职责和使命。

2016年11月，习近平总书记出席中国文学艺术界联合会第十次全国代表大会、中国作家协会第九次全国代表大会时指出，"文艺事业是党和人民的重要事业，文艺战线是党和人民的重要战线。"2021年12月14日，习近平总书记在中国文联十一大、中国作协十大开幕会上指出："一百年来，党领导文艺战线不断探索、实践，走出了一条以马克思主义为指导、符合中国国情和文化传统、高扬人民性的文艺发展道路，为我国文艺繁荣发展指明了前进方向。2017年1月中共中央办公厅、国务院办公厅发布《关于实施中华优秀传统文化传承发展工程的意见》，这是党和国家为建设社会主义文化强国，增强国家文化软实力，实现中华民族伟大复兴的中国梦而印发的文件，其中第十一条指出，要"滋养文艺创作""实施戏曲振兴工程"，文件的发布和实施鼓舞着电视戏曲节目播音员主持人，更好地从中华戏曲文化资源宝库中提炼题材、获取灵感、汲取养分，把戏曲文化中的有益思想、艺术价值与新时代的新情况和新要求结合起来，充分运用新技术、新形式加以呈现。

2017年10月18日，中国共产党第十九次全国代表大会在北京召开，这是在全面建成小康社会的决胜阶段、中国特色社会主义进入新时代的关键时期召开的一次十分重要的大会。这次会议将习近平新时代中国特色社会主义思想写入党章，为我们在新时代开展各项工作提供了根本遵循。习近平总书记在党的十九大报告中指出要"繁荣发展社会主义文艺"和"推动文化事业和文化产业发展"，为戏曲、电视戏曲节目和电视戏曲节目播音主持的发展指明了方向。2018年8月，全国宣传思想工作会议在北京召开，习近平总书记强调"要不断增强脚力、眼力、脑力、笔力"。习近平总书记关于"四力"的论断，不仅对宣传思想干部提出了明确的要求，也激励着电视戏曲节目播音员主持人与人民群众保持密切联系。2019 年 3 月，习近平总书记在看望参加全国政协十三届二次会议的文化艺术界、社会科学界委员，并参加联组会时，对做好新形势下文化艺术工作、哲学社会科学工作提出了"四个坚持"的明确要求，即"坚持与时代同步伐、坚持以人民为中心、坚持以精品奉献人民、坚持用明德引领风尚"，指导着电视戏曲节目播音员主持人紧跟时代步伐，在新时代用新方法解决新问题，本着一切为了受众的理念，努力创作出展现时代风貌的精品，润物无声地熏陶广大受众树立高尚的情操，从而为整个社会的和谐发展作出贡献。

二、深度融合的媒介环境

"媒体融合"（media convergence）一词最早出现在美国，1978 年，美国学者尼古拉·尼葛洛庞蒂提出，计算机工业、出版印刷工业和广播电影工业三个行业正在趋于重合，他用三个圆环的交叉展示了三个行业重合的过程，并指出媒体融合是"各种各样的技术和媒介都在逐渐汇聚到一起"[1]。美国传播学者伊契尔·索勒·浦尔于 1983 年首次提出了"传播形态融合"（the convergence modes）的概念。他指出，媒体形态的融合正在消融各种媒介之间的边界，包括人际传播媒介和大众传播媒介，任何一种媒介都需要承载与过去相比更多的服务。正是基于以上现象，传统上在媒介与其提供服务之间存在的一一对应关系正在消失。[2] 伊契尔指出，传媒发展过程中呈现出多功能一体化趋势，从而将融合与传媒联系起来。

1987 年，我国首次实现与国外计算机网络的联通。1994 年，我国第一个 Web 服务器设立并推出第一套网页，我国由此进入互联网时代。互联网在我国经历了三个阶段，以网络化为特征的 Web1.0 阶段、以社会化为特征的 Web2.0 阶段和以即时化为特征的 Web3.0 阶段。我国互联网的出现、发展和兴盛，经历了自上而下、从封闭到开放，再到突出用户核心地位的转变过程。1999 年 9 月，国务院明确规定：电信部门不得从事广电业务，广电部门不得从事通信业务。由于网民数量有限和制度管控，在互联网接入初期，我国媒

---

① 宋劭勋：《新闻传播学中 convergence 一词溯源及内涵》，《现代传播》2006 年 2 月刊。

② Henry Jenkins, *Convergence Culture* (New York University Press, 2006), p. 10.

介环境并未受其影响。进入 21 世纪之后，随着经济的发展和互联网技术的进步，互联网开始逐步显示出其在传播方面的威力。2001 年 3 月，国家"十五"规划纲要首次明确提出"三网融合"议题。为适应融合发展需要，通信行业启动了大规模的重组合并，广电行业开始了传输网络的大规模升级改造。2010 年 1 月，温家宝在主持国务院常务会议时指出，要"加快推进电信网、广播电视网和互联网三网融合"，并要求"服从国家利益、服从群众利益，尊重科学规律"。①

我国媒体的融合在 21 世纪初还处于浅层次的阶段。进入新时代以来，随着移动互联网的迅速发展，以互联网为代表的新兴媒体大有抢占传统媒体主流地位的态势，传统媒体与新兴媒体的融合成为大势所趋，我国的媒介环境真正进入了深度融合的阶段。2014 年 8 月，习近平总书记在中央全面深化改革领导小组第四次会议上强调："推动传统媒体和新兴媒体融合发展，要遵循新闻传播规律和新兴媒体发展规律，强化互联网思维，坚持传统媒体和新兴媒体优势互补、一体发展""着力打造一批形态多样、手段先进、具有竞争力的新型主流媒体"。以此为标志，我国全面开始了媒介融合的步伐。2015 年，"互联网+"被写入政府工作报告，以"互联网+"行动计划为核心的媒体融合步入了快速发展阶段。2017 年，中办和国办印发的《国家"十三五"时期文化发展改革规划纲要》提出，扶持重点主流媒体的创新思路，推动融合发展尽快从相"加"迈向相"融"，形成新型的传播模式。② 在移动互联的融媒体时代，信息发布和获取的过程都大幅简化，传播渠道几何倍数增长，传播速度顺畅高效。云计算和大数据的广泛应用，使得信息储存空间近乎无限制地拓展，信息的资源也达到了海量的程度。智能手机的普及，使得人们随意选择客户端随时发布信息或获取信息。在移动互联网时代，自媒体发展如火如荼，人人都可以成为网络主播。网络主播活动体现出自发性、个性化、去中心化等特征。当前的媒介环境中，新媒体的作用被普遍认可，新媒体的影响被广泛重视，新媒体的理念深入人心，传统媒体加快向新兴媒体战略转

---

① 温家宝主持召开国务院常务会议 决定加快推进三网融合 [OL]. 人民日报海外版. 2010 – 01 – 14. http://paper. people. com. cn/rmrbhwb/html/2010 – 01/14/content_426715. htm

② 中共中央办公厅 国务院办公厅. 国家"十三五"时期文化发展改革规划纲要. 中国人民政府网, 2017 – 05 – 07. http://www. gov. cn/zhengce/2017 – 05/07/content_5191604. htm

型，融合程度日益加深。这种深度融合的媒介环境也极大地满足了人们的精神文化生活需求。我国电视戏曲节目在媒体融合的大背景下，在坚守原有电视策划、制作与传播手段的同时，也开始了融合发展的探索。新时代以来，我国电视戏曲节目的发展特征也呈现出多种特征、衍生出多种模式。2018 年 3 月，中央广播电视总台成立，由原中央电视台、原中央人民广播电台、原中国国际广播电台合并组建，包括戏曲节目在内的诸多频道、频率及栏目步入了新的发展格局。

第二节　新时代电视戏曲节目发展模式

进入新时代以来，我国政治、经济、文化、社会等各个方面都迈上了新的台阶，人们的生活也因移动互联技术的普及发生了巨大变化，当下，只需要一部智能手机，人们就可以沉浸于各种娱乐方式之中。在这种背景之下，电视的受关注度有所减弱，电视戏曲节目和电视戏曲节目播音主持也遇到了新的挑战和新的机遇。依托互联网技术的进步，媒体逐步向融媒体和智媒体方向发展。电视戏曲节目的制作者也从新时代的实际情况出发，进行了各种各样的尝试。

2012 年，山东卫视《金声玉振》开播。《金声玉振》是一档融经典戏曲演唱、名家访谈、戏曲知识、人物故事等内容的戏曲文化秀栏目，栏目形态为周播，由白燕升、郭德纲、左岩担任主持人。节目立足山东，面向全国，运用时尚元素，将传统与现代、戏曲与综艺融为一体，承继并弘扬传统艺术的时尚表达。2014 年，天津卫视《国色天香》节目开播，由郭德纲和宁静主持。该节目是一档全部由明星参与竞赛的季播真人秀节目，以普通人也能表演戏曲曲艺的概念为出发点，对完全没有接触过戏曲曲艺的明星进行专业训练，然后相互竞赛。《国色天香》结合当下流行的真人秀节目形态，在节目形式上进行了有益的探索。

2015 年，央视戏曲频道推出《叮咯咙咚呛》节目，由董艺担任主持人。节目将戏曲文化与娱乐相结合，邀请中国和韩国当红的明星作为嘉宾，并且加入的各式各样任务使节目变得非常有趣。受邀嘉宾需要分别奔赴北京、浙江嵊州、重庆，拜师学艺，学习京剧、越剧、川剧，体验当地的地域文化和风土人情，为电视戏曲节目融入了现代元素和时尚风格。2017 年，央视戏曲频道推出《角儿来了》节目，这是国内首档大型融媒体互动戏曲节目，节目以"还原名家本真，寻回时代情怀"为宗旨，打造"融媒互动、跨屏播出、全民参与、情境访谈、科技点亮舞台"等核心亮点，讲述梨园名角儿的传奇故事，满足广大观众看大戏、看好角儿的需求。2017 年，央视戏曲频道《中国戏歌》节目开播，节目秉承"创新创优出精品"的理念，旨在打造全国首档戏歌视听盛会，首次填补传统戏歌电视荧幕空白，开创了戏曲类节目的新样态。2017 年，东方卫视《喝彩中华》节目开播，这是国内首档原创戏曲文化类节目，演员徐帆、京剧演员王珮瑜、东方卫视主持人程雷担任观察员。每期节目都会邀请戏曲爱好者登台表演，最后一期节目会挑选往期节目中脱颖而出的选手，与戏曲名家名角儿和演艺界明星携手献上一台《喝彩中华》晚会。这一节目形式有利于年轻人接触戏曲、了解戏曲，从而改变年轻人对戏曲的偏见。2019 年春节期间，央视戏曲频道《梨园传奇》节目开播，董艺担任节目主持人，节目运用全新技术、匠心锻造，打造极致唯美戏曲视听盛宴，突出民族性、艺术性、思想性、时代性。该节目以创作出反映时代精品、讴歌时代佳作为目的，为受众呈现了一场场极致唯美的戏曲视听盛宴。节目除了在央视戏曲频道播出之外，还在央视音乐频道和央视 4K 超高清频道播出。

新时代以来的电视戏曲节目整体上来讲反映了新时代的风貌，体现了媒体融合的大趋势，也呈现出了对先进技术的充分运用。其主要的发展模式可以概括为：媒体融合式电视戏曲节目、跨界真人秀式电视戏曲节目、联合创制式电视戏曲节目。

一、媒体融合式电视戏曲节目

中央电视台戏曲频道《角儿来了》节目于 2016 年策划研发，于 2017 年春节期间正式播出，是央视戏曲频道为应对新媒体舆论环境下的媒体竞争格局，遵循新媒体发展规律而创制的电视戏曲节目。节目通过讲述梨园名角的传奇故事，为打造中国戏曲的舆论风标作出了贡献，一经推出，便受到广大受众的广泛好评，荣获了中央电视台 2017 年度优秀节目一等奖等奖项。虽然在之前的电视戏曲节目中，也有一些媒体融合的尝试，但无论是门户网站的开设、微博和微信公众号的运用还是网络渠道的播出，都属于较为浅层的融合。然而，随着媒介环境的日新月异，这种浅层次的拓展显然无法满足人们对美好电视戏曲节目的需要，深度融合的需求愈发迫切。央视戏曲频道《角儿来了》节目的推出，代表着媒体融合式电视戏曲节目已较为成型，电视戏曲节目的深度融合步伐逐渐加快。新时代电视戏曲节目媒体融合的路径主要有内容和渠道两个方面：

在内容方面，《角儿来了》作为中央级媒体的电视戏曲节目，有着得天独厚的汇聚各个戏曲剧种一流名家名角儿优势，每一位名家名角儿都自带"光环"，拥有大量的戏迷和粉丝。"内容为王"定律下，名家名角儿本身就是优质内容的前提和保障。在内容设计方面，《角儿来了》节目主要以访谈的形式推进，通过主持人与名家名角儿的对话，展现舞台背后的故事，还邀请与名家名角儿关系较为密切的朋友，讲述在生活中鲜为人知的趣事，从而使戏曲名家名角儿的人物形象丰满起来，更显贴近性和亲切感。同时，节目还设计了表演环节，在说到嘉宾的代表作或有特殊意义的作品时，会随时邀请名家名角儿现场演唱，以满足受众的观戏需求，甚至还会有现场教学的情景出现。可以说，《角儿来了》吸纳了多种节目的精华，融合了多种类型的节目形式。融媒体时代，受众不再是被动的接收者，而是有着强烈参与兴趣的节目共同创造者，"未来电视的传播，将不再是基于频道和栏目（节目）的单向线性传播，而是基于碎片化信息的、由电视媒体及其观众两大主体共同完成的多级传播。"① 正是基于这一特征，《角儿来了》节目引入 Vidyo 多屏会议系统，除了现场观众之外，还设置了 100 个虚拟观众席位，根据节目预先设计的流程，随时连线虚拟席的观众，使其与节目邀请到的嘉宾进行交流和互动，实现了录制现场的多屏连线。这种优势打破了以往播放 VCR 的时空束缚，极大地增强了场外观众的参与感。此外，《角儿来了》节目还借鉴当前流行的、视频网站常用的"弹幕"形式，广大网友在观看节目的过程中，可以即时发表评论、感受以及渴望与名家名角儿咨询或交流的问题，节目主持人会现场挑选其中

① 周勇：《电视会终结吗？——新媒体时代电视的颠覆与重构》，《国际新闻界》2011 年第 2 期。

具有代表性的问题与嘉宾进行交流。这一设计极大地触发了电视戏曲节目"互动"与"分享"的社交功能。

在渠道方面，"一直以来，'内容为王'一直被视为真理，但在媒介融合的背景下，似乎还要加上一句'渠道为后'。"① 当今社会，各种信息鱼龙混杂，"酒香不怕巷子深"的理念显然已不适应日新月异的媒介环境。多方开拓渠道，使各个平台上的受众都能够关注到节目成为越来越多传媒工作者认同的观念。当受众在网络平台上收看一档节目时，网络平台的后台系统算法会根据其个人喜好进行定向推送，从而创造更多视听需求，以广播电视等传统媒体为主要传播渠道的格局被逐渐打破，渠道日益多元化、多样化。融媒体背景下，传播的边界逐渐消融，广播电视节目也逐渐摒弃单纯的线性传播方式，开始积极研发手机客户端、直播软件、社交媒体平台以及其他网络传播渠道。《角儿来了》节目在这方面就做了很多可贵的尝试，取得了令人满意的效果。该节目将电视、网络、移动端全面打通，积极引入融媒"三微一体"平台互动，设立了新媒体网络直播端。广大热爱戏曲和电视戏曲节目的受众，除了可以观看电视之外，还可以通过奇秀直播、千帆直播、触电新闻、今日头条等六个新媒体直播平台上观看节目录制的整个过程。以这种形式作为节目播出渠道的补充、拓展和延伸，可以充分吸引网络用户的关注，对于满足年轻受众的收看需求、培养带动更多的青年人了解戏曲并爱上戏曲具有十分重要的意义。这种"大屏带小屏，小屏回大屏，多屏联受众"的模式，将传统媒体在内容制作上的优势与新媒体互动传播的特质相结合，取长补短、互促共进，推动了电视戏曲节目渠道的扩大化、受众观看方式的多样化、戏曲影响力的立体化。《角儿来了》节目还设有专门的微信公众号和官方微博，利用这两个移动网络平台进行节目预告或将电视上播出过的往期节目制作成符合网络传播特点的短视频，使得观众可以提前预知。同时，也可以在节目播出后在短视频中反复欣赏，对扩大节目影响、增强节目黏性起到了重要作用。

当下电视戏曲节目的融合发展，在注重与新媒体水乳交融的同时，也并未抛弃通过传统媒体进行宣传。虽然当前报纸、杂志等传统媒体影响力式微，但部分主流报刊依然具有强劲的力量，《角儿来了》节目播出后，《人民日

① 段鹏：《媒介融合环境下我国广播电视发展的实践路径与建议》，《中国电视》2018 年第 3 期。

报》和《中国电视报》都进行了积极的宣传和报道，《人民日报》针对节目内容发表的深度文章《谭派传人谭元寿：江河不择细流》，《中国电视报》也在首页焦点加整版正文刊发了《角儿来了》节目专访。新时代背景下诞生的媒体融合式电视戏曲节目正在"不忘本来、吸收外来、面向未来"的道路上越走越远。

二、跨界真人秀式电视戏曲节目

在融媒体背景下，"真人秀"已成为很多文艺节目采用的重要制作方式，如《爸爸去哪儿》《极速前进》《奔跑吧兄弟》等节目都创造了良好的收视效果和社会效益，电视戏曲节目在这方面也进行了有益的探索。戏曲真人秀栏目是指"由普通人或被还原了普通人角色的演员、明星，在规定情景或自由时空中，按照既定的游戏规则展现完整的，以戏曲为内容的竞争或表演过程，充分展示自我个性，并被真实记录和制作播出的栏目类型"[①]。"跨界 + 真人秀"成了当下电视戏曲节目的一个新模式。一方面，电视戏曲节目邀请影视明星、歌唱演员和相声演员等来到戏曲节目中，以戏曲为依托为电视观众呈现精彩内容，如天津卫视的《国色天香》、央视的《叮咯咙咚呛》、东方卫视的《喝彩中华》等。另一方面，戏曲演员也参与到其他类型的跨界节目中，将戏曲元素植入综艺节目之中，京剧演员王珮瑜也利用自身影响，经常活跃在《跨界歌王》等各大卫视的电视综艺节目中，宣传戏曲、推介戏曲，为戏曲发声。

天津卫视的《国色天香》是我国第一档明星戏曲真人秀节目，节目从创新的角度出发，改变了原有的传统电视戏曲节目形式，把传统的戏曲和流行的音乐结合起来，使二者有机结合，创造出独具特色的中国曲风，实现共同升华的效果。节目邀请郭德纲跨界担任戏曲主持人，郭德纲有较为深厚的戏曲造诣，他"相声式"的主持风格也为节目增添了诸多诙谐幽默的元素，同时，也吸引了很多喜爱郭德纲相声的观众关注，扩大了节目的影响力。节目第一季邀请张远、丫蛋、黄征、李玲玉、叶童、杭天琪、汪正正等具有收视

---

① 邵振奇：《盘整与辩证：戏曲电视栏目研究》，博士学位论文，山西师范大学，2017，第87页。

号召力、在各自领域较有成就却与戏曲少有接触的明星参与其中，并邀请孟广禄、小香玉、吴琼、宋小川等戏曲名家担任导师进行辅导。第二季延续了第一季"歌改戏"的节目形式，同时在赛制上进行了升级，邀请小香玉、宋小川、胡文阁、舒锦霞、姜亦珊和赵茹意等著名戏曲表演艺术家担任沈春阳、刘刚、白雪、MIC男团、黑妹以及张新等明星学员的导师。戏曲讲究看角儿，明星学员有大批粉丝，这些年轻粉丝通过自己喜爱的明星的演绎，可以更加了解戏曲，发现戏曲的美。可以说，《国色天香》节目无论是在普及传统戏曲知识、提升音乐鉴赏水平，还是在创新电视戏曲节目模式方面都做出了积极的尝试，激发了一轮电视戏曲节目审美变革的风潮。

《叮咯咙咚呛》节目作为央视2015年推出的重磅戏曲节目，积极响应习近平总书记在中国文联十大、中国作协九大开幕式上提出的"希望大家坚定文化自信，用文艺振奋民族精神""广大文艺工作者，要善于从中华文化宝库中萃取精华、汲取能量"的号召，从我国传统戏曲文化中汲取精华，为观众营造了轻松自然、寓教于乐的文化氛围。节目曾邀请郭京飞、熊黛林、安七炫、张赫等中国和韩国的十位明星艺人，分为三组，分别于北京学习京剧、赴嵊州学习越剧、前往重庆学习川剧，最后进行一场汇报演出。节目将明星艺人学习戏曲、体验当地风土人情和地域文化的内容实时记录并制作播出，让观众不仅能观察到学戏的艰辛和快乐，还能对戏曲人背后的故事有所了解。《叮咯咙咚呛》以娱乐为形、以戏曲为神，形神兼备、雅俗共赏。"中国明星＋韩国艺人＋传统戏曲"的混搭模式，一经推出便得到极大关注、受到广泛好评，尤其是让喜爱韩流的年轻人也开始关注戏曲，为戏曲在青年人群体中的推广作出了一定的贡献。在"一带一路"倡议和"人类命运共同体"背景下，邀请韩国艺人参与我国电视戏曲节目，有利于韩国观众了解中华文化的精髓，助推我国优秀文化"走出去"。

东方卫视的《喝彩中华》节目是与其推出的《诗书中华》《唱响中华》《本草中华》等"中华系列"品牌节目一脉相承的，每一档节目都有着清晰的价值观和文化诉求。《喝彩中华》引入"喝彩人"的概念，每期节目邀请多位来自不同职业、不同文化背景、不同年龄层次的喝彩人，为不同戏曲剧种喝彩。节目由台湾影视剧演员方芳、京剧演员王珮瑜担任"喝彩观察员"，以聆听者的身份，与不同的喝彩人进行交流，共同向观众普及戏曲知识，以融合混搭的形式传播中华戏曲文化之美，走出了一条传承与传播的新路。《喝彩中华》不仅涵盖了各个戏曲剧种，还覆盖了各阶层、年龄段的表演者和观众，同时，节目中的故事都是以聊天的形式铺展开来，丰富而不刻意、自如而不拘泥，很容易被观众接受。《喝彩中华》将传统与现代、继承与创新结合起来，将戏曲的美、戏曲人的美和电视戏曲的美充分地融合起来，将社会主义核心价值观与娱乐元素结合起来，用娱乐的方式传播了真善美、传递了正能量，在审美价值和艺术价值两个方面都产生了很好的效果。

前文提到，当前除了存在影视明星、歌手艺人和相声演员跨界到电视戏曲节目中的现象，也有诸如王珮瑜等人跨界到《跨界歌王》之类的音乐类真人秀节目中的情况，为音乐类真人秀节目注入了电视戏曲节目的元素。比如：影视演员于毅作为跨界歌手在《跨界歌王》的舞台上将电影《霸王别姬》中的选段与歌曲《当爱已成往事》巧妙地结合在一起，王珮瑜指出"君王意气尽"中的"君"和"气"应为团音，而非尖音；节目中主持人和嘉宾在桌前交流的时候，聊到比较应景的戏时，王珮瑜信手拈来演唱了《三家店》中的"秦琼发配"选段，博得阵阵掌声和叫好声；在为姜珊拉票时，王珮瑜为大家演唱了现代京剧《智取威虎山》中的"甘洒热血写春秋"选段。除此之外，王珮瑜还多次亮相其他各类综艺节目，为戏曲的传播和向年轻人的推广作出了贡献。

三、联合创制式电视戏曲节目

新时代背景下，电视戏曲节目的策划、制作和播出也呈现出了"联合创制"的特征，越来越多的电视台开始寻求强强联手、珠联璧合的发展思路。电视台利用自身平台优势以及多年积累的戏曲观众资源，招徕在电视戏曲节目方面具有影响力的团队或个人，共同打造出符合新时代特点的电视戏曲节目。2013 年 3 月，中央电视台戏曲节目主持人白燕升离开央视，在香港卫视短暂停留后，于 2016 年开始与山西卫视、湖北卫视等台合作，共同策划并制作播出了《伶人王中王》《戏码头》等电视戏曲节目。白燕升作为央视第一位专职电视戏曲节目播音员主持人，从戏曲频道开播就出现在了大家的面前，几乎所有电视戏曲节目类型都主持过，多年的优秀表现和专业积累使其受到大批电视戏曲节目观众的喜爱，品牌价值不断提升。近几年，白燕升活跃于各大卫视的电视戏曲节目中，如河南广播电视台的《梨园春》、山西广播电视台的《走进大戏台》、山东卫视的《金声玉振》、湖北卫视的《戏码头》等，不仅在电视戏曲节目播音主持方面大显身手，还在戏曲表演方面展露才华，为我国电视戏曲节目和电视戏曲节目播音主持的发展作出了贡献。

2016 年，山西卫视《伶人王中王》节目开播，节目邀请不同剧种的戏曲名家、领军人物重返竞技场，代表自己的剧种进行展演。除了戏曲表演，节目还以真人秀的方式，为观众呈现戏曲演员在舞台背后的准备过程，满足了电视戏曲节目受众的好奇心。《伶人王中王》打破了过去以业余选手或青年戏曲演员为主要参赛主体的竞技模式，邀请已经功成名就的戏曲名家名角儿，在节目中卸下光环，以参赛选手的身份争夺"伶人王中王"的冠军称号，为观众呈现了一场场专业水准极高的表演。2018 年，湖北卫视推出《戏码头》节目，同样采取了"演播厅竞演 + 真人秀"的制作模式，全程记录台前幕后的表演实况，摒弃你方唱罢我登场的连轴唱形式，而是通过讲故事、情景剧、朗诵、舞蹈等，讲述与戏曲唱段有关的故事。除此之外，《戏码头》还为观众定制了传统服装，换装后观众通过"时光隧道穿梭"，进入传统戏园观戏，营造身临其境的真实感。这两个电视戏曲节目都是由电视台与白燕升团队合作策划、制作和播出，取得了良好的社会效果和经济效益。

除此之外，近年来，各大卫视也多次联手，合作创制了多台戏曲晚会，如《戏咏大地春——2018 十四省市自治区电视台春节戏曲晚会》和《春风争度玉门关——2019 年全国十三省市自治区电视台元旦戏曲晚会》等。《戏咏大地春——2018 十四省市自治区电视台春节戏曲晚会》由山西、安徽、北京、福建、甘肃、贵州、河北、河南、辽宁、内蒙古、陕西、上海、天津、新疆十四个省级电视台联合主办、山西广播电视台承办，节目涵盖了花灯戏、碗碗腔、徽剧、秦腔、闽剧、晋剧、蒲剧、豫剧、二人台、河北梆子、京剧、昆曲、上党梆子、桌子戏、越剧等多个剧种的表演。晚会由山西广播电视台主持人张靓婧和郝舟、河北广播电视台主持人小龙、贵州广播电视台主持人易旸、甘肃省广播电影电视总台主持人丁亮、安徽广播电视台主持人韩露、河南广播电视台主持人刘雯、天津广播电视台主持人李佳、新疆兵团广播电视台主持人李玲联袂主持。《春风争度玉门关——2019 年全国十三省市自治区电视台元旦戏曲晚会》由甘肃省文化和旅游厅、甘肃省广播电视总台、甘肃省文联以及多个省级电视台共同主办，由甘肃省广播电视总台承办，晚会不仅汇聚了多个省市自治区的电视戏曲人，还有于魁智、孟广禄、李军、李佩红、吴琼等戏曲名家代表各个戏曲剧种登台亮相，为电视戏曲节目观众表演了京剧、河北梆子、川剧、庐剧、河南坠子、评剧、秦腔、晋剧等经典选段。

联合创制式电视戏曲节目集众家之所长，在新时代日益开放的市场环境中，探索了一条电视戏曲节目发展的创新之路。文化传媒公司与电视台在电视戏曲节目方面的"联姻"，符合国家文化体制改革的大方向，有利于电视戏曲节目在新时代焕发新的活力，也有利于解决一直以来电视戏曲节目经费有限的问题，为电视戏曲节目的长远发展打下基础。

第三节　新时代电视戏曲节目播音主持创作个案研究

一、中央台电视戏曲节目播音主持创作分析

（一）《角儿来了》

央视戏曲频道《角儿来了》节目主持人为董艺。她毕业于中国传媒大学，2000 年进入央视，曾主持《戏曲采风》《梨园擂台》《九州大戏台》《叮咯咙咚呛》《中国戏歌》《梨园传奇》等多个电视戏曲节目，还连续十几年主持了央视《春节戏曲晚会》等戏曲晚会，有着丰富的电视戏曲节目播音主持实践经验。她的主持风格轻松、自然、活泼，颇具亲和力，受到了各个年龄段观众的广泛好评。在电视戏曲节目播音主持工作中，她善钻研、敢尝试、不服输，经过多年的锤炼，业务功底愈发深厚。董艺凭着对电视戏曲的热爱和对播音主持工作的执着，将其主持的每一档电视戏曲节目做得有声有色，既突出了各个节目的特质，也充分展现了自己的风格特点，极大地满足了观众多元化的审美诉求和文化追求。

1. 端庄大方、知性典雅

央视戏曲频道作为国内电视戏曲节目的最高平台，对电视戏曲节目播音员主持人有着极高的要求，不仅形象气质方面要端庄大方，能够满足广大观

众的审美需求，还要在政治素养、专业能力、文化内涵等各个方面代表国家级媒体的形象。董艺形象靓丽、举止优雅，在节目中常身穿极具东方美感的旗袍，整体上给人一种知性典雅的印象。这种播音主持风格特点的形成与董艺的成长背景是密切相关的。她从小生长在梨园大院，她的母亲和外公都是专业戏曲演员，在其成长的过程当中，能够不断地接受中华优秀戏曲文化的熏陶。董艺从小学习钢琴，对演唱、舞蹈和小提琴也非常感兴趣，她曾经还在部队做过专业的钢琴演奏员和主持人。这些都为她成为优秀电视戏曲节目播音员主持人奠定了基础，也为她的性格养成创造了良好的环境。董艺的知性还来自其对戏曲知识的刻苦钻研，不断地学习和积累使得她能够在节目中捕捉到每一个戏曲知识的细节。例如，在 2019 年 11 月 17 日播出的台湾京剧名家魏海敏做客《角儿来了》的节目中，开场表演之后，董艺就以魏海敏表演中"指法"的运用展开话题，不仅引导戏曲演员为大家普及了一个戏曲知识，还展现了其专业的知性视角。

董艺：刚才的开场节目让人眼前一亮，让我们感受到了梅派艺术的美，比如各种各样的"指法"的运用。

魏海敏：京剧的历史当中，"四大名旦"是非常著名的，据我了解，这些名角儿私下都非常喜欢画画儿，他们对于仕女图、佛像等都有着高深的造诣，他们也会想方设法地把这个手势带到舞台上，从手指尖到脚趾尖极致地展现女性的美。

董艺：这些指法的名字也非常好哈，比如"兰花指"代表着像兰花一样美。

魏海敏：是的。

2. 轻松活泼、亲切自然

《角儿来了》节目是以访谈为主线，将表演、互动等各个环节串联起来。董艺在与嘉宾交流的过程中是以一种亲切自然的方式进行的，给嘉宾一种宾至如归的感觉。戏曲演员的主业是在舞台上唱戏，部分嘉宾上电视访谈节目时会略显紧张，董艺的亲切自然，会逐渐感染嘉宾，使嘉宾慢慢放松下来。交流的内容也多是从嘉宾身边的小事谈起，而非晦涩难懂的专业词汇，既有利于嘉宾放下心里的包袱，也有利于吸引观众，创造一种轻松愉悦的情境。

除此之外，《角儿来了》节目还经常邀请名家名角儿的好友来到现场，董艺会引导嘉宾的好友讲述一些名家名角儿生活中的小故事，展示名家名角儿舞台背后不为人知的一面，还经常适时地、恰到好处地针对嘉宾好友的"爆料"进行互动交流，营造一些"笑果"，既展示了主持人活泼的一面，也达到了调节现场气氛的效果。

（二）《梨园闯关我挂帅》

《梨园闯关我挂帅》节目是央视戏曲频道和音乐频道 2011 年推出的一档 60 分钟的游戏闯关类戏曲综艺节目，节目宗旨是以融会多种综艺益智类形式的另类方式吸引年轻人全方位多角度接触中国戏曲艺术，真正在寓教于乐中推广弘扬中国传统戏曲文化。2014 年，《梨园闯关我挂帅》全新改版，每期都会邀请影视、歌唱、曲艺、节目主持界的各类名家，到现场跨界反串演唱多个剧种的经典戏曲唱段。这些嘉宾在戏曲名家和专业演员的悉心指导下，现场感受中国戏曲的博大精深，亲身体验戏曲人坐科的艰辛历程，以"挂帅人"的身份，借助他们在各自领域的影响力，带动更多的人关注戏曲，让大家在欣赏中爱上中国的国粹，在朴实生动里感受民族艺术的魅力。《梨园闯关我挂帅》的主持人为赵宝乐和董艺，由于前文已对董艺的主持风格进行了分析，故接下来对赵宝乐的特点进行解读。

1. 诙谐幽默、生动贴切

赵宝乐本为相声演员，后进入央视戏曲频道，专门从事电视戏曲节目播音主持工作。由于有着多年的舞台经验和曲艺经历，赵宝乐在主持《梨园闯关我挂帅》节目中的语言非常生动，对嘉宾表现的评价也较为贴切。除此之外，他还经常以一种诙谐幽默的主持风格推进节目，或以诙谐的语言进行调侃，或以幽默的语言诠释较为深刻的道理，这种创作方法比较容易拉近与嘉宾和受众的距离，增强主持人语言的传播力。诙谐幽默是人际交往的润滑剂、缓冲剂和黏合剂。赵宝乐在电视戏曲节目播音主持的舞台上的幽默诙谐与他相声中的"现挂"是分不开的，相声中的"现挂"多用于逗哏和捧哏之间一唱一和的垫话以及演出现场出现的临时状况，这种技巧有助于播音员主持人在现场"抖包袱"，从而吸引观众的注意。例如，在 2019 年 12 月 6 日播出的《梨园闯关我挂帅》节目中，曾勇和王珂迩两位歌手在表演完湖南花鼓戏《刘海砍樵》之后，赵宝乐开始运用相声演员的语言功底，发挥诙谐幽默的本色，引得大家欢笑连连。

赵宝乐：曾勇是湖南人？你有点儿不公平，你找了一位我们山东老乡来跟你唱湖南花鼓戏。王珂迩是潍坊的？

王珂迩：对，是的。

赵宝乐：潍坊人说要请你吃饭，会说："我请你吃个包子儿啊、饺子儿啊、面条儿啊……"（潍坊话），所以这个语言差别是很大很大的……

2. 平易近人、朴实无华

赵宝乐除了诙谐幽默和生动贴切的特点外，在电视戏曲节目的播音主持创作过程中还有平易近人、朴实无华的特点。平易近人的主持风格，能够促进电视节目主持人与嘉宾和观众的感情交流，会给人一种坦诚相待的感觉，从而感染众人，把大家内心的真善美呼唤出来，共同创造真诚友好、轻松愉快的话语场景。这种主持风格不仅可以拉近主持人与观众之间的距离，也在一定程度上呼应了当下新媒体发展过程中"传者"与"受者"之间的"平视感"。在节目中改变以往"众星捧月"式的主持模式，将观众当成朋友，以平易近人、朴实无华的方式进行沟通和交流，在无形中强化了主持人的人格魅力。

（三）《空中剧院》

《空中剧院》节目是央视戏曲频道 2003 年元月开播的电视戏曲节目，以"百花齐放、继承创新、强强联合、德艺双馨"十六字方针为宗旨，以播出经典大戏或折子戏为主体，邀请戏曲艺术家和优秀戏曲青年演员研究生联合演出，通过现场直播或录播的方式呈现给广大戏曲观众。值得一提的是，《空中剧院》节目非常尊重戏曲观众的观戏喜好，在中央电视台官方网站常年开设"栏目公告"版块，向广大网友征询"您最希望在《空中剧院》看到什么戏？"充分了解戏曲观众想看的戏曲剧目、戏曲演员和戏曲流派，呼吁网友将具体的观戏愿望发送到节目邮箱中，然后根据戏曲观众的具体建议，在后期的节目中为大家奉献更多精彩剧目。通过不断改版，当前的《空中剧院》主要以"访谈＋欣赏"的形式诠释戏曲艺术和戏曲文化。节目开始时，首先会邀请戏曲专家学者、主创人员和后期统筹协调人员与主持人进行交流互动，对即将播出的戏曲剧目的来龙去脉、创作思路、内涵外延和表演精髓进行解析，引导戏曲观众对剧目进行深入了解。然后戏曲播音员主持人通过画外音的形式，对演出的戏曲剧目进行具体介绍，包括戏曲演员和伴奏等各个方面。

《空中剧院》的主持人为张喆，她2005年毕业于中国传媒大学播音主持艺术学院，之后担任《九州大戏台》节目的编导和配音，2006年至2008年于中国传媒大学攻读硕士学位，2009年开始担任《空中剧院》节目的主持人，于2010年开始兼任制片人。2011年还担任过央视戏曲频道《主持人全天伴随收视》的主持人。同时，张喆也曾连续多年担任中央电视台春节戏曲晚会和中秋戏曲晚会的主持人，多次与白燕升、董艺、任鲁豫、张腾岳、赵宝乐、周宇、方琼等主持人共同主持电视戏曲节目和线下戏曲竞赛等活动。张喆气质优雅、端庄知性、谈吐大方，虽然在节目中现身时间不长，却总能让观众过目不忘，在主持风格方面，无论是清新优雅、时尚个性，抑或是古典华丽都能拿捏得准确到位，在多跨度的搭配中，演绎着悠扬古韵与瑰丽时尚的完美结合。

1. 善于倾听、真诚中肯

对于电视戏曲访谈节目来讲，一定要善于倾听，听是说的基础和前提。张喆在与节目嘉宾进行交流的过程中十分善于把握听和说的节奏，将节目要讨论的话题引出之后，让嘉宾做介绍详情的主角，自己则是认真倾听，并在嘉宾说完话之后再进行总结和探讨，在话题转换方面也拿捏得颇为得当，将每个话题勾连得丝丝入扣。张喆善于倾听的特点，使得节目的访谈内容时间占比不大，但在深度和融洽度方面效果极佳，是播音主持创作的点睛之笔。善于倾听的要求是平心静气、细致入微和准确客观，只有做到善于倾听，才能在交流中给人一种"善解人意"的感觉，也才会使张喆的主持风格更显得真诚中肯，带着观众真正走入嘉宾的内心世界和所要欣赏的戏曲内容当中。这种真诚中肯既使得嘉宾能够言由心生、畅所欲言，又使得观众在观赏节目的过程中能够感受到电视戏曲节目播音员主持人对自己的尊重、理解、体恤和爱护，而不是思绪被冷冰冰的节目流程强硬地带着走。例如，在2019年11月30日播出的《空中剧院》中，节目邀请到了北京京剧院一级演员、京剧《洛神赋》主演张馨月和中国戏剧家协会秘书长崔伟，张喆就给足了嘉宾表达的时间，认真倾听嘉宾所讲述的内容，并在嘉宾讲述完毕之后予以总结和提炼。

张喆：馨月您好，崔老师您好，欢迎两位做客我们的《空中剧院》。今天来跟大家共同欣赏的是馨月主演的京剧《洛神赋》，其实说到这个戏，近些年来演得并不多，但讲述的故事大家都很熟悉了，是洛神的故事哈，馨月先来给大家说说这出戏。

张馨月：这出戏当时在北京京剧院是由董圆圆老师首排的，她也是我的亲师姐，当时是由叶少兰老师和董圆圆老师等一块儿排起来的这出戏。我们在现在的舞台上排了很多新编历史剧，但能真正能流传下来的、够一定文学水准的不多。在这个戏当中，包括她在袁绍府邸时候的一些经历，都在唱腔中有所表现。

张喆：故事我们虽然很熟悉，但这个应该说是我们当代京剧人对洛神这个故事做的一个全新的演绎。

张馨月：对，因为北京京剧院一直秉承着继承传统的原则，也在不断地创新。我觉得这次之所以复排这个戏，一是我们想把北京京剧院最经典的东西、曾经获过大奖的东西留下，希望有人继续去传承，因为选择这出戏最重要的原因就是当时在我第一次上台演这个戏的时候，把董圆圆老师请过来给我指导，进行加工，我想她也希望这出戏能够好好地存在着，也希望有人能够去继承她这些好的东西，因为当时他们排这出戏也是付出了很多的心血；二是我也希望我们这一代京剧人能够起到承上启下的作用，也希望把这出戏留好，让接下来年轻的演员还能够继续演这出戏。

张喆：优秀的新编剧目的确需要我们一代代的演员去保留、去传承，这样才能让我们年轻的演员有更多的剧目去继承。

2. 清新瑰丽、时尚个性

张喆形象靓丽，给人一种清新脱俗的印象，话语风格也并未拘泥于与戏曲相关的形式当中，而是以年轻人的视角带大家接近戏曲、了解戏曲。张喆在主持电视戏曲节目的时候的服饰搭配也体现了其古灵精怪的一面，虽然可能与大家印象当中的传统风格不搭，但以另一种风格诠释了电视戏曲节目播音员主持人也有时尚个性的一面。张喆的清新靓丽和时尚个性不仅体现在其主持的常规电视戏曲节目中，在网络新媒体中的表现也是可圈可点，如在《央视戏曲》微信公众号 2019 年 4 月 10 日的 "《空中剧院》'2019 港澳行'，主持人张喆带您探秘台前幕后!"和"'封箱'贺岁大反串,争芳斗艳12年"中的精彩呈现,无论是话语内容、肢体动作,还是与镜头互动的状态,抑或整体的主持风格都给人一种耳目一新的感觉,极大地拉近了与网络受众的距离。

(四) 节庆戏曲晚会

节庆戏曲晚会多为名家荟萃,多个剧种轮番上演,整体气氛喜庆热烈。央视戏曲频道除了设置日播和周播的常规电视戏曲节目外,每逢重大节庆日也都会组织大型戏曲晚会,烘托节日氛围、承载民族情感、为观众奉献视听盛宴。如《新年戏曲晚会》《春节戏曲晚会》《元宵戏曲晚会》《中秋戏曲晚会》等大型节庆戏曲晚会,目前都已成为中央电视台的品牌晚会。进入新时代以来,习近平等党和国家领导人连续多年出席并观看央视《新年戏曲晚会》,与全国观众喜迎新年的到来,折射出国家对中华优秀戏曲文化的重视。

以2018年的四台央视戏曲晚会为例。《2018新年戏曲晚会》着重呈现新创作品选段,加大现实题材比重,选出具有代表性的名家名角登台献艺,实现了31个省区市代表性剧种的全覆盖。《2018春节戏曲晚会》以"锦绣中华新时代,盛世梨园家国梦"为主题,展示了京、评、梆、豫、秦、昆、越、黄梅等近30余种戏曲剧种,涉及剧目50余部,整台晚会既可以欣赏到老艺术家们的精湛技艺,也可以感受到青年戏曲演员们对戏曲艺术孜孜不倦的传承。晚会还对"戏曲电影工程""音配像工程""像音像工程""中国京剧优秀青年演员研究生班"等当代戏曲重大项目的丰硕成果进行了展示和宣传。《2018元宵戏曲晚会》在传承经典的基础上,彰显新时代的新气象、新风韵,精心设计、巧妙融合,酿造出了老戏的"新味道",新编戏中着重呈现了新时代的格局、新时代的生活以及新时代戏曲人的感受和精神。《2018花好月圆——中秋戏曲晚会》演出阵容强大,汇集32位国家一级演员、29位梅花奖得主以及众多优秀青年演员,涉及全国15个剧种,跨越16个省、市、自治区。晚会分为阖家团圆、祥蔼盈庭、花好月圆、月下抒怀、盛世昭华、赤子丹心等六个主题版块,表现内容丰富多彩,节目编排独具匠心,不仅体现了中秋佳节美满团圆的魅力,更突出了全国人民不断增强的获得感与幸福感。

1. 喜庆祥和、热情洋溢

与常规电视戏曲节目不同，节庆类戏曲晚会的播音主持创作对电视戏曲节目播音员主持人有着额外的要求。无论春节、元宵节还是中秋节都是中华民族的传统节日，在主持这类电视戏曲节目的时候，电视戏曲节目播音员主持人一方面要在话语内容方面关照到党和国家的政策措施以及取得的最新成就，反映出新时代的人民日益增长的美好生活需要；另一方面要调整自己的话语样态和声音状态。一般来讲，声调高昂、大气磅礴的声音形式更适合传递出喜庆祥和的民族情感，热情饱满的情绪、喜上眉梢的表情，不仅能调动晚会现场观众的情绪，还能感染到电视机前观众的情绪，使每一位戏曲观众都能够感受到浓浓的节日氛围，激发出广大戏曲观众的民族共同体意识。除此之外，在着装方面也要做到与民族传统审美、节日气氛以及晚会格调相统一，既要端庄大方、格调高雅，也要给人以美的视觉感受。以《2018 新年戏曲晚会》为例，主持人为任鲁豫和董艺。

任鲁豫：尊敬的各位领导

董艺：各位来宾，大家

合：晚上好！

任鲁豫：一曲荟萃了九个地方戏曲剧种的精彩演唱，拉开了 2018 年《新年戏曲晚会》的帷幕。

董艺：这是党的十九大胜利召开后的第一个新年，是我们奋进新时代、阔步新征程的新开端。接下来，一组鼓戏《迎新春》将为大家带来浓浓的春意。

任鲁豫：鼓戏之后，一组优秀革命历史题材和现实题材剧目的精彩片段，表达了对党的忠诚、对祖国的赞美、对人民的热爱和对英雄的敬仰。带我们共同感受那燃烧的激情和信仰的力量。

2. 仪式感与庄重感

节庆戏曲晚会播音主持除了给人以喜庆祥和、热情洋溢的节日娱乐感受之外，也饱含着仪式感和庄重感。电化传播手段的即时性弥补了社会公共媒介缺失对传统仪式活动在空间上的限制，广泛普及的媒体接收终端为受众参与仪式性活动提供了足不出户的空间便利，使得媒介以记录者的角色展现了原始的仪式程序、仪式内容、仪式氛围。[1] 电视戏曲节目强大的仪式传播力建立了电视戏曲节目播音员主持人与戏曲观众"共同在场"的群体认同，电视戏曲节目播音员主持人在通过戏曲艺术和节庆戏曲晚会增强民族凝聚力和民族认同感方面发挥了重要作用，加强了与广大戏曲观众的情感互动与沟通。以《2018 春节戏曲晚会》为例，主持人为刚强、张喆、朱广权、孙小梅、任鲁豫和董艺。

刚强：新时代、新征程，盛世豪迈。

张喆：新气象、新发展，壮志满怀。

朱广权：奏凯歌、圆梦想，初心不改。

孙小梅：鸣锣鼓、惊天地，继往开来。

任鲁豫：各位现场及电视机前的观众朋友们，这里是中央电视台春节戏曲晚会的现场。

董艺：在这万家团圆的新春佳节，我们向全国人民拜年了。

刚强：热闹的锣鼓声中，我们迎来了全面贯彻党的十九大精神的开局之年。

董艺：在这里，我们给全国各族人民、香港特别行政区同胞、澳门特别行政区同胞、台湾同胞和海外侨胞致以新春的祝福，祝大家万事如意。

张喆：过大年唱大戏，从黄土高坡的呐喊到江南水乡的低吟，可以说在全国各地大都有着过年看戏的习俗。

朱广权：不管是燕赵高声，还是荆楚高音，我们全中国人民都把戏曲当作自己的乡音。

任鲁豫：魂牵梦绕的曲调，唱出的是华夏风骨、民族之魂，唱出的是人民对美好生活的向往。

孙小梅：耳熟能详的声腔，讲述的是中国故事、百姓精神，是社会主义文艺事业的全面繁荣。

董艺：文化与时俱进，传统继承创新，让我们在一组充满创意的中国戏歌当中热闹开场，共同来感受戏曲的时代新声。

---

① 李文：《中国电视仪式性主持理论浅议》，《中国报业》2013 年第 24 期。

从六位主持人的话语样态及话语内容中可以充分地感受到电视戏曲节目播音员主持人的家国情怀，从营造的整体话语场中可以感受到浓浓的仪式感和庄重感。由于节目形式的特殊性，节庆戏曲晚会中电视戏曲节目播音员主持人的主要任务是将各个戏曲节目串联起来，给播音员主持人发挥能力的空间有限，但同时也为电视戏曲节目播音员主持人附加了传递民族文化观念和传承优秀传统文化的责任，使其具有了一定的文化符号象征意义。稿件内容也多聚焦新时代的社会背景和国家的宏观政策，电视戏曲节目播音员主持人在进行节庆晚会戏曲节目播音主持过程中一定要透过娱乐的表象，在深层次的信仰建构、情感唤醒、建立共识等方面发挥应有作用，将优秀的中国文化元素和中华民族的价值理念，通过有声语言和副语言等各个方面庄重地体现出来，使节庆戏曲晚会既成为"娱乐的庆典"也成为"民族的仪式"。

二、地方台电视戏曲节目播音主持创作分析

(一)《伶人王中王》和《戏码头》

《伶人王中王》是山西卫视 2016 年推出的一档戏曲竞技类节目，节目主打传统戏曲，邀请不同戏曲剧种的戏曲名家、领军人物重返竞技场。这些顶级的戏曲名家卸掉功成名就的荣耀与光环，以演员的姿态和身份，重新挂帅出征，代表自己的剧种进行展演，争夺"伶人王中王"的冠军称号。《伶人王中王》既展现了不同剧种的特色与魅力，也是对异彩纷呈、博大精深的中国戏曲的一次礼赞与致敬。《戏码头》是湖北卫视 2018 年推出的一档大型戏曲文化电视节目，《戏码头》以"传承文化、品味经典"为栏目宗旨，立足于各大戏曲剧种的经典唱段，对每位戏曲艺术家全程跟拍，记录台前幕后的表现实况，通过复合式环节、多层故事设置来讲述戏曲传奇，展现戏曲的深层魅力。此外，《戏码头》还致力于凸显中华戏曲文化的时代关照和现实关照，让戏曲能够真正走到老百姓身边，走进观众的心灵深处。这两档节目的主持人都为白燕升。

白燕升是中央电视台第一位专职的电视戏曲节目播音员主持人，也是在全国范围内有着广泛影响力的电视戏曲节目播音主持代表人物。在白燕升之前，中央电视台的戏曲节目播音主持可谓"铁打的营盘流水的兵"，节目虽然固定，但电视戏曲节目播音员主持人非专职、不固定，包括赵忠祥、宋世雄、

薛飞、杜宪、刘璐等在内的很多著名主持人都曾客串过央视的电视戏曲节目播音员主持人。1991 年，白燕升毕业于河北大学，在保定电视台短暂停留之后进入河北电视台，在河北电视台除了主持固定的《经济总汇》之外，还客串主持过包括《河北新闻联播》在内的新闻、少儿、体育、社教和大型文艺晚会等各种类型的节目。1994 年进入中央电视台伊始，白燕升和孙小梅搭档主持《早间预告》节目，同时还在《东方时空》节目做过出镜记者，但始终没有找到合适的位置，直到 1996 年央视"戏曲·音乐频道"开播，白燕升正式成为央视第一位专职电视戏曲节目播音员主持人。"1996 年到 1998 年，央视几乎所有的电视戏曲节目都是我主持的，十来个节目中经常是在上个节目刚说完'再见'，在下个节目就来说'您好'。现在回想起来，那时候真的是很青涩。"[①] 从 2002 年白燕升与黄望南的对话可以发现，他为了提升戏曲素养和电视戏曲节目播音主持能力下了不少功夫。"由于喜欢，就有劲头儿去学习它。中国戏曲剧种繁多，形态各异，要主持各种戏曲节目就得认真学习。几年来，我对京剧、越剧、黄梅戏、豫剧等剧种特别关注，学得更多一些，而且还能哼上两句儿。"[②] 虽然最初的电视戏曲节目播音主持创作被白燕升形容为"青涩"，但是通过工作中大量的锤炼以及工作之余认真地学习，他很快找到了状态，并迅速地成长了起来。2001 年，白燕升获得了播音主持领域的最高奖项——"金话筒"奖，证明他的电视戏曲节目播音主持得到了播音主持行业的普遍认可。

莫言曾言："燕升是上天为我们准备好的戏曲主持人。"充分地表达了对白燕升播音主持能力的肯定和赞赏。事实上，这与白燕升的成长环境和轨迹有着直接的关系。白燕升生于河北，长于农村，其父亲的河北梆子造诣在当地颇有名气，受家庭因素影响，他从小就对"河北梆子"有着浓厚的兴趣。白燕升在其著作《大幕拉开》中详细描述了童年时期的他对戏曲的痴迷情况，"俱乐部门外雪花飘飘寒气逼人，里面却是丝竹管弦暖意融融。我只能站在窗外，从窗户的缝隙窥探。因为父母几次警告，不让我学这玩意儿。也许就是

---

① 笔者对白燕升的专访，2019 年，详见附录。
② 黄望南：《主持人专业化的思考——和戏曲节目主持人白燕升对话》，《电视研究》2002 年第 4 期。

一种逆反心理作怪，我真的喜欢上了河北梆子。靠这种'偷窥'，我学会了《南天门》，也学会了《辕门斩子》《秦香莲》《蝴蝶杯》，等等。"① 通过这段描述，除了可以看出白燕升对戏曲的兴趣是与生俱来的，也能看出他在戏曲方面有着相当大的天赋。1987 年，白燕升向原中央人民广播电台著名播音员万里拜师学艺，"我大学第一年的寒假没有回家，直接去了沧州，当时万里老师在沧州师范专科学校当口语老师。我去的那天正好下着雪，到她家楼下，她邻居说万里老师去市里开会了，我在雪里站了三个多小时。万里老师回来后，很感动，还没等到测试我，就直接说'我收你了'，然后跟万里老师学了七天。到后来万里老师去世前，她把她所有的录音带都给了我，包括朗诵、示范教学、气息、播音技巧等各个方面，我还算是有悟性、比较刻苦的吧。"② 从 1990 年《渤海学刊》发表的《万里副教授致函白燕升同学》就可以感受到万里对白燕升的谆谆教诲和悉心指导。

白燕升出身农村，有着接地气、善钻研、能吃苦的优良品质。他从小学习河北梆子，具备一定的戏曲表演功底，十来岁开始就有过登台表演的经历。白燕升大学就读于河北大学中文系，文学素养扎实。又师从著名播音员万里，业余时间刻苦学习播音主持专业。这些都是他日后成为我国优秀电视戏曲节目播音员主持人的重要因素。加之，在央视平台的历练，让他有机会与最优秀的戏曲演员和专家学者深入交流，集百家之长充实提升自己的戏曲表演素养及戏曲理论素养。

2006 年到 2013 年，白燕升除了做好电视戏曲节目播音员主持人之外，还倾心打造了《百家戏苑——燕升访谈》，真正实现了"主持人中心制"的电视戏曲节目创作模式。"打造这个访谈节目可以说是我亲力亲为、以一己之力打造个人品牌的七年，我个人觉得那也是我积累人脉的七年。反响很不错，很多人喜欢看，因为那时候打开电视就是音配像，要不就是几台机器录大戏。有了访谈之后，很多人觉得这是有人情味儿、有人文关怀和人文思考的节目。"③ 2013 年，白燕升离开了工作 20 年的央视，在《大幕拉开》中，他提

① 白燕升:《大幕拉开》，清华大学出版社，2014，第 7 页。
② 笔者对白燕升的专访，2019 年，详见附录。
③ 笔者对白燕升的专访，2019 年，详见附录。

到"真正想做的做不了，又不愿意重复，感觉自己是个多余的人。想做的不只是新的节目，包括整个戏曲频道的构架和方向我都操过心，比如戏迷和观众想看什么节目、想看哪位艺术家，但实际上我的话语权非常有限。"① 离开央视之后，白燕升担任过一段时间香港卫视副台长，后来开始与山西卫视、湖北卫视、河北卫视等省级台合作创制电视戏曲节目。经过多年的积累和历练，白燕升对电视戏曲节目的播音主持可谓已经达到了游刃有余的程度，整体风格可以用大气磅礴、张弛有度、严谨自然、潇洒自如来概括。

1. 大气磅礴、张弛有度

以 2019 年 2 月 3 日播出的《伶人王中王》为例，这期节目播出的是"陈媛《红罗记》展现原汁原味柳子戏"。节目片头首先是一段白燕升的画外音配音："星移斗转、四季更迭，凡是过往皆为序章，一诺千金笃定前行，只为高山仰止、流水知音，纵使艰难险阻，也要守望雨过天晴；哪怕荆棘丛生，也要寻得山高水长。"配音一开始语速较慢、声音以虚声和虚实结合为主，"慢"的背后又运用了一种"松而不懈"的控制力和"紧拉慢唱"的话语状态，为戏曲名家名角儿的"巅峰对决"营造出一种神秘感；在配音的后半段："王者归来，百花竞放，铜琶铁板唱大江东去，广袖长舒舞九天揽月，金声玉振，梨园共赏，伶人王中王。"声音状态为虚实结合、实声为主，语速也比刚开始快一些，节奏也更加明快，展现出各位名家名角儿为了宣传各自代表的剧种而不惜以参赛者身份登场的情怀和笃定的精神，这种"扬声"较多的部分表达了对各位参赛名家名角儿的赞美和大无畏的精神，也烘托出了竞赛的紧张氛围，引人入胜。

白燕升登场之后，身姿挺拔、表情自信、气场强大，话语状态给人一种把控全场的气势，可谓大气磅礴。在介绍进入总决赛的各位重量级名家名角儿和评委时，他把每个人的名字声调拖长、声音加重，充分展现各位名家名角儿和评委的重要程度。在河北梆子名家王少华表演完之后，白燕升又从一种大气磅礴的播音主持状态转换成细腻的介绍，以一种抒情的语态讲述王少华在选择表演剧目时，放弃自己最拿手的《寇准背靴》而选择一出新编剧目《徐策》，展现王少华为了"大我"而牺牲"小我"的奉献精神，既歌颂了王

---

① 白燕升：《大幕拉开》，清华大学出版社，2014，第 194—195 页。

少华的品格，也让观众感受到了电视戏曲节目播音员主持人对节目内容拿捏的分寸感，给人一种张弛有度的感觉。

白燕升：每一位名家参加《伶人王中王》都排出了一个长长的戏单，排兵布阵，本来进入总决赛的最后一场，是他老父亲王伯华先生的代表作《寇准背靴》，结果后来少华告诉我说："我第一轮就进入了总决赛，那么多的戏我都没展现，我觉得来到这个舞台上不光是展现我，应该展现我们天津河北梆子剧院的阵容和阵仗。"所以他自己把最拿手的《寇准背靴》换成了近几年的一个新编戏《徐策》，谢谢王少华，谢谢天津河北梆子剧院。

2. 严谨自然、潇洒自如

白燕升在主持电视戏曲节目的时候首先是严谨的，这种严谨来自他对戏曲这门艺术的敬畏，所以每次站上舞台之前他都会对所要介绍的戏曲剧种、剧目及演员进行详尽的了解，这些了解有的源于多年的积累，有的源于私下的学习，有的源于上台之前与戏曲演员、专家学者的交流，最后呈现出一种"腹有诗书气自华"的自然状态，这种自然并非刻意雕琢，而是历经沧桑、通达世事之后的一种泰然。也正是由于这份严谨和自然，使白燕升在舞台上的表现给人一种潇洒自如的印象，他在介绍嘉宾时仿佛多年的老朋友，又像是在向广大观众热情地"推销"自己的"宝贝"。白燕升作为一位内外兼修的电视戏曲节目播音员主持人，为了给戏曲观众以美的视觉感受，除了在戏曲素养和文化内涵支撑下的内在潇洒自如之外，他对自己的形象、服饰搭配等外在因素也非常考究，"因为我们主持的是戏曲节目，必须要体现传统文化元素。这几年我就主要是穿长衫，跟几位设计师在一起商量的设计方案，但因为曲艺的长衫是不垫肩的，是圆肩，我做了一些改良，因为主持人要显得精神一些，我垫肩了，还包括斜襟和对襟方面我也做了一些变化，这个也算是中西结合。然后现在也在继续创新，还在设计新的服装，吸收民国时期先生的长袍马褂的精华，里面是衬衫，外面是个大的马甲，马甲是拖地的，还包括其他的一些改良设计，都是经过反复地论证的，不是瞎穿。总之，还是想穿出'中国风'来，因为这是属于中国的东西。"① 富有中国风的服饰搭配，

---

① 笔者对白燕升的专访，2019 年，详见附录。

充分展现了白燕升弘扬中华优秀传统文化的追求，也展现了他对于观众甚至可能忽略的观赏细节，都可以努力付出的精神。"我常常强调有一个好身体非常重要，我站立最长的一次是穿着长衫站了12个小时，因为这个长衫一旦坐下，就会起褶子，上台之后影响观众的观感。站了12个小时之后，躺在床上，脚下垫三个枕头都感觉这个血液都回不来。"这种细致入微、精益求精的精神，值得每一位电视戏曲节目播音员主持人学习。

（二）《梨园春》

河南卫视的《梨园春》节目是我国最为家喻户晓的电视戏曲节目之一，它扎根于河南丰厚的戏曲文化土壤，开办20多年来收视率居高不下，已经成为河南电视台的品牌节目。《梨园春》以弘扬传统戏曲、繁荣民族文化为宗旨，以喜爱中国戏曲和传统文艺的普通百姓为主要服务对象，以"戏迷擂台赛"为主要特点，将"海选"的理念引入电视戏曲节目中，在河南当地，不仅带动了一股戏曲热，还造就了一大批本土"戏曲明星"，为戏曲文化的传承发展和普及推广作出了杰出贡献。《梨园春》节目平民化舞台的定位在造就节目风格的同时，也造就了播音员主持人的风格，该节目较早的主持人组合为倪宝铎和庞晓戈，二人清新、亲切的主持风格受到了戏曲观众的广泛好评，也为如今《梨园春》节目的主持奠定了基调、打下了基础。当下《梨园春》节目具有代表性的主持人为庞晓戈，她不仅是主持人，还是《梨园春》节目的制片人。

1. 亲切雅致、平易近人

由于参加《梨园春》节目的选手多为业余选手，因此庞晓戈在主持节目的过程中很好地做到了专业性和通俗性的结合。作为电视戏曲节目，必然会涉及很多戏曲艺术的专业词汇，鉴于参赛选手和目标受众主要为普通群众，庞晓戈采用了平民化的主持风格，在节目中没有明星架子，而是像邻家姑娘一样平易近人，给人一种亲切感，这种状态会瞬间拉近主持人与参赛选手和戏曲观众的距离，营造出一种轻松愉悦的节目氛围。平民化的主持风格是众多主持风格中较为独特的一种，要求电视戏曲节目播音员主持人用朴实的语言表达信息、用平和的语言为大众发声。庞晓戈在节目中就采用了这种深入浅出的语言样态，用"拉家常"式的语言与选手交流。庞晓戈不仅形象优雅，而且内心细腻，在节目中总是能够关照到每一位选手的感受，体现了她亲切雅致的特点。如在 2019 年 8 月 11 日播出的节目中，就充分展现了这一点。

庞晓戈：别看闫大姐瘦瘦小小的，但是一唱戏还是有着大大的能量，刚才那段越调，一听您的声音，还真是有一点申凤梅老师的味道呢。我们先来问问闫大姐，您是从事什么职业的？

闫雪粉（参赛选手）：我是园林上当园林工人的，就是没事了薅薅草、浇浇花。

庞晓戈：园林工人，就是我们说的那个辛勤的园丁。要说闫大姐这位园丁啊，培育出来的最艳丽的花朵，就是自己的一对儿女。

闫雪粉（参赛选手）：我的闺女从七八岁开始，就到南街村戏校去上学，后来考入了中国戏曲学院，我的儿子是在王希玲老师的艺术学校里，去年考入了北京现代音乐学院。

庞晓戈：哎呀，说起一对儿女，妈妈脸上满满的幸福和骄傲啊。闫大姐今天的这身服装我觉得也特别漂亮，这是自己选的还是女儿帮着挑的？

闫雪粉（参赛选手）：这都是我闺女给我买的，我平时穿的衣服也都是我闺女给我买的。

庞晓戈：您这么一说啊，我们就特别想见见您这位宝贝女儿了，今天来了吧？叫什么名字？

闫雪粉（参赛选手）：嗯，叫张芳芳。

庞晓戈：来，芳芳（像叫自己的妹妹一样）。

2. 活泼灵动、幽默风趣

庞晓戈是河南人，对河南的风土人情非常熟悉，在戏曲文化和戏曲表演方面也有着丰富的积累。在节目中她经常用河南方言和戏曲唱腔吸引观众的注意力，无论是改编自豫剧的串联词还是节目中信手拈来的哼唱，都时常成为节目的亮点，引得观众连连叫好。如庞晓戈就曾在节目中打破以往传统的开场白，通过改编豫剧经典剧目《抬花轿》，以唱和说的方式开场："（唱）花轿起三声炮惊天动地，主持人我坐轿里笑嘻嘻……（说）今日里梨园春老友相聚，欢迎您来参加俺的大 Party。"根据节目需要，她可以随时说、评、唱、演，而且相互之间切换自如，给人一种轻松自然的感觉，展现出她活泼灵动的主持特点。同时，在《梨园春》的舞台上她也不乏幽默风趣的一面，体现在她十分善于抓住细节来活跃现场气氛、不断制造"笑果"，让现场以及电视机前的观众在满足了观戏需求的基础上又平添了很多欢乐。如 2019 年 7 月 28 日播出的节目中，两位选手与各自老公表演完《夫妻双双把家还》之后，庞晓戈就抓住双方的特点调侃了一番。

庞晓戈：刚才我看着就想乐啊，这边这位董永先生直得像个木棍一样，不敢看媳妇儿，更不敢拉媳妇儿的手，那边那位董永先生厉害了，您那花儿哪儿是给媳妇儿插在头上了，你是直接杵在头上了吧？

庞晓戈的亲切雅致、平易近人、活泼灵动、风趣幽默使她在电视戏曲节目播音主持领域发挥着重要的作用，她俨然已成为《梨园春》节目的一个标志，也与豫剧这一剧种紧紧地联系在了一起，为《梨园春》节目的发展、戏曲艺术的传播和中华优秀传统文化的普及作出了重要贡献。

当下，除了白燕升、董艺、庞晓戈、赵宝乐、张喆外，我国还有很多优秀的电视戏曲节目播音员主持人，如北京电视台的孔洁、陕西电视台的刘芳、山西台的张靓婧、浙江台的朱晓杨、河南台的赵靓、安徽台的马滢等，都为我国电视戏曲节目及电视戏曲节目播音主持的发展作出了应有的贡献，也正是由于广大电视戏曲节目播音员主持人的共同努力，我国电视戏曲节目播音主持在新时代呈现出了百花齐放的美好姿态。

第四节　新时代电视戏曲节目播音主持及其特征

进入新时代以来，媒介生态发生了巨大变化，以互联网为代表的新媒体深刻改变了旧有的信息传播方式，以智能手机为主的移动互联网技术系统重塑了新的媒介生态和传播格局。融媒体背景下的受众已不再是被动接收信息，而是有着主动参与信息制作和传播的特点，在"直播"软件出现以后，更是几乎每个人都可以成为一个"小型电视台"，这就要求电视戏曲节目播音主持一定要顺应时代潮流，利用新技术、新手段、新方法来应对新情况。这一阶段的电视戏曲节目也开始积极进行媒体融合，如央视戏曲频道开通的官方微博和微信公众号都成为节目不可或缺的延伸和补充。新时代以来的电视戏曲节目播音主持更加注重多媒体传播的特点，在播音主持创作中主动与通过电视以外其他平台的受众进行积极交流，随时接受来自新媒体受众的即时反馈，从而提高播音主持质量、提升节目观赏效果。

一、多元身份重塑

在之前各阶段中，电视戏曲节目播音员主持人主要是以较为单一的身份参与节目，无论是电视戏曲节目的播音主持还是出镜采访、画外音，大多都属于有声语言传播的范畴。然而，进入新时代以来，白燕升、董艺、庞晓戈、张喆、赵宝乐等一批电视戏曲节目播音主持的代表人物开始向多元身份转型。如果说电视戏曲节目播音员主持人在电视戏曲节目的萌芽与起步阶段是"探索者"，迅速阶段是"参与者"，蓬勃发展阶段是"推动者"，那么，媒体融合阶段则逐渐向"掌舵者"的身份转变。

如白燕升在离开央视之后，从 2015 年开始多次与河南台、河北台、山西台等电视媒体合作，除了担任电视戏曲节目的播音员主持人之外，还逐渐向戏曲节目评论员、特邀嘉宾，甚至是节目发起人转变，不但在舞台上尽展风采进行播音主持，还在电视戏曲节目的创制、策划、导演、制片等方面充分发挥自身优势。比如与山西卫视合作的《伶人王中王》节目，白燕升一人就承担着总策划、总导演、主持人等多重角色，将电视戏曲节目播音员主持人的作用发挥到最大化，成为节目绝对的"核心"与"灵魂"。近些年由他主导的电视戏曲节目有《走进大戏台》《伶人王中王》《戏码头》《中国梆子》《擂响中华》《谁与争锋》等，虽不在央视平台，但白燕升依然以自己的方式为戏曲的推广、电视戏曲节目的传播、电视戏曲节目播音主持的发展贡献着智慧和力量。白燕升对每一次电视戏曲节目播音主持工作都是全力以赴，并未因平台的变化而改变自己的标准，"我无论到任何地方主持都是带着我这么多年职业化的一种感觉去做这个事，都是用我自己的最高标准去做。从央视到地方台，我不仅没有区别对待，反而我觉得我现在还比在央视 20 年前主持的时候更加开放、包容和温暖，因为我在不断地规范自己、提高自己。不过在央视的经历给我打下了一个良好的基础，包括主持特点和人脉资源，

等等。"① 白燕升主导的这些电视戏曲节目，每每一经推出便引起社会的广泛
关注，受到电视戏曲观众的广泛好评。

　　董艺除了担任电视戏曲节目播音员主持人之外，还开始向电视戏曲节目
导演、策划、制片人等方向发展。2014 年由董艺担任策划、制片人、主持人
推出的《叮咯咙咚呛》节目，采取了跨频道播出的社会化合作模式，在央视
多个频道进行联动播出之后，节目的关注度飙升。海外版权得到了多个国家
的青睐并竞相购买，由央视资产管理中心进行招商，累计金额近 2 亿元，为
中央电视台创收 7000 万元左右，无论在经济效益、社会效益还是收视率等方
面都取得了可喜的成绩。2016 年董艺以总导演、栏目制片人、主持人的多元
身份，策划制作出了国内首档大型融媒体互动戏曲节目《角儿来了》，节目在
2017 年春节期间播出后，引发广大电视观众的热烈反响，《人民日报》和
《中国电视报》等媒体争相报道，京剧表演艺术家谭元寿等戏曲界人士连连称
赞，来自专业角度的肯定和赞扬为节目的进一步传播带来助推效应，也使节
目最终收获了社会效益与经济效益的双赢。2017 年，秉承"创新创优出精
品"的理念，董艺继续以节目负责人、主持人的身份，历经 4 个月的精心筹
备，制作了一档创新创优节目《中国戏歌》，开创了戏曲类节目的新样态，被
誉为"旨在打造全国首档戏歌视听盛会，首次重塑传统戏歌电视荧幕空白"
的节目。2018 年 12 月，董艺以节目总导演 + 主持人的身份，创办《梨园传
奇》节目，作为戏曲和音乐频道大型戏曲文化创新节目，《梨园传奇》汇集了
老中青戏曲表演艺术家和文化学者，囊括多剧种绝技绝活及特色表演样式，
用一系列极致惊艳的戏曲舞台大秀，印刻梨园经典，弘扬传承理念，彰显文
化自信，着重呈现改革开放 40 年来戏曲领域人才培养、剧目传承、创新发展
的新时代戏曲新气象。此外，节目还与故宫深度合作，在录制中运用 4K 虚拟
技术还原故宫建筑，通过鲜活的情境讲述故宫文物故事，成功尝试了 4K 次世
代 AR 虚拟植入技术，这在国内尚属首次。

　　此外，庞晓戈作为《梨园春》节目制片人、张喆作为《空中剧院》节目
制片人、赵宝乐作为《梨园闯关我挂帅》节目制片人，都取得了不俗的成绩，
为电视戏曲节目及电视戏曲节目播音主持的发展作出了应有贡献。与此同时，

---

① 笔者对白燕升的专访，2019 年，详见附录。

年青一代电视戏曲节目播音员主持人也将"成为一名优秀的电视戏曲节目制片人"视为自己的奋斗目标,《秦之声》节目主持人刘芳曾指出"有进行这方面尝试的想法,因为作为制片人的话更要去进行通篇考虑。其实现在我们主持人也会参与节目的策划会,而且一个好的主持人也是一个好的现场导演,当节目开始,开头音乐一起,这个场面就交给主持人去掌控了。在节目进行当中会出现很多突发情况,这个就需要主持人发挥临场应变能力进行协调了。"①

二、多重手段传播

新时代背景下,不仅电视戏曲节目的传播渠道日益多元,电视戏曲节目播音主持多重手段传播的特点也愈发显现。如白燕升就开通了微信公众号"白燕升频道"和抖音号,其中既有白燕升团队与各大卫视共同创办的电视戏曲节目情况的最新发布,也有白燕升对戏曲节目和戏曲传承发展的前沿思考,还有对梨园行前世今生大小事件的回味品评。通过关注"白燕升频道",戏曲受众可以重复观看电视戏曲节目的精彩片段、仔细揣摩推敲戏曲艺术的点点滴滴、充分领略白燕升电视戏曲节目播音主持的个人风采。董艺开通了新浪微博"CCTV董艺",主要用于预告其主持的《角儿来了》节目邀请到的戏曲名家名角儿,为电视戏曲观众提供服务。同时,她也经常在微博中发起投票,如"谈谈你对中国戏曲了解多少?""哪个戏曲唱段让你印象最为深刻?""戏曲在国际舞台上的未来你是怎么看待的?"以及"如何继承和发扬中国戏曲文化,你想怎么做?""戏曲博大精深,你最喜欢哪位角儿?",等等,通过微博提问、与网友互动交流等形式,来为丰富和发展电视戏曲节目汲取灵感,满足受众的审美需求。京剧演员王珮瑜在经常抖音平台上分享她与爱奇艺合作的戏曲节目的片段,其中既有引导受众欣赏精彩戏曲片段的内容,还有她对戏曲知识点的解析,以及一些生活趣事,在吸引年轻受众方面的内容值得广大电视戏曲节目播音员主持人借鉴。《走进大戏台》节目主持人张靓婧在做好电视戏曲节目播音主持之余,充分利用网络新媒体抖音平台,发布一些台前幕后的花絮和节目主持片段,受到了广大电视观众和网络受众的欢迎。截至

---

① 笔者对刘芳的专访,2018 年,详见附录。

2020 年 1 月 1 日，她在抖音平台的粉丝量为 28.1 万人，单条视频最高点赞量达 112 万次。通过新媒体进行传播，既是提高受众黏性、延伸电视戏曲节目播音主持影响力的有益途径，也是吸引年轻受众关注电视戏曲节目和电视戏曲节目播音员主持人的有效手段。

　　除此之外，进入新时代以来，白燕升、刘芳等电视戏曲节目播音员主持人还作为戏曲推广大使多次赴高校、社区宣传戏曲。"十几年来，我在工作之余走进了海内外的四百多所高校，去传播推广戏曲文化。去讲座的时候给我最大的感受就是讲座开始前，教室或礼堂里面乱哄哄的，因为有些学生可能是学校组织去的，但是我讲到五分钟的时候，就完全安静下来，讲到十分钟的时候，很多学生从一开始的懒散或看手机的状态放下手机，身体坐直，等我讲到半个小时的时候，他们开始身体前倾，去仔细听你讲座。从他们体态的变化我们就能知道不是他们不喜欢戏曲，而是有时候我们在交流的方式上出了问题，如果你张口闭口就是关于戏曲多么高大上、多么博大精深、故弄玄虚、高高在上地讲，几句话就会立即在年轻人和戏曲间建起一个屏障。我一般都是从身边人和身边事入手，我更多讲的是故事，然后润物无声地把戏曲渗透进去。我讲的单次最长的讲座是在河南大学的礼堂，我讲到两个小时的时候，学生们不走，要求我继续讲，所以那次讲座我从晚上 7 点讲到晚上 11 点，讲了四个小时。而且当时的观众不止是礼堂里的一千多人，广场上的大屏幕还在同步直播，大屏幕前还有几千人。所以说，年轻人不是不喜欢戏曲，而是我们在传播方式上存在一些问题。"[1] 刘芳多次与专业的秦腔演员共同组织"秦腔进校园"活动，"给大学生演出和讲课，是为了让年轻人更多地了解秦腔。演出结束之后，我们还会把演员再请上台，给学生讲一讲他的这个扮相是什么，他的某一个动作代表什么，他的这个妆容为什么这么化，等等。同时也会结合年轻人的特点讲一些他们感兴趣的东西，比如告诉他们古人其实很会谈恋爱，就像《拾玉镯》中的为了跟心上人产生关联，会主动把镯子丢在那儿，让心上人去捡，学生们对秦腔也很感兴趣。"[2] 电视戏曲节目播音员主持人利用自身影响力，参与戏曲线下推广活动，对于吸引年轻人的

---

① 笔者对白燕升的专访，2019 年，详见附录。
② 笔者对刘芳的专访，2018 年，详见附录。

目光，让青年一代更好的接触戏曲、了解戏曲有着重要的作用，对戏曲的传承与发展意义重大，对于扩大电视戏曲节目影响力和提升自身形象也多有裨益。

三、多样话语表达

新时代背景下，随着媒介环境的不断融合和传播手段的多重化，不仅电视戏曲节目播音员主持人的身份愈发多元，而且播音主持创作的话语样态也愈发多样。除了保留原有"字正腔圆"的播报式、"娓娓道来"的介绍式、"端庄大气"的诵读式、"随机应变"的即兴式、"善于交流"的访谈式、"循循善诱"的讲解式等电视戏曲节目播音主持话语表达样式，还出现了沉浸于虚拟情景的"讲述式"、依托于抖音及快手等视频 APP 的拟人际传播的"口语式"和参与到真人秀电视戏曲节目中"隐秀式"。

央视戏曲频道的《梨园传奇》节目集结了中央广播电视总台央视、央广和国广的主持人，将广播搬到了《梨园传奇》的舞台上，通过"可以看的广播"这一创意形式，来串联京剧老生、旦角的流派联唱。与传统的戏曲晚会相比，《梨园传奇》的一个重要区别在于打破了以往主持人报幕式的串联形式，创意性地尝试了情境式串联。湖北卫视的《戏码头》节目在介绍即将表演的戏曲选段时，也会由特定的主持人进行情景讲述，带领观众详细了解戏曲中所呈现的人物的前世今生和悲欢离合。如 2019 年 5 月 19 日播出的《戏码头》，其主题为"且看巾帼胜须眉"，分别邀请优秀青年越剧演员裘丹莉演绎了《穆桂英挂帅》里的穆桂英、黄梅戏"梅花奖"得主杨俊演绎了《尚香请缨》里的孙尚香，节目主持人陈超作为"讲述人"动情地讲述了穆桂英的故事、孙尚香的故事，生动地再现了我国历史上巾帼英雄的光辉事迹，以极具代入感的话语样态激发了戏曲观众的爱国情感。

在新闻节目播音主持领域，央视《新闻联播》节目开辟了"主播说联播"的网络版块，康辉还经常通过 Vlog 的形式传播信息，虽然内容依然是新闻，但是语言风格非常接地气，如"no zuo no die""令人喷饭""怼言大师"等。电视戏曲节目播音主持方面，央视也进行了相应的尝试，电视戏曲节目播音员主持人张喆在"央视戏曲"公众号中的话语样态接近人际交流中的"口语传播"，以极为灵活、接地气的方式为戏曲观众介绍戏曲演出台前幕后的情况，给人一种轻松自然、未经雕饰的感觉。在"央视戏曲"APP 中，张喆"探秘导播车中美丽的幕后工作者们"就说道："带大家见一下我们《空中剧院》的两位颜值担当啊，美女导演王欣和刘婷。"其中一位女导演对着镜头说："我没有觉得自己美，某个人觉得自己特别美。"张喆说："你们都很美！"对方继续说："她一边自拍一边喃喃自语：'我怎么这么漂亮！'"另一位女导演对张喆说："这段儿别上啊。"张喆说："一定要上，坚决保留。"整个场面非常轻松幽默，充满了人际口语传播的生活化、日常化特点。随后，镜头一转，张喆继续边走边对着镜头说："现在《空中剧院》的导演团队跟以前相比年轻了很多，开播 17 年来，从最初的 50 后、60 后、70 后，到现在的80 后、90 后，这个过程当中，我们不仅见证了戏曲艺术的传承，其实也见证了电视戏曲文艺节目的传承，我们也希望通过自己的努力能够把这个品牌做得更大、更好。"话语样态就从轻松幽默转变得较为认真，体现了新一代电视戏曲人的责任和担当。

　　除了源于传播渠道增多带来电视戏曲节目播音主持话语的多样性，当下很多播音员主持人在主持不同风格的电视戏曲节目时的话语样态调整、主持同一电视戏曲节目不同版块时的话语样态的调整也都呈现出了多样化的特征。如白燕升在主持《伶人王中王》时呈现了一种大气豪迈的话语样态，但在节目中幕后探班环节，与参赛名家名角儿交流时是一种类似于聊天式的口语样态。董艺在主持戏曲晚会时是一种端庄大方的话语样态、在主持戏曲真人秀节目时呈现了一种日常化的交流状态。在真人秀电视戏曲节目中，电视戏曲节目播音员主持人的功能在一定程度上被替代、弱化，改变了以往"众星捧月"式的地位。虽然表面上播音主持被淡化，然而"隐"并不代表"退"，在中国古典美学发展史上，南北朝时期的刘勰在《隐秀》篇中提出"隐"与"秀"的学说，他认为：没有直接显露，不代表不能生动地展示。根深所以花秀，花秀是根深的明证，"着眼于主持人助力节目的具体效果而言，主持人的'隐'是外在层面作用的淡化，但从另一层面则意味着其与节目之间的关系可以更细致、更深入、黏性更强，并在这一过程中伴随着真人秀节目特有的游戏性、规则性、参与性特色，实现主持人以不同以往的方式参与到多种样态的'秀'中。"①

　　总之，整体来讲，新时代背景下我国电视戏曲节目播音主持呈现出了多元身份重塑、多重手段传播、多样话语表达等新情况和新特点，但由于媒体融合目前正处于迅速发展的变化之中，规律和特征仍处于探索阶段，因此，本文总结的特征只是针对现已显现的特点，待日后稳定和沉淀之后再予以补充和完善。

　　① 李峻玲：《消失的主持人？——电视真人秀节目主持人的价值重估》，《中国电视》2017年第7期。

第五章　我国电视戏曲节目播音主持发展规律及推进方略

　　我国电视戏曲节目播音主持伴随着我国电视戏曲节目的出现而起步，从中国电视事业诞生初期的萌芽与起步阶段、改革开放背景下的迅速发展阶段、专业戏曲频道背景下的蓬勃发展阶段到新时代的融合发展阶段，走过了六十多年的发展历程，在一代又一代电视戏曲节目播音员主持人的艰难探索和不懈努力下，创作出了符合我国国情、百姓喜闻乐见的电视戏曲节目。进行我国电视戏曲节目播音主持发展研究，离不开对发展经验的总结和发展规律的探寻。通过对1958年以来我国电视戏曲节目的梳理和总结，以及各个阶段电视戏曲节目播音员主持人创作风格与创作特点的分析，笔者试图从中抽丝剥茧，揭示出那些蕴含在表象之下的深层牵连，总结出我国电视戏曲节目播音主持的发展规律，并给出把握规律推进我国电视戏曲节目播音主持事业向前发展的基本方略。

　　规律，是指"事物发展过程中的必然联系，由事物内在的基本矛盾决定。只要具备一定条件，不管人们是否承认，都要发生作用。其客观性，既不能人为地创造，也不能人为地消灭"[1]。电视戏曲节目播音主持的发展规律是其本身所固有的，不以人的意志、好恶为转移，我们既不能创造规律，也不能改变规律，只能通过认识规律、利用规律来推进我国电视戏曲节目播音主持、电视戏曲节目、戏曲艺术更好地向前发展。我国电视戏曲节目播音主持的发展，是中国电视事业诞生之后，特定的社会历史条件的产物，也是我们的认

---

① 　王伯恭主编：《中国百科大辞典（第三卷）》，中国大百科全书出版社，2000，第1893页。

识不断发展的必然结果，其规律是由其内在的基本矛盾决定的，从诞生之日起就受到多个方面的共同作用，从而呈现出相应的发展面貌。马克思曾说："劳动过程的简单要素是：劳动对象以及以生产工具为主的劳动资料。"① 我国电视戏曲节目播音主持的发展过程是电视戏曲节目播音员主持人、电视戏曲节目、电视戏曲观众这三个要素相互作用的过程，同时，三者在这个过程中的作用各不相同。电视戏曲节目播音员主持人处于主导地位，因为电视戏曲节目的思想和意志需要电视戏曲节目播音员主持人来实现，同时，电视戏曲观众也需要电视戏曲节目播音员主持人来引导；电视戏曲节目在各要素中发挥着重要作用，没有电视戏曲节目，电视戏曲节目播音员主持人就没有进行播音主持创作的平台；电视戏曲观众也是不可或缺的重要一环，没有电视戏曲观众，电视戏曲节目播音主持就没有了对象，任何伟大的作品，如果没有人欣赏，也将变得一文不值。

我国电视戏曲节目播音主持的发展有其不以人的意志、好恶为转移的客观性，这与经济基础、技术条件和时代背景直接相关；有其表现形式的多样性，这与艺术本体、审美要素和个体差异密不可分；有其发展过程的曲折性，这与政治环境、主体素养和客体偏好休戚与共；有其"螺旋上升"的必然性，这与国家政策、民族未来和文化走势彼此勾连。总之，"我国电视戏曲节目播音主持的发展既有广播电视传播者的传媒特点，也有戏曲传播者的文化特征，还有播音主持艺术的本体属性。"② 需要我们扎根时代的土壤，不能脱离社会发展实际，坚持以人才为要，培养越来越多的新生力量；坚持以国家相关文化政策为纲领，弘扬中华优秀戏曲文化；坚持以戏曲艺术为核心，在继承的基础上不断创新；坚持结合最新科学技术成果，抓住媒体融合的新机遇，适应新的传播生态；坚持以传播为目的，坚定文化自信，在"一带一路"背景下，讲好中国故事，助力中国文化"走出去"。

---

① 中共中央马克思恩格斯列宁斯大林著作编译局编：《马克思恩格斯全集（第44卷）》，人民出版社，2001，第208页。

② 章晓杰：《我国电视戏曲节目播音主持发展研究初探》，《中国戏剧》2019年第4期。

第一节　我国电视戏曲节目播音主持
发展的客观性与多样性

一、客观性：以时代背景为创作土壤

回顾我国电视戏曲节目播音主持的发展历程，从其诞生和每一次的蜕变来分析，都离不开宏观的时代背景，每个阶段的发展都有着相应时代的深刻烙印。马克思主义基本原理认为"生产力决定生产关系""经济基础决定上层建筑"，我国电视戏曲节目播音主持的发展无法逾越政治文化背景、科学技术和媒介环境、戏曲艺术和电视戏曲节目的发展状况。

（一）政治经济因素

新中国成立初期，我国经济基础极为薄弱，解决温饱问题是当时的主要任务。虽然投入文化事业方面的经费有限，但是全国人民建设社会主义事业的热情空前高涨，文化事业取得了较为明显的成绩。1956 年 4 月，毛泽东主席在中共中央政治局扩大会议上提出"百花齐放、百家争鸣"的方针。1957 年 3 月，毛泽东主席在全国宣传工作会议上，继续强调贯彻"百花齐放、百家争鸣"的方针。这一方针极大地推进了我国戏曲工作的开展，也为 1958 年电视艺术在我国诞生之后戏曲文化的传播打下了坚实的基础。1958 年，在党和国家领导人的推动下，我国电视事业在极为复杂的国内外环境中诞生了，电视戏曲节目在刚刚起步的阶段曾一度被当成单纯的政治宣传工具，而且由于"大跃进"运动的影响，"左"的思想曾充斥于我国电视戏曲节目播音主持事业中，但整体来讲，初步的探索和尝试为我国电视戏曲节目播音主持奠定了基础，总的方向是正确的，取得的成绩是主要的。"文革"爆发以后，电视屏幕上除了"文革"宣传就只剩下样板戏了，电视戏曲节目播音主持也在刚刚起步不久便遭受了重创。"文革"结束之后，我国驶入"改革开放"的快车道，全国上下"政通人和"，"百花齐放、百家争鸣"的文艺方针得以重新贯彻实施，电视戏曲节目播音主持进入了迅速发展阶段。随着改革开放的不断深入，社会主义市场经济体制逐步建立和完善，中国特色社会主义伟大事业越发欣欣向荣，为电视戏曲节目及电视戏曲节目播音主持的蓬勃发展创造了良好的社会环境。进入新时代以来，习近平总书记在党的十九大报告中指出，要"繁荣发展社会主义文艺"。广大文艺工作者积极投身文艺创作当中，广大电视戏曲人以习近平新时代中国特色社会主义思想为指导，创作出了许多适应新时代的优秀电视戏曲节目。电视戏曲节目播音员主持人作为党的新闻工作者和党的喉舌，坚持正确的舆论导向，以国家和社会发展的主旋律为总基调，根据社会主义建设和发展不同时期的特点调整创作方式。作为我国戏曲艺术的传播者、推广者、宣传者，积极贯彻落实党和国家的文艺政策，通过电视戏曲节目播音主持创作，为中国特色社会主义文艺事业的繁荣发展作出了贡献。

（二）媒介技术因素

"科学技术是第一生产力"是马克思主义的基本原理。电视戏曲节目播音主持的发展离不开技术的影响，也离不开由于科学技术进步而带来的媒介环境不断改进的影响，而且这种影响也不以人的意志为转移。1926年1月27日，苏格兰发明家约翰·罗杰·贝尔德向伦敦皇家学院展示通过无线电传递活动图像的机器，标志着世界第一台电视机的诞生。1929年，英国广播公司试播电视，1936年11月正式播出，标志着世界上第一个电视台的诞生。1958年5月1日，北京电视台（现中央电视台前身）在中国成立，标志着电视在中国的开端。在电视戏曲节目播音主持的萌芽与起步阶段，我国电视事业处于因陋就简的初创时期，硬件设施较为落后，生产力较为低下，电视戏曲节目播音主持创作也在慢慢摸索中。电视机社会保有量极其有限，只有少数人能看到电视，影响力极其微弱。进入迅速发展阶段之后，随着"改革开放"的到来，广播电视事业开始复苏，电视技术的不断成熟和普及使得电视戏曲节目播音主持迅速发展起来。随着电视事业的逐步普及，电视节目制作工艺的愈发纯熟，电视逐渐成为主流媒体，电视领域出现了分众化传播的趋势，专业电视频道开始出现并迅速推开，使我国电视戏曲节目播音主持进入了蓬勃发展阶段，电视戏曲节目播音员主持人数量在整个播音主持队伍中的占比不断提升，品牌化的电视戏曲节目播音员主持人在社会中的影响力开始显现。进入新时代以来，随着移动互联技术的发展和媒体融合的不断深化，电视戏曲节目播音主持开始进入融合发展的新境界。电视戏曲节目从最开始播出梅兰芳的《穆桂英挂帅》、荀慧生的《红娘》等原生态实况录像，到现在的电视戏曲节目的转播、录播、直播、融媒体互动传播等多种形式，无时无刻不在体现科学技术发展的步伐。电视戏曲节目的载体和形态随媒体传播技术的发展变革而不断丰富和变化。回顾电视戏曲节目播音主持的发展历程，虽然由于特殊事件影响出现过与科学技术发展不匹配的情况，偶有冒进或滞后的情况发生，但始终没有脱离发展这条主线，科学技术以及由于科学技术影响而带来的媒介环境的变化对我国电视戏曲节目播音主持的影响是客观存在的。

（三）戏曲文化因素

文化产生于社会，又融会于社会生活的诸多方面，一定的文化对社会能起到整合作用，巩固人类社会的发展成果，保持社会各系统的协调。正能量的文化具有积极作用，负能量的文化会产生消极影响。戏曲艺术是中华优秀传统文化的代表，被誉为中国的国粹，戏曲艺术的形成和发展有其自身的规律，我国电视戏曲节目播音主持的发展既要遵循戏曲艺术的发展规律，也要遵循中国特色社会主义精神文明的普遍规律。弘扬中华优秀传统文化，并对其进行创造性的转化，应成为电视戏曲节目播音主持的有机组成部分，从而探索出自己独特的振兴之路。

电视戏曲节目播音主持之于戏曲艺术的作用主要在"传播"方面，让更多的人接触戏曲、了解戏曲、热爱戏曲，从而为戏曲的传承创造良好的舆论环境。而戏曲"传承"的主体是以戏曲艺术家和戏曲理论家为主的戏曲人，戏曲人结合时代特征，创作出体现戏曲艺术的美、符合相应时代的戏曲爱好者需求的戏曲作品，才是戏曲艺术传承发展的主要因素。传承固然重要，但是传播也是当前戏曲艺术能否继续生存、延续的重要影响力，对传承有着反作用力。柏拉图曾经说过："谁会讲故事，谁就拥有世界。"电视戏曲节目播音主持作为电视戏曲节目的重要组成部分，就是要讲好戏曲故事，在此基础之上，倒逼戏曲人提升戏曲创作和表演的能力，传承和传播相互作用、互促共进，从而促使整个戏曲生态健康发展。因此，电视戏曲节目播音员主持人需要在了解戏曲艺术发展规律的基础上，对戏曲艺术的传承与传播有一个宏观的认识，这样不仅有助于更好地进行电视戏曲节目播音主持创作、推动电视戏曲节目的发展，也有助于让戏曲艺术按照自身的规律不断地丰富、创新和发展。

我国电视戏曲节目播音主持的发展需要内在动力的推进，但本体的努力还需要社会支撑体系的时代背景作为保障。从某种意义上说，我国的政治经济、科学技术、文化氛围等支撑体系所构筑的合力，所造就的和平、自由、平等、安定、和谐、繁荣的社会状况，是我国电视戏曲节目播音主持发展的原动力和根本保证。

二、多样性：以百花齐放为创作方针

"物质世界存在的基本方式是普遍联系和永恒发展，而且联系和发展都是有规律的。这种科学的世界观本身就已经肯定了世界既是多样的，又是统一的。"① 我国电视戏曲节目播音主持发展的多样性也是与其统一性共同存在的，是多样性的统一。我国电视戏曲节目播音员主持人既是党的新闻工作者也是戏曲文化传播者，这是共性的、统一的，但我国戏曲艺术的丰富性、不同层次受众需求的差异性、播音主持艺术的多样性也决定着我国电视戏曲节目播音主持发展的"多样性"。因此，"百花齐放"是对我国电视戏曲节目播音主持多样性的最好诠释。

1956 年 4 月，毛泽东正式提出"百花齐放、百家争鸣"方针。其中，"百花齐放"的方针主要是在 50 年代"戏改"的语境下作为"纠偏"的目的和手段存在的。虽然在"文革"期间，经历了从"百花齐放"到样板戏"一花独放"的曲折，但是改革开放以后，"双百"方针又得以重新焕发生机。2016 年 11 月，习近平总书记在中国文学艺术界联合会第十次代表大会、中国作家协会第九次全国代表大会上强调，要坚持"百花齐放、百家争鸣"，并给广大文艺工作者提出四点希望。2021 年 12 月 14 日，习近平总书记在中国文联十一大、中国作协十大开幕式上强调，广大文艺工作者要"树立大历史观、大时代观"，并给广大文艺工作者提出五点希望。从毛泽东到习近平，"双百方针"的文艺政策，经历了曲折、经受了考验。"'双百'方针为什么能在中华沃土上具有如此顽强的生命力，道理很简单：它集中了人民的意愿、时代

---

① 孙显元主编：《马克思主义原理》，中国科学技术学出版社，1993，第 48 页。

的要求、客观的规律，可谓'天时''地利''人和'。"①

（一）戏曲艺术的丰富性

我国电视戏曲节目播音主持的发展依托于我国戏曲艺术的发展，戏曲艺术的多样性决定着我国电视戏曲节目播音主持的多样性。中国戏曲由来已久，在不断发展、演变的过程中，表现形式和审美特征愈发强烈，而且剧目的丰富性和表演风格的多样性愈发鲜明。戏曲以同一表演体系之下的剧种、剧目和演出风格的多样性，造就了博大的内容和形式，也使其成为具有广泛影响力和凝聚力的、象征中华民族文化的艺术门类。不同文化层次的观众都能从这一雅俗共赏的艺术形式中获得精神慰藉，使戏曲成为表达人们思想感情、喜怒哀乐和享受文化娱乐的最直接的形式，也成为传达中华传统文化核心价值的载体。

据不完全统计，我国戏曲剧种有三百多种，分布于我国各个地区，受各地风土人情的影响，不同的戏曲剧种虽然都有"以歌舞演故事"的统一性，却也有着各自的特征和千差万别的表现形式。韩愈在《送董邵南序》中开篇第一句就是"燕赵古称多感慨悲壮之士"，形象地概括了燕赵大地上的人物性格，这一民风造就了河北梆子"高亢激越、慷慨悲壮"的特点；陕西人性格朴实、豪爽，贾平凹曾用这样一句话形容秦腔："八百里秦川黄土飞扬，三千万老陕齐吼秦腔"，这个"吼"字生动形象地概括了秦腔"粗犷豪放、荡气回肠"的特点；而发端于我国南方的昆曲"缠绵婉转、柔漫悠远"、越剧"深沉含蓄、委婉细腻"、黄梅戏"质朴细腻、轻松活泼"，无不与当地的人文风貌有着千丝万缕的关系。各地电视台基于不同的戏曲剧种而开办的电视戏曲节目也呈现出了表现风格上的差异，以代表五大戏曲剧种的电视戏曲节目为例，北京台开办的《欢天戏地》、河南台开办的《梨园春》、河北台开办的《绝对有戏》、浙江台开办的《戏相逢》和安徽台开办的《相约花戏楼》，都是在深耕当地戏曲文化的基础上成长起来的节目，虽然目标受众不局限于本地，却都反映着当地的文化特色以及人文景观。这也在一定程度上对电视戏曲节目播音主持产生了影响，如《梨园春》节目的播音主持较为活泼开朗；《戏相逢》节目的播音主持较为含蓄内敛。不同风格的戏曲艺术需要不同风格

---

① 李捷：《"百花齐放，百家争鸣"方针的由来与发展》，《文艺理论与批评》1997 年第 6 期。

的电视戏曲节目播音主持予以呈现，不同风格的电视戏曲节目也需要不同风格的电视戏曲节目播音主持进行传播。

（二）戏曲观众的差异性

法国作家雨果曾经对观众做过这样的分析："思索者，这一类观众要求描写性格；妇人，这种观众要求激烈的感情；群众，这种观众要求动作。"但他认为，一个剧本，必须能够同时感动这三类观众，才能成为伟大的作品。[1] 生动直观、通俗易懂地概括了不同的受众群体的审美需求，电视戏曲节目播音主持的受众群体非常广泛，在进行电视戏曲节目播音主持创作时也要充分考虑并满足相应受众的审美需求，这样才能推动我国电视戏曲节目和戏曲艺术的蓬勃发展。

戏曲是具有一定观赏门槛的艺术形式，观众的文化层次以及戏曲知识积淀也各不相同，这就要求我们的电视戏曲节目既要有适合具备深厚戏曲素养的戏曲观众欣赏的类型，也要有适合具备一般戏曲知识的戏曲观众观赏的形式，还要有为"入门级"的戏曲观众所设计的节目类型。从整体上看，我国的电视戏曲节目类型以及电视戏曲节目播音员主持人基本满足了当前戏曲观众的审美期待。在面对文化层次较高的戏曲观众时，电视戏曲节目播音员主持人的播音主持用语可多选择较为雅致的语言，在面对文化水平一般的戏曲观众时，电视戏曲节目播音员主持人则多选择较为通俗的语言。如河南卫视的《梨园春》节目主要以"戏迷擂台赛"的形式吸引戏曲观众，因此，观看这一节目的受众多为"草根"戏迷。面对这样的观众，播音员主持人大多选择较为亲切的、"拉家常"式的话语样态，有助于戏曲观众更容易地解码信息；央视戏曲频道的《跟我学》节目主要以戏迷、票友、戏曲专业学生为目标受众群，教授观众具体的演唱方法，这就需要电视戏曲节目的讲解嘉宾在播音主持时循循善诱、"庖丁解牛"式地推进节目，使观众能够细致入微地掌握戏曲演唱的技巧。总之，"不同阶层的观众审美趣味不同""不同地域的观众审美趣味不同""尽管不同阶层、不同地域的观众审美趣味不同，但这种差

---

[1] 哈拉普：《艺术的社会根源》（1949 年），转引自《朱光潜全集》编辑委员会：《朱光潜全集（第 11 卷）》，安徽教育出版社，第 295—297 页。

异不是绝对的，仍然存在着相互影响、相互渗透的关系。"① 戏曲观众的差异性，决定了电视戏曲节目播音主持的多样性。

（三）播音主持艺术的多样性

电视戏曲节目播音主持与其他类型节目播音主持相比，共同之处在于坚定的政治意识、标准规范的语音面貌、扎实的播音主持基本功、声形俱佳的外在条件等。最显著的特征在于爱戏、懂戏，能够讲戏、评戏，甚至可以唱戏、演戏，是带有专家学者风度的"戏迷的朋友"。

一个时期的播音主持基调和风格是在特定历史背景下形成的，时代的不断发展和创作主体成长背景的差异决定了电视戏曲节目播音主持的多样性。不同时期的电视戏曲节目播音主持基调不同，如：在我国电视戏曲节目播音主持的萌芽与起步阶段，当时正处于全面建设社会主义时期，电视戏曲节目播音主持的风格包含着人民当家做主的喜悦、建设社会主义的热情，虽受"左"的影响一度出现偏差，但整体上体现了"亲和、大方"的风格；在以经济建设为中心的改革开放年代，我国电视戏曲节目播音主持在准确鲜明深刻的基础上，体现了"贴近事实、贴近生活、贴近群众"的"生动活泼、亲切自然"的风格；在专业戏曲频道出现以后，我国电视戏曲节目播音主持进入蓬勃发展阶段，愈发呈现出"专业化、品牌化、精品化"的多样化风格；进入新时代以后，注重与新兴媒体的融合，呈现出"即时互动、人机互动、多屏互动"的特点。

同一时期不同类型电视戏曲节目播音主持的风格不同，如：中央电视台《春节戏曲晚会》节目的播音主持风格为"喜庆热烈、端庄大方"；《角儿来了》的主持风格为"亲切自然、轻松活泼"；《梨园闯关我挂帅》的主持风格为"平易近人、诙谐幽默"；《戏相逢》的主持风格为"含蓄内敛、朴实真诚"；《梨园春》的主持风格为"平易近人、洒脱随性"。同一播音员主持人不同的成长阶段播音主持创作特点也有所不同，比如：白燕升在20世纪90年代的电视戏曲节目荧屏中还比较青涩，整体状态虽青春勃发却略显拘谨；到21世纪初，白燕升愈发自信潇洒且落落大方；进入新时代之后，白燕升的电视戏曲节目播音主持逐渐成熟稳重且热情豪迈。庞晓戈在主持《梨园春

① 赵山林：《中国戏曲观众学》，华东师范大学出版社，1990，第248—253页。

节目初期，与倪宝铎"一少一老"的组合令人印象深刻，当时庞晓戈给人的感觉主要是亲切、清新、活泼；近几年，随着庞晓戈舞台积淀的不断加深，且搭档也多换成了刘雯等新生代主持人，其播音主持风格开始向着端庄、大方、雅致的方向发展。

此外，我国电视戏曲节目播音主持的多样性还体现在很多专业戏曲演员的加盟上，如著名京剧表演艺术家王珮瑜，就经常客串电视戏曲节目及网络戏曲节目的播音员主持人，从戏曲演员的视角为大家讲戏、评戏、唱戏、演戏，给人眼前一亮的感觉。

总之，由于不同的成长背景、专业基础、性格特点和工作经历，我国电视戏曲节目播音主持呈现出了"百花齐放"的状态。每位电视戏曲节目播音员主持人都有自己的个性和特点，如白燕升潇洒自如、热情洋溢、张弛有度的主持风格；庞晓戈亲切雅致、活泼灵动的主持风格；董艺自然亲和、轻松活泼的主持风格；赵宝乐朴实无华、诙谐幽默的主持风格；河北台于辉的生动优雅、陕西台刘波的干练大方、安徽台马滢的清新自如、北京台孔洁的文质彬彬、甘肃台李锦宏的热情活泼，以及其他各级电视台的戏曲节目播音员主持人的不同风格，共同勾勒出了我国电视戏曲节目播音主持多姿多彩的瑰丽画卷。

第二节　我国电视戏曲节目播音主持
发展的曲折性与必然性

我国电视戏曲节目播音主持的发展规律，是在电视戏曲节目播音主持发展过程中各种现象的本质的、必然的、稳定的联系，是通过电视戏曲节目播音员主持人的播音主持创作活动实现的。其中，既存在着客观制约主观的现象也存在着主观制约客观的现象，既存在着肯定的因素也存在着否定的因素。肯定的因素是促使我国电视戏曲节目播音主持不断前进的因素，否定因素是阻碍我国电视戏曲节目播音主持向更好方向发展的因素，我国电视戏曲节目播音主持发展的现状是主客观因素相互制约、肯定因素与否定因素相互制衡产生的结果。回顾我国电视戏曲节目播音主持发展的整个历程，总体趋势和基本方向是前进的、上升的，但发展的道路并非一帆风顺，而是曲折的、迂回的，是在曲折中不断前进的。总体趋势处于一种"否定之否定"的螺旋上升状态，整体态势是不断进步的，也必然在"实践——理论——实践"的原则下、继承与创新的实践中不断开拓前行，进而，为我们传承弘扬优秀传统文化、坚定文化自信、实现中华民族伟大复兴作出应有的贡献。

一、曲折性：我国电视戏曲节目播音主持的问题与对策

我国电视戏曲节目播音主持发展的曲折性与客观的时代背景、政策环境、戏曲艺术和电视戏曲节目的发展状况密切相关。我国电视戏曲节目播音主持不能脱离时代的发展而存在，我国社会的发展状况制约着我国电视戏曲节目播音主持的发展，例如在我国电视事业创办初期，我国电视戏曲节目播音主持的成熟度是无法达到当前这种程度的，我国当前的电视戏曲节目播音主持也不能脱离当下社会发展的实际，达到"平衡的、充分的、满足了人民对美好生活的向往"的程度，这是由新时代我国社会的主要矛盾决定的。我国电视戏曲节目播音主持的发展也备受政策环境的影响，"文革"时期，戏曲"百花齐放"到样板戏"一花独放"的经历就对电视戏曲节目播音主持造成了沉重的打击。在节目方面，当前表现戏曲本体的电视戏曲节目较为缺乏，遗失掉了部分原汁原味的戏曲元素，加之观念陈旧、模式单一、同质化严重、技术条件落后、覆盖范围小、节目质量参差不齐，也直接导致在吸引年轻受众方面存在一定的问题。除此之外，我国电视戏曲节目播音主持的曲折性与我国电视戏曲节目播音主持的主体，即电视戏曲节目播音员主持人有着最为直接的关系。

（一）我国电视戏曲节目播音员主持人存在的问题

我国电视戏曲节目播音员主持人作为党的新闻工作者和戏曲文化传播者，应站在党和国家工作全局的高度以及中华民族伟大复兴的角度，肩负起时代赋予的责任来做好工作。然而，目前在一线电视戏曲节目播音员主持人队伍中，部分播音员主持人只是把这项活动当成自身从事的或单位安排的一项普通工作，虽然完成了具体的播音主持工作，却并没有充分发挥主观能动性，也没有满足电视戏曲观众的审美期待。

当前，大多数电视戏曲节目播音员主持人具备了较好的戏曲素养，但在电视戏曲节目播音主持一线依然存在着缺乏戏曲素养的现象。电视戏曲节目播音员主持人如果不懂戏，在演员表演完毕之后会出现不敢点评，或者点评不到位的情况，不能说到戏曲演员和戏曲观众的心坎儿上。还有些电视戏曲节目播音员主持人对戏曲的理解过于肤浅，不能透过现象看到本质。"如果不懂戏，这种感觉就会像一个人洗头，你某个地方痒痒，他就正好从你痒痒的边缘划过去了，这多难受啊。"① 在电视戏曲节目播音主持创作的过程中，部分播音员主持人还存在对象感模糊的情况，不能用相应的语言去展现节目内容，如面对接触戏曲不久、了解不深的观众时，采用了较为晦涩的专业术语，影响了观众对信息的理解和接受；面对戏曲专业素养较高的观众时，语言过于通俗、解读较为浅薄，无法满足观众深层次的审美需要。

此外，部分电视戏曲节目播音员主持人由于在传统媒体中工作时间较长，适应了传统电视媒体节目的播音主持方式，养成了按部就班的惯性思维和一定的惰性思维，在媒介环境不断变化的情况发生之后，没有及时洞察到"播音主持融合能力"培养的重要性。部分播音员主持人虽然注意到了"媒体融合"的重要性，并在播音主持创作中进行了一定的调整，但并未产生"1+1>2"的效果，而是简单、机械化地融合。

（二）提升我国电视戏曲节目播音员主持人素养的策略

电视戏曲节目播音主持对电视戏曲节目的传播、戏曲艺术的传承和发展有着直接的影响。当前我国电视戏曲节目播音主持存在一定的问题，而且，俗话讲"艺无止境"，无论哪个阶段的电视戏曲节目播音员主持人，都需要不断提升自身的综合素养，只有这样才能在电视戏曲节目播音主持创作中持续迸发出激情和灵感，更好地弘扬中华优秀传统文化，保持对戏曲观众的"引领"。电视戏曲节目播音员主持人的综合素养主要包含思想政治修养、戏曲文化素养、播音主持素养和媒介融合素养等。

1. 提升思想政治素养

思想政治素养包括坚定的政治立场和政治信念、正确的政治信仰和政策观念、优良的政治作风和政治心理等，也包括良好的思想道德品质和工作作

----

① 笔者对尚远的专访，2019 年，详见附录。

风。播音员主持人是节目中直接面向观众的角色，肩负"把关人"的责任，"信息的传播网络中布满了把关人，这些把关人负责把关，过滤信息的进出流通。之所以要对信息进行把关，主要是考虑信息的差异性、传播者传播目的的差异性、受众的差异性等。"① 电视戏曲节目播音员主持人履行好把关人职责，需要认真学习马列主义、毛泽东思想、邓小平理论、"三个代表"重要思想、科学发展观、习近平新时代中国特色社会主义思想，认真贯彻落实习近平总书记系列重要讲话精神以及党和国家的大政方针，尤其是涉及戏曲文化、广播电视和舆论宣传的内容，必须坚定文化自信、坚持服务人民，用文艺振奋民族精神、用积极的文艺歌颂人民。认真践行党的新闻舆论工作的职责和使命，"高举旗帜、引领导向，围绕中心、服务大局，团结人民、鼓舞士气，成风化人、凝心聚力，澄清谬误、明辨是非，联接中外、沟通世界。"② 在电视戏曲节目播音主持工作中，坚持马克思主义新闻观，认真学习"忠诚、敬业、奉献、爱民、廉洁"的齐越精神。在日常生活中，严于律己、争作表率，以优秀共产党员的标准要求自己。通过关注媒体、查阅文献、登录"学习强国"等丰富多彩的形式，不断提升和加强自身思想政治素养。

2. 深化戏曲文化素养

戏曲是中华文化的精粹、是中华文化的载体，电视戏曲节目播音员主持人要不断提升文化素养，通过阅读等方式，与古今中外作者进行情感的交流、思想的碰撞，提升"文本的获取力、符号的解码力、信息的理解力、文稿的驾驭力、内容的评判力、情景的感受力、再现的表达力和审美的构建力"③。正确认识并深刻理解戏曲与中华优秀传统文化、革命文化和社会主义先进文化之间的关系，为建设中国特色社会主义文化贡献电视戏曲节目播音员主持人的力量。电视戏曲节目是戏曲信息的集散地、戏曲知识的汇集处、戏曲活动的联结点，这就要求电视戏曲节目播音员主持人必须具备广博的戏曲知识。戏曲素养也是电视戏曲节目播音员主持人区别于其他类型节目播音员主持人特有的素养，因此，电视戏曲节目播音员主持人必须懂戏，"懂戏的话，在点

① 库尔特·卢因：《群体生活的渠道》（1947），转引自丰纯高编著：《新闻理论基础》，中国传媒大学出版社，2006，第190页。
② 习近平：《习近平谈治国理政（第二卷）》，外文出版社，2017，第332页。
③ 姚喜双：《谈阅读能力的构成》，《光明日报》2018年3月25日第12版。

评方面就会比较到位，比如优秀的演员表演完之后，台下的观众会非常热情，主持人上来就点那么一两句，给他升华一点儿，就仿佛那个小手儿在观众的心上挠上一挠，观众就会很舒服。"① 电视戏曲节目播音员主持人可以通过阅读戏曲方面的书籍、经常到剧院欣赏戏曲、与戏曲专家学者多探讨、与戏曲演员多交流等方式来不断提升自身戏曲文化素养，通过观看戏曲视频、剧院演出以及向戏曲演员请教等方式，培养和提升自身戏曲表演的能力，用理论与实践相结合的方式全面提升戏曲文化素养。

3. 加强播音主持素养

电视戏曲节目播音员主持人的本质身份是播音员主持人，播音主持素养既是其安身立命、立足岗位的职业要求，也是其在节目中发挥传播作用的关键所在。电视戏曲节目播音员主持人一定要夯实播音主持专业基本功，在广义备稿和狭义备稿的基础上，使自己的吐字归音更加精准到位、气息更加饱满均匀、声音更加富有弹性、情感更加细腻饱满；不断锤炼语言表达能力，熟练掌握情景再现、内在语、对象感的内部技巧和停连、重音、语气、节奏的外部技巧；熟练运用思维反应律、词语感受律、对比推进律、情声和谐律、呼吸自如律、自我调检律等表达规律，使自己的播音主持创作更加富有规范性、庄重性、鼓动性和时代感、分寸感、亲切感；提升临场应变能力，以便在节目中出现突发状况时，能够从容地掌控场面、驾驭节目，甚至"化险为夷"。除了提升有声语言能力之外，电视戏曲节目播音员主持人还要提升自身的副语言表达能力，如运用戏曲、舞蹈等艺术门类肢体、表情的训练方法，提升对眼神、表情、肢体的控制能力；在服装配饰方面，尽量突出"中国风"的元素，如选择长衫、唐装、旗袍等服装，从而使自己的副语言适应电视戏曲节目的整体风格、彰显播音员主持人的内在气质、符合戏曲观众的审美期待，达到整体自然和谐、大方得体的程度。总之，电视戏曲节目播音员主持人要由表及里地、全方位地提升自身播音主持的专业素养。

4. 强化媒介融合素养

美国学者浦尔曾在《自有的技术》一书中提到"媒介融合就是指各种媒

---

① 笔者对尚远的专访，2019 年，详见附录。

介呈现出多功能一体化的发展趋势"①。媒介融合不仅是媒介形态和信息接收终端的融合，还是信息传播网络的大融合。在这样的背景下，无论是电视戏曲节目的生产与制作，还是戏曲信息的流动与传播，都发生了革命性的改变，对电视戏曲节目播音主持的创作环境产生了深远的影响。首先，体现在电视戏曲节目播音主持创作主体与戏曲观众的界限模糊和角色混合方面，以往"你播我看"的传播结构被互动的、网状的传播体系取代，这就要求电视戏曲节目播音员主持人在"人人都能当主播"的新形势下，充分重视微博、微信公众号、直播平台、抖音和快手 APP 等网络新兴媒体的作用，在进行电视戏曲节目播音主持创作之余，努力探索融合方式，向"采编播"合一的"一专多能"方向发展，认真经营新兴媒体，使目前融合的"加法"逐步升级为"乘法"，打造更多符合媒介融合特点的作品，触发电视戏曲节目播音主持的创新，推动电视戏曲节目播音主持的影响力向互联网延伸。其次，体现在戏曲信息传播数量和结构的变革方面，任何一个电视频道都无法摆脱线性传播模式的束缚，而且节目的时长是相对固定的，但是在媒介融合的背景下，网络中的电视戏曲节目播音主持的时空被无限放大和拉长，海量的信息来源和传播渠道要求电视戏曲节目播音员主持人在进行素材筛选和信息传播的过程中"集百家之长"，将戏曲内容与年轻受众的审美以及当下的新情况有机结合，让现代观众意识到电视戏曲节目播音主持也是可以"接地气"的，推动电视戏曲节目播音主持的影响力向年轻受众延伸。

二、必然性：我国电视戏曲节目播音主持的继承与创新

必然性与偶然性是对立统一的两个方面，必然性是指我国电视戏曲节目播音主持在发展的过程中一定要发生的、确定不移的趋势，只有充分认识必然性才能按照客观的必然性，找到明确的目的和方法。我国电视戏曲节目播音主持发展中，最大的必然性就是继承和创新，继承和创新是我国电视戏曲节目播音主持发展规律的必然要求。继承和创新是辩证统一的，是我国电视戏曲节目播音主持的内部要素和外部条件相互作用的结果，继承是为了更好地创新、创新是为了更好地继承，继承和借鉴为发展和创新奠定了坚实的基

---

① 李桃：《网络主持发展简史》，科学技术出版社，2018，第 162 页。

础，发展和创新为继承和借鉴注入了新鲜的血液，也为未来更好地继承和借鉴提供了良好的环境。事物的发展具有连续性和共通性，任何事物的发展运动都不可能从零开始，而是以上一个阶段的发展和运动为依托，也是在继承前一个阶段的基础之上的发展。艺术的规律也是如此，"每个时代都形成了与前代、后代不尽相同的自己的艺术。但是各个时代的艺术又不是孤立存在的，它们之间有着千丝万缕的联系。前代的艺术总是给后代的艺术以巨大的影响；后代的艺术又总是要继承前代艺术的成果，这就是艺术发展历史的继承性。由于这种历史继承性的存在，艺术的发展就有了自己的传统"①。

（一）我国电视戏曲节目播音主持的继承

从 1958 年中国电视事业的诞生算起，我国电视戏曲节目播音主持已经走过了六十多年的发展历程。由最初的沈力、赵忠祥、吕大渝等几个人的播音员主持人队伍，发展到今天的规模，走过了不平凡的历程，积累了很多值得我们继承的宝贵财富。"播音主持艺术继承与借鉴的内容应是多层次、多方面的。继承的内容包括优秀的传统、宝贵的经验和创作的方法。"②

1. 优秀的传统

电视戏曲节目播音员主持人作为党的新闻工作者和戏曲文化传播者，在政治方面和戏曲方面都有着优秀的传统。如坚持正确的播音主持创作道路，"站在无产阶级党性和党的政策的立场上，以新闻工作者特有的敏感，把握国内外形势的发展变化和人民群众的思想实际，准确及时地、高效率高质量地完成'理解稿件——具体感受——形之于声——及于受众'的过程，以积极自如的话筒前状态进行有声语言的再创造，达到恰切的思想感情与尽可能完美的语言技巧的统一，体裁风格与声音形式的统一，准确、鲜明、生动地传达出稿件的精神实质，发挥广播电视教育和鼓舞广大人民群众的作用。"③ 在新时代，学习沈力、陈爱美等电视戏曲节目播音员主持人强烈的事业心和责任感。继承沈力在节目中体现出来的情感的真切、语言交流的平易、服务观众的周到；继承陈爱美在节目中体现出来的对戏曲的热爱、对观众的热情、

---

① 戴碧湘等：《艺术概论》，文化艺术出版社，1983，第 252 页。
② 姚喜双：《林如播音风格的启示》（2000 年 5 月），转引自姚喜双、苏海珍：《话筒前的人生——著名播音艺术家林如和她的播音生涯》，中国广播电视出版社，2000，第 273 页。
③ 张颂主编：《中国播音学》，中国传媒大学出版社，2003，第 37 页。

对播音主持的热忱。以习近平新时代中国特色社会主义思想为指引，不断增强"脚力、眼力、脑力、笔力"，不断掌握新的戏曲知识、熟悉戏曲发展的新领域、开拓戏曲传播的视野、增加播音主持的业务本领，将自己的梦想与实现中华民族伟大复兴的中国梦结合起来，继承优秀电视戏曲节目播音员主持人将弘扬中华优秀传统文化和推广戏曲艺术作为终身奋斗目标的优良传统。除此之外，电视戏曲节目播音员主持人还要继承深度参与节目策划的优良传统，在以往和当下有很多优秀的电视戏曲节目播音员主持人，除了播音主持创作之外，还直接参与到节目的构思、策划、制片、导演等工作中，甚至成为电视戏曲节目的总策划、总导演、总制片，这一优良传统应得以继承和发扬。

2. 宝贵的经验

经验，在哲学范畴指的是人们在与客观事物接触过程中获得的关于客观事物的现象和外部联系的认识。经验经过深化就上升到了理论。多年以来，沈力、赵忠祥、陈爱美、白燕升、庞晓戈等电视戏曲节目播音员主持人发表了多篇文章，接受了多次采访，出版了多部著作。戏曲领域的专家学者也形成了很多关于电视戏曲节目播音主持的理论，我们要在分析、理解、消化和扬弃的基础上，汲取前人积累的宝贵经验，站在"巨人的肩膀上"推进这项事业。此外，电视戏曲节目是传播戏曲艺术的平台，是戏曲人和戏曲观众的桥梁和纽带，电视戏曲节目播音主持的"前端"为戏曲艺术，"后端"为戏曲观众，电视戏曲节目播音员主持人与摄像、灯光、音响、导播等电视工作者属于"中端"。各个阶段优秀的电视戏曲节目播音员主持人在与戏曲人交流、与电视人协作、与戏曲观众互动方面积累了宝贵的经验，这是确保电视戏曲节目播音主持这一创作活动得以顺利完成的重要保障。

赵忠祥在早期主持电视戏曲节目时就非常注重与戏曲演员的交流，他提到："像评剧表演艺术家马泰，京剧表演艺术家张君秋、裘盛戎都是我的好朋友。"[1] 白燕升在主持电视戏曲节目期间也与戏曲人保持着密切的联系，如他在其著作《大幕拉开》中就详细阐述了与张火丁、裴艳玲、马兰、尹桂芳、谢涛等名家名角儿的深厚友情。与戏曲人交流不仅可以使播音员主持人对戏

---

[1] 笔者对赵忠祥的专访，2019 年，详见附录。

曲的前世今生、戏曲演出的台前幕后和戏曲人的喜怒哀乐有深入的了解，为播音主持创作积累素材，提升个人戏曲素养，确保自己"不说外行话"，还有助于站在戏曲人的视角思考问题，在节目中发挥大众传播和语言表达方面的优势，帮助戏曲人阐述一些他们想表达而没有表达出来的想法和感受。很多电视戏曲节目播音员主持人还在戏曲演唱方面得到了戏曲演员的悉心指导和热心帮助，戏曲演唱水平的提高对更好地进行电视戏曲节目播音主持有良好的辅助作用。电视戏曲节目的制作与播出是一项非常复杂的工程，需要多个部门、多个工种的共同合作，电视戏曲节目播音员主持人与各个部分的密切配合是顺利完成播音主持创作活动的保障。此外，无论是在节目中还是节目外，都要保持与观众的互动、听取戏曲观众的意见和建议，在融媒体时代，这种互动变得更为便捷也更为必要，接受戏曲观众的反馈并在播音主持创作中予以调整，有助于电视戏曲节目播音主持的更好发展。

3. 创作的方法

创作方法是电视戏曲节目播音员主持人按照节目需要表达思想感情和进行播音主持创作的基本原则。多年以来，我国电视戏曲节目播音主持积累了很多优良的创作方法，这些创作方法虽然有技巧的因素，但不能片面地理解为技巧、技法，而是思想性和技巧性的有机统一。电视戏曲节目的受众有着"娱乐放松"的观戏心理，电视戏曲节目播音主持一直以来都遵循着"雅俗共赏、寓教于乐、亦庄亦谐"的基本原则。继承这些创作方法要结合所主持的电视戏曲节目的类型、结合自身条件和特点、结合当下最新的科学技术，用全面的、系统的、发展的眼光来看待。

首先，在结合节目类型方面，不同的节目类型制约着创作的具体手段，比如在戏曲欣赏类节目中，在评价一位戏曲演员的表演时，可以进行客观的描述，也可以谈这段表演给自己带来的主观感受；在戏曲访谈类节目中，要避免"重问轻听"，要从嘉宾的话语当中寻找与下一个问题相关的内容，使话轮转换更加自然流畅。其次，在结合自身条件和特点方面，如果有一定的戏曲表演基础，可以借鉴陈爱美、白燕升等人"亦播亦演"的创作方法，在节目中适时地唱上一段儿；如果没有戏曲表演基础则可以在评价和解析方面多下些功夫，向"专家学者型"电视戏曲节目播音员主持人方向发展。再次，在结合最新科学技术方面，要继承电视戏曲节目播音主持"与时俱进"的、发展的创作方法，如在没有电视录播设备的"直播"状态下如何创作、有了录播设备之后如何创作，在互联网出现之前如何创作、在媒介融合不断深化之后如何创作，在戏曲观众反馈周期较长的阶段如何创作、在即时互动成为常态的阶段如何创作。总之，要将继承到的具体的方法与当下最新科学技术相结合进行创作。

（二）我国电视戏曲节目播音主持的创新

创新的根本动因在于：事物由于自身的运动和外部条件的作用，总是在不断地发展变化。"艺术的生命在于创造。如果在艺术领域没有创新，没有发展，而是死抱住旧的东西不放，陈陈相因，艺术就失去了存在的价值。"[1] 播音主持艺术作为艺术的一个门类，其发展创新"应该是积极培育、推动播音创作矛盾运动中那些合乎规律、代表未来、符合时代要求、富于生机和活力的因素和方面，并为其提供和选择向前发展的新形式、新角度、新手段、新方法"[2]。进入新时代以来，我国社会主要矛盾转变成了人民日益增长的美好生活需要和不平衡不充分的发展之间的矛盾，电视戏曲节目播音员主持人要把握社会主要矛盾的变化，以解决电视戏曲节目播音主持领域的不平衡不充分发展的问题，在精神层面以满足人民日益增长的美好生活需要为目标，不断结合新时代出现的新情况新现象以及自身特色，通过创新思维、创新路径和创新方法来实现电视戏曲节目播音主持的创新。

1. 创新思维

我国电视戏曲节目播音主持的创新，核心是创新思维，在思维得以创新的基础上，激发创新的热情、找到创新的路径和方法、实施创新的行动、取得创新的成果、实现创新的目标。只有电视戏曲节目播音员主持人持续创新思维模式，与时俱进，才能在具体的播音主持创作中不断地加以调整和纠偏，为我国电视戏曲节目播音主持的向前发展提供源源不断的动力。在媒介环境由"融媒体"向"智媒体"发展的进程中，如果电视戏曲节目播音员主持人进行播音主持创作的思维和逻辑仍沿用传统的电视思维，必定会陷入"故步

---

① 姚喜双主编：《播音主持艺术（第2辑）》，北京广播学院出版社，2000，第20页。

② 姚喜双：《在创新中继承，在继承中创新——播音主持艺术发展的思考》，转引自教育部语言文字应用研究所编：《语言文字应用研究论文集（Ⅱ）》，语文出版社，2004，第214页。

自封、自说自话"的境地。在电视戏曲节目播音主持一线，人人都想在思维方面得以创新，每个人也都具备思维创新的潜质，只是部分人掩盖住了以至于最终消失了。因此，一方面，要创新思维必须重视学习，只有以互联网知识的学习为基础才能建立优质的互联网知识结构和体系，也才能发现创新的必要性和可能性；另一方面，要将"学"与"思"结合起来，孔子曰："学而不思则罔，思而不学则殆。"善于站在文化传承与服务受众的角度思考、善于结合不断革新的媒介生态思考，从而找到新的学习目标，以"思"反哺"学"，形成良性循环，才能掌握创新的思维、找到具体的创新方法。创新思维要突破原有的思维模式，但并不意味着教条地全盘抛弃原有的优势，而是要客观地、科学地进行，我们既要看到媒介融合为我们带来的新机遇和新挑战，又不过度夸大它的作用以至于产生过度乐观的期待和过度悲观的焦虑，才能使我国电视戏曲节目播音主持更有方向性和针对性。在人们当下的日常生活中，互联网已不仅仅是一门技术，更是一种生活方式。在这种生活方式之下，人们都有意无意地受到互联网思维的影响。"人们将互联网思维总结为九点：用户思维、简约思维、极致思维、迭代思维、流量思维、社会化思维、大数据思维、平台思维、跨界思维。"[1] 因此，当下的电视戏曲节目播音主持必须用互联网思维来诠释戏曲、传播戏曲、发展戏曲。

2. 创新路径

在互联网思维的支撑下，电视戏曲节目播音主持在路径创新方面也愈发明朗起来，即依托互联网的路径创新。在智媒体背景下，未来的电视戏曲节目不一定是在"电视机"这个机器上播出的戏曲节目，电视戏曲节目播音主持的受众群很有可能主要来源于互联网。电视传播受到如时间、成本、频道资源的限制，而互联网使戏曲传播的路径，"由拥挤的'小路'变成四通八达的'大道'，从定时定量出发的'公交车'，变成了招手急停的'出租车'。"[2] 除了方便、快捷和广泛之外，交互性也是互联网的一大特征，在智媒体传播环境中，电视戏曲节目播音主持的内容可以迅速定位受众，并与受众建立类似"互相关注"的固定联系，从而获得受众的信任和依赖。在此基

---

① 张奥：《传统戏曲的互联网思维保护与传承探究》，《四川戏剧》2017 年第 9 期。
② 马宁：《"互联网思维"下的戏曲艺术传播浅论》，《戏曲艺术》2018 年第 1 期。

础之上，吸纳互联网时代受众所具有的参与互动的创造力，让受众也成为电视戏曲节目播音主持的"共同创作者"，在同一个电视戏曲节目播音主持话语场中，让受众也充分发挥聪明才智，聚沙成塔，集众人之力使电视戏曲节目播音主持呈现出更好的效果。著名京剧演员王珮瑜在戏曲的互联网传播方面就取得了一定的成绩，她早在 2016 年就将"直播"和"弹幕"的概念引入"京剧清音会"，使观众能够参与其中，发布的弹幕既是戏曲中"叫好文化"的体现，也是对戏曲表演的分析评价，对其他受众也有一定的"告知"作用。弹幕内容反映了年轻人欣赏戏曲，从戏曲节目、戏曲节目播音员主持人的角度看，经常会使人"脑洞大开"，甚至有时候弹幕可能比节目本身更吸引人。此外，我国电视戏曲节目播音主持还很年轻，需要借鉴其他艺术形式、借鉴其他类型节目播音主持的优秀方面来拓宽自己的路径，如著名电视戏曲节目播音员主持人白燕升就将戏曲和歌曲结合起来，演唱过多部戏歌作品，还多次举办"燕歌行"个人演唱会来推广戏曲；电视戏曲节目播音主持也需要借鉴广播戏曲节目播音员主持人的一些好的经验和做法，如天津广播戏曲节目播音员主持人林枫开创了专门介绍戏曲的微信公众号"文艺造办处"，以丰富多彩的形式为戏曲受众输送戏曲营养。

3. 创新方法

方法的创新基于思维创新和路径创新，包含电视戏曲节目播音主持人才的培养与选拔的方法、具体的播音主持创作方法以及戏曲推广传播的方法。在人才培养和选拔方面，要慧眼识珠、不拘一格，让真正适合当下传播环境的电视戏曲节目播音主持人才脱颖而出。在播音主持创作的具体技术层面上，可以探索采用小曲唱、韵白和程式动作表演来串联节目，提高与节目内容的贴合度和呼应性，也可以依托新技术，探索"人机互助"的创作方法。同时，还要注意尝试从技术层面上升到美学层面，使电视戏曲节目播音主持表达更加具备美学的观照。要从传统媒体"众星捧月"式的播音主持创作方法过渡到"平等对话"式的交流互动方法，使互联网背景下的"面对面""一对一""讲述"等轻松自然的语言传播特质充分显现出来。此外，前文提到"没有直接显露，不代表不能生动地展示"，因此，也可以用一种参与其中的状态，呈现"隐而不退""此时无声胜有声"的创作效果。白燕升曾指出，"我特别怕陷入一种在自己的一亩三分地里自说自话的境地，所以我们在创作之初就希望打破界限，因为传播千万不能只在戏迷的群体里传播。我反复讲过，中国的戏迷不到1%，99%的人都是非戏迷，我们如何去争取这99%里的2%都比这1%的纯戏迷基数大，更何况你也不可能让这1%里全部的戏迷都喜欢你的节目。"① 当前我国中老年戏曲受众数量要多于年轻受众，我们可以将创作的方法、创新的目光，更多地放在吸引年轻观众视线方面，如"哔哩哔哩2020跨年晚会"就受到了大家的广泛好评，晚会从头到尾的设计都是年轻人喜欢的元素，如动漫元素、游戏元素、Cosplay元素，这些元素也都可以与戏曲和电视戏曲节目播音主持融合起来，探索出一条新的电视戏曲节目播音主持创作之路。在戏曲推广传播方面，统筹传统媒体与新媒体、结合线上与线下、兼顾常规节目与特别报道，构建起立体多维、全方位的方式方法。

第三节　把握规律，推进我国电视戏曲
节目播音主持事业向前发展

进行我国电视戏曲节目播音主持发展研究，必须要探索我国电视戏曲节目播音主持的发展规律，然而，探索规律本身并非目的，我们的目的是把握规律，推进我国电视戏曲节目播音主持向前发展。我们只有认识规律、把握规律，按照规律想问题、办事情，才能取得成功，违背规律、倒行逆施，必然会阻碍发展。人的认识的辩证运动首先是从实践到认识，即从实践中产生感性认识，然后能动地发展到理性认识，这是认识过程的第一次飞跃。本书经过纵向的发展研究、横向的对比研究和宏观的整体研究、微观的个体研究，从我国电视戏曲节目播音主持实践当中，总结出了我国电视戏曲节目播音主持的发展规律，下一步就是要运用这些规律去引导实践，使理论变为现实。从认识到实践，这是认识过程中的第二次飞跃。这次飞跃，实际上是通过实践，使精神转化为物质的过程。但是也应看到，我们对事物的认识不是一次性完成的，要经过"实践——认识——实践"的多次反复才能完成。

---

① 笔者对白燕升的专访，2019年，详见附录。

从前文的论述当中我们能够发现，在电视戏曲节目播音主持的发展过程中有很多"变"与"不变"的因素，其中"不变"的因素是经过实践反复检验的合乎规律、具有生命力的因素；"变"的因素是随着时代的发展，那些不断涌现出的新情况、新现象。我们要做的就是以客观不变的因素为基础，以变化的因素中那些能代表社会潮流的方面为方向，顺应我国电视戏曲节目播音主持发展的规律，推进我国电视戏曲节目播音主持向前发展。

一、以人才为要，培养新生力量

把握规律，推进我国电视戏曲节目播音主持事业向前发展，离不开电视戏曲节目播音主持创作人才，人才代表着未来。因此，我们一定要把培养新生力量放在推进我国电视戏曲节目播音主持事业最优先的位置，改善人才培养、选拔、使用等机制，努力造就一批素质优良的电视戏曲节目播音主持人才。

以往电视戏曲节目播音员主持人的选拔来源主要有三个方面：一是从其他类型的电视节目播音员主持人中选拔；二是通过播音员主持人大赛或招聘的形式，从播音主持专业毕业生中选拔；三是从戏曲演员中选拔。选拔口径的狭窄直接造成我国电视戏曲节目播音主持后备力量不足的现象，在新时代，每个人都有追梦的权利和可能，笔者认为，电视戏曲节目播音主持应"不拘一格降人才"，无论是何专业背景、有没有做过播音员主持人、有没有戏曲表演的经历，只要爱戏、懂戏，符合声形俱佳、语言面貌良好、即兴反应迅速、逻辑思维清晰等要求的人，都可以纳入电视戏曲节目播音主持队伍中。

构建面向新时代的交叉学科人才培养体系，联合中国传媒大学、中国戏曲学院、中国艺术研究院等具备雄厚播音主持艺术学积淀或戏剧戏曲学积淀的单位教育资源，探索校际、校台、校企、校所等新的联合培养形式。如开设"电视戏曲节目播音主持艺术专业"，或在播音主持艺术专业及戏剧戏曲学专业下设立"电视戏曲节目播音主持方向"，为我国电视戏曲节目播音主持培养接班人才。在具体操作层面，首先，要加强理论建设，综合运用播音主持艺术学、戏剧戏曲学、新闻传播学、艺术学、美学等学科，确定相关理论架构、完善相应的教学材料，为电视戏曲节目播音主持教学打下理论基础。其次，将教学与实践结合起来，采取"双导师制"等措施，既要有高校老师进行专门指导，着重提升理论素养，也要邀请广播电视及新媒体一线的电视戏曲节目播音员主持人，着重提升实践能力。与相关媒体机构签订实习协议，为学生提供电视戏曲节目播音主持的实践平台。再次，要精准施策，"从面到点"的培养专门人才，在戏曲专业院校遴选对播音主持感兴趣的学生，在播音主持院校遴选爱好戏曲艺术的学生，并专门依据学生自身特点，"量身定制"培养方案。在校际合作的基础上，允许学生在各校修读学分并实现互认，从而实现优势互补、成果共享、产学协同，以提高电视戏曲节目播音主持跨学科培养质量，适应媒体需求和社会需要。

由于当前还没有专门培养电视戏曲节目播音员主持人的院校，大部分电视戏曲节目播音员主持人可能需要从其他节目中选拔，在这种背景下，加强岗位培养力度变得尤为关键，电台、电视台等机构可以邀请戏曲专家学者和戏曲演员等戏曲专业人士，对喜爱戏曲但对戏曲不太了解的播音员主持人进行岗前培训，为其进行播音主持创作打好戏曲基础。上岗之后，要有一定的容错机制，包容对待电视戏曲节目播音主持新人在播音主持过程中出现的错误，激发新人的积极性，从而在实践中不断得到历练和成长。此外，在管理方面，我国电视戏曲节目播音员主持人主要由各个电视台管理，但随着"制播分离"或部分"制播分离"现象的出现，媒体的市场化运作、产业化管理渐成趋势，电视戏曲节目播音主持也可以走市场化运营的路线，电视戏曲节目播音员主持人可以脱离某个媒体，成立传媒公司，与各个电视台、新媒体平台合作，激发创作和创新的热情。总之，推进我国电视戏曲节目播音主持向前发展，人才是第一要义，我们要通过各种渠道、各种方式大力培养新生力量。

二、以政策为纲，弘扬中华精粹

中国特色社会主义最本质的特征是中国共产党领导，中国特色社会主义制度的最大优势是中国共产党领导，党是最高领导力量。"建立在这一政党政治形态上的政治传播，以'政治统摄传播'为特质，形成了以政治宣传为基础、轴心和边界的传播格局。"① 当前，我国的媒体分为主流媒体和非主流媒

---

① 荆学民、赵洁：《特质与效能：中国政党政治基础上的政治传播析论》，《学术界》2019 年第 12 期。

体，广播、电视等主流媒体要坚持"党媒姓党"的原则，我国电视戏曲节目播音主持的创作方式和内容要始终遵循党和国家的意志、反映党的主张、坚持正确的舆论导向。一些网络新媒体等非主流媒体，虽然在传播方式和内容上有着较大的自由度和包容度，但是也要坚持党的领导，"党管媒体"除了遵守基本的行业规范和价值底线之外，还要讲导向、讲原则，树立正确的舆论导向。因此，推进我国电视戏曲节目播音主持向前发展，必须以党和国家的政策措施为纲领，坚定文化自信，在习近平新时代中国特色社会主义思想指引下，弘扬中华优秀戏曲文化。

进入新时代以来，我国社会的主要矛盾已经转变为人民日益增长的美好生活需要和不平衡不充分的发展之间的矛盾。把握规律，推进我国电视戏曲节目播音主持向前发展，必须紧扣社会主要矛盾的变化，以解决电视戏曲节目播音主持、电视戏曲节目以及戏曲艺术发展的不平衡不充分和满足人民日益增长的美好生活需要为目标。党的十九大报告指出，2020年我国要全面建成小康社会，现阶段我国电视戏曲节目播音主持已经满足了小康社会的需要，中国特色社会主义播音主持体系已基本建立；2020年到2035年，我国要基本实现社会主义现代化，社会文明程度达到新的高度，国家文化软实力显著增强，中华文化影响更加广泛深入。届时，我国电视戏曲节目播音主持也要达到相对平衡和充分的程度，在精神层面基本满足人民日益增长的美好生活需要；到2050年，我国要建成富强民主文明和谐美丽的社会主义现代化强国，我国电视戏曲节目播音主持要达到平衡和充分的状态。未来我国电视戏曲节目播音主持的发展，要符合新时代中国特色社会主义发展的战略安排。

党的十八大以来，以习近平同志为核心的党中央做出推动传统媒体和新兴媒体融合发展的战略部署。2014年，中央全面深化改革领导小组会议审议通过《关于推动传统媒体和新兴媒体融合发展的指导意见》，习近平强调："坚持传统媒体和新兴媒体优势互补、一体发展，坚持先进技术为支撑、内容建设为根本，推动传统媒体和新兴媒体在内容、渠道、平台、经营、管理等方面的深度融合。"[①] 此外，习近平总书记还多次在多个场合，反复就推动媒

①　关于推动传统媒体和新兴媒体融合发展的指导意见［EB/OL］. 人民网 . 2014 – 08 – 18. http://media. people. com. cn/n/2014/0818/c120837 – 25489622. html

体融合发展做出深刻阐释、提出明确要求。2015 年，国务院印发《关于积极推进"互联网＋"行动的指导意见》，阐述了如何"将互联网的创新成果与经济社会各领域深度融合"①。2017 年，中办和国办联合发文《关于实施中华优秀传统文化传承发展工程的意见》，提到"互联网＋"为我们保存和传承传统戏剧带来了全新的方法和角度，并且指出："要加强对中华优秀传统文化的挖掘与阐发，使中华民族最基本的文化基因与当代文化相适应、与现代社会相协调。"② 2019 年，习近平在参加全国政协十三届二次会议文化艺术界、社会科学界联组会议时强调："要坚持与时代同步伐。中国特色社会主义进入了新时代，希望大家承担记录新时代、书写新时代、讴歌新时代的使命，勇于回答时代课题，从当代中国的伟大创造中发现创作的主题，捕捉创新的灵感，深刻反映我们这个时代的历史巨变，描绘我们这个时代的精神图谱，为时代画像、为时代立传、为时代明德。"③ 为新时代的电视戏曲节目播音主持指明了方向。电视戏曲节目播音员主持人要确保认真学习研究、切实贯彻落实各项政策措施、重要讲话和重要指示精神，在中国共产党的领导下，不断提升传播力、引导力、影响力、公信力，在媒体融合、戏曲节目创作、戏曲文化弘扬方面发挥应有的作用，推进我国电视戏曲节目播音主持向前发展，使我国电视戏曲节目播音主持队伍在全媒体浪潮中不断成长壮大。

三、以戏曲为核，坚持守正创新

戏曲是电视戏曲节目播音主持的创作依据和核心要素，是与其他类型节目播音主持活动相比最为显著的特征。戏曲镌刻着中华民族最基本的文化基因，推进我国电视戏曲节目播音主持的发展，一定要建立在不断继承、创新我国戏曲文化的基础上。我国电视戏曲节目播音主持向前发展必须与推进我国戏曲文化向前发展相适应，使二者形成一种相辅相成、互促共进的良性循

---

① 国务院关于积极推进"互联网＋"行动的指导意见 [EB/OL]. 中央政府网站. 2015 – 07 – 04. http://www. gov. cn/zhengce/content/2015 – 07/04/content_10002. htm
② 关于实施中华优秀传统文化传承发展工程的意见 [EB/OL]. 中央政府网站. 2017 – 01 – 25. http://www. gov. cn/zhengce/2017 – 01/25/content_5163472. htm? from = timeline
③ 习近平: 要坚持与时代同步伐. 中国社会科学网. 2019 – 03 – 12. http://www. cssn. cn/wspd/skzs/201903/t20190312_4846568. shtml? tdsourcetag = s_pcqq_aiomsg

环发展模式。新中国成立之后，戏曲事业经历了"戏改"的洗礼，对传统剧目进行了重新审视。经过"去其糟粕，取其精华"的过程，戏曲艺术发生了重大变革，出现了对传统剧目进行改编的具有历史意义的工作，现在来看，"戏改"使传统戏曲的继承找到了一条正确的途径。

新时代，推进我国电视戏曲节目播音主持向前发展，要牢记习近平总书记给广大文艺工作者提出的四点希望："坚定文化自信，用文艺振奋民族精神；坚持服务人民，用积极的文艺歌颂人民；勇于创新创造，用精湛的艺术推动文化创新发展；坚守艺术理想，用高尚的文艺引领社会风尚。"① 进入新时代以来，戏曲在创作观念、创作手法、创作内容等方面都呈现出与以往不同的局面。事实上，每个时代诞生的戏曲作品都是对当时生活的生动展现。然而，目前戏曲在创作方面反映年轻人的思想感情、审美追求、生活状况的内容比较少。我们应该恢复戏曲并非"阳春白雪"的概念，否则就会陷入"自说自话，拒人千里之外"的泥沼。只有让戏曲成为每一个人都可以参与其中的、大众化的艺术形式，电视戏曲节目播音主持才能最大限度地运用其内外部资源，充分发挥出共享和互动的作用，与受众需求结合起来。

2015 年 7 月 11 日，国务院办公厅印发《关于支持戏曲传承发展若干政策》的通知，其中第二十条规定："实施优秀经典戏曲剧目影视创作计划，鼓励开设、制作宣传推广戏曲作品、传播普及戏曲知识的栏目节目。鼓励电影发行放映机构为戏曲电影的发行放映提供便利。发挥互联网在戏曲传承发展中的重要作用，鼓励通过新媒体普及和宣传戏曲。各级新闻媒体要加大戏曲宣传力度，报道戏曲创作演出优秀剧目，报道传承发展戏曲的好经验、好做法，报道戏曲界树立新风、弘扬美德、服务人民的精神风貌。"② 未来我国电视戏曲节目播音主持创作要继续服务于传统戏曲艺术的创造性转化和创新性发展，肩负起党的新闻工作者和戏曲文化传播者的职责和使命，提升语言功力和戏曲素养，以更具人文关怀的方式，为戏曲观众提供具有更高戏曲文化造诣、深厚戏曲文化品位的作品，用电视戏曲节目播音主持的方式构筑中国

---

① 中国文联第十次全国代表大会、中国作协第九次全国代表大会开幕［OL］. 中央政府网站. 2016－11－30. http://www.gov.cn/xinwen/2016－11/30/content_5140638.htm

② 国务院办公厅印发关于支持戏曲传承发展若干政策的通知［EB/OL］. 中央政府网站. 2015－07－11. http://www.gov.cn/zhengce/content/2015－07/17/content_10010.htm

精神、中国价值和中国力量。

值得一提的是，随着我国经济社会的快速发展以及人民生活水平和审美品位的提升，戏曲观众对电视戏曲节目播音主持的期待也会逐渐提高，未来我国电视戏曲节目播音主持创作一定要牢固树立精品意识。随着新兴媒体的蓬勃发展，技术手段会愈发先进、传播渠道会愈发多元，在这样的背景下受众对优质内容的呼唤会更强烈，所以更要坚持内容为王的原则。"互联网是戏曲传播的翅膀，但是当前电视戏曲与互联网的融合实话说还是两张皮的感觉，融合的效果并不好。所以做传统节目的我们，首先不是要祈求互联网去如何传播戏曲，而是首先要把内容做好，把节目的品质做好。"[1] 树立精品意识、坚持内容为王，首先要继续打造一批品牌栏目，让每个地区的电视台，尤其是戏曲大省都有自己具有代表性的、观众耳熟能详的电视戏曲节目；其次是继续打造品牌电视戏曲节目播音员主持人，使每个类型的电视戏曲节目、每个地区的电视台甚至每个戏曲剧种都有标签式的播音员主持人，使之成为戏曲艺术的宣传大使，让品牌电视戏曲节目播音员主持人身上的明星效应和偶像光环发挥"少数带动多数"的作用。

四、以技术为基，适应媒介形态

电视被称为20世纪最伟大的发明，"它改变了传统信息传播模式，将画面带给观众，实现了共时传播；录像技术的出现改变了电视的时空形态和电视媒体的形态；彩色电视和高清电视的诞生提高了电视的传播质量；卫星和有线电视出现扩大了电视的传送范围和节目容量；数字电视的诞生给电视传播带来了革命性的变化。"[2] 回顾我国电视戏曲节目播音主持的发展脉络，技术一直是一个重要的影响因子，技术的每一次突破性的进展都带来了传播水平的相应提高和传播形态的变革。推动我国电视戏曲节目播音主持向前发展，要将技术作为前提和基础来设定具体方法和应对策略，让古老的戏曲与新兴的技术结合起来，以电视戏曲节目播音主持的方式为戏曲插上复兴的翅膀。

---

[1] 笔者对白燕升的专访，2019年，详见附录。

[2] 赵若竹：《改革开放40年的技术变革与播音主持形态发展》，转引自姚喜双：《献给春天的声音：首届播音主持·媒体语言西湖论坛文集》，高等教育出版社，2019，第35—36页。

2019 年 6 月 6 日，工信部正式向中国电信、中国移动、中国联通、中国广电发放 5G 商用牌照。同年 11 月 1 日，中国移动、中国联通、中国电信正式上线 5G 套餐，标志着中国正式进入 5G 商用时代。5G 商用铺开预示着"万物互联"时代即将到来，人工智能、云计算、大数据、区块链、VR/AR 等智能技术将逐渐转化为直接生产力，并在优化传媒生产流程以及引导电视戏曲节目播音主持形态改善等方面持续赋能。2019 年 12 月 30 日，中国传媒大学传媒经济研究所在聚焦传媒新业态、新风口、新模式的基础上，发布了"2019 年中国传媒经济十大关键词"，即 5G 时代、全媒体传播、全场景、智慧融媒体、智慧大屏、区块链、私域流量、网红经济、短视频、直播电商。科学技术的不断革新，带来了传媒环境的深刻变化，从 5G 商用到 AI 主播上岗、智能 AR 眼镜等技术手段用于传媒生产，种种迹象表明中国传媒生态已经到达从 4G 移动互联时代向 5G 智能媒体时代进化的"临界点"。站在这样一个临界点，我国电视戏曲节目播音主持将会受到"5G + AI + Big Data"等技术集群构建的互联网内容"智造"新格局，电视戏曲节目播音主持的创作、电视戏曲节目播音主持工作、电视戏曲节目播音主持事业也将会发生深刻变革。

相较于 4G 网络，5G 具有高速率、大容量、低延时的特征。互联网深刻改变了传媒生态，5G 的出现将进一步深刻改变互联网的生态，智能全维度感知与全场景互动的互联网传播新特征将成为未来电视戏曲节目播音主持发展的大背景，这将使得内容与服务"无处不在，无时不有"的构想成为现实。2018 年 11 月 7 日，搜狗与新华社联合发布的全球首个全仿真智能 AI 主播在第五届世界互联网大会上亮相，通过语音合成、唇形合成、表情合成以及深度学习等技术，以主播邱浩为原型，克隆出了 AI 合成主播。2020 年 5 月 21日，新华社联合搜狗推出了全球首位 3D 版 AI 合成主播，以记者赵琬微为原型，从外观上看，高度还原真人发肤，在立体感、灵活度、可塑性、交互能力和应用空间等方面，较前一代的 2D 形象有了大幅跃升。AI 主播的出现和不断升级，让人们看到了虚拟主播的巨大潜力，"人播机助"或"机播人助"的电视戏曲节目播音主持创作活动，将在智慧融媒体应用场景持续拓展中，从"尝鲜期"步入"落地期"。虽然电视戏曲节目播音员主持人依然是主体，但电视戏曲节目播音主持中的一部分工作将被 AI 主播所替代，因此，我们要在当下做好充分的准备，提前适应这种新样态。在 VR/AR/MR 等智能技术的持续升级迭代的背景下，人们观看电视戏曲节目的方式将更具沉浸感、体验感，电视戏曲节目播音主持仿佛真实地站在人们面前，虚拟空间的运用也将深刻影响电视戏曲节目播音员主持人的创作方式。对电视戏曲节目播音主持而言，技术的不断发展创新，将会起到"试金石"和"催化剂"的作用，也会起到"照妖镜"的作用，适应媒介形态变化的播音员主持人在创作中将更加得心应手、如鱼得水，不适应这种变化的人将逐渐被时代所淘汰。

五、以传播为旨，讲好中国故事

2012 年 12 月，习近平总书记在党的十八大报告中明确提出，要倡导"人类命运共同体"意识，促进不同文明兼容并蓄、交流互鉴。党的十八大以来，中华文化"走出去"在战略意识树立、理论体系创新、体制机制完善和实践活动提质增效方面取得了显著成效。事实上，向世界展示中华文化的过程，就是以文明交流、文明互鉴和文明共存超越文明隔阂、文明冲突和文明优越的过程。2013 年 9 月和 10 月，习近平总书记提出"一带一路"倡议，九年来，"一带一路"从点成线再到面，取得了令人瞩目的成绩。从基础设施到民生改善，从贸易往来到文化交流，为世界贡献了"中国智慧"和"中国方案"。现如今，四梁八柱已经确立、精耕细作正在开启。2017 年 10 月，习近平总书记在党的十九大报告中指出，要"加强中外人文交流，以我为主、兼收并蓄。推进国际传播能力建设，讲好中国故事，展现真实、立体、全面的中国，提高国家文化软实力"①。戏曲是中国的国粹，是最具中国特色文化的象征之一，在一定程度上代表着中华文化的尊严。作为一门艺术形式，戏曲也有益于文化传播，2019 年 5 月，习近平在出席亚洲文化嘉年华活动时指出，"艺术将跨越民族、穿透心灵、沟通思想"②，强调了文化之间和谐共生、交相辉映的重要性。在新时代，电视戏曲节目播音员主持人要以做好传播为目的，在坚定文化自信的基础上，摒弃"酒香不怕巷子深"的保守思想，加大对外开放力度，大力拓展传播视野，不仅要创作出更多符合国内观众口味的

---

① 习近平：《决胜全面建成小康社会　夺取新时代中国特色社会主义伟大胜利》，人民出版社，2017，第 44 页。

② 习近平和彭丽媛同出席亚洲文明对话大会的外方领导人夫妇共同出席亚洲文化嘉年华活动[OL].中央政府网站.2019－05－15.http://www.gov.cn/xinwen/2019－05/15/content_5391987.htm

戏曲节目，还要努力创作一些能引起海外观众共鸣、放之四海而皆准的戏曲节目，用戏曲的方式讲述中国故事，通过戏曲输出和传播中国文化，让世界更真实、立体、全面地了解中国，做到"不忘本来、吸收外来、面向未来"。

中国戏曲文化博大精深，在世界戏剧舞台上独树一帜，它是我国传统文化艺术的瑰宝和典型代表。电视戏曲节目播音员主持人在提升国际传播能力方面，可将"线上"方案与"线下"方案结合起来。一方面，近年来我国各级电视台通过购买版权或学习经验的方式，引进了很多国外的优秀电视节目。在电视戏曲节目播音主持方面，也要将"引进来"与"走出去"结合起来。据了解，中央电视台戏曲频道的《叮咯咙咚呛》节目在播出后，不仅在国内让人眼前一亮，受到了热情追捧，而且海外版权也受到多个国外电视机构的青睐和竞相购买。董艺作为《叮咯咙咚呛》节目的制片人和主持人，不仅在国内跃升一线电视戏曲节目播音员主持人行列，其影响力也扩展到了海外，对弘扬中国戏曲文化作出了积极贡献。除了将我国的这些优秀经验进行普及之外，也要秉持"取其精华去其糟粕"和"他山之石可以攻玉"的原则，借鉴日本、韩国、新加坡等国传统戏剧节目的播音主持创作方法。如日本 NHK 电视台国际频道的《日本传统艺术》节目的播音主持创作方法，由于主要的目标受众群为其他国家受众，因此，节目设置了双语播音员主持人。依笔者之见，我国的电视戏曲节目播音主持也可以设置双语样态，以便在电视戏曲节目中，用英文向其他国家中对我国戏曲感兴趣的受众传播戏曲，或是在视频网站上制作一些英文戏曲节目，用英文向全世界展现中国戏曲的魅力。另一方面，2009 年 10 月，中国戏曲学院与美国宾厄姆顿大学在纽约共同成立了戏曲孔子学院，2019 年 10 月，戏曲孔院举行了"成立十周年庆典"。据了解，戏曲孔院在教授中文和中国文化的同时，着重突出了传授中国戏曲和音乐的特色，除了开设中文课程外，孔院也举办讲座、研讨会和其他各种活动。戏曲孔院的成立极大地助推了中国戏曲在西方世界的传播和推广。广大的电视戏曲节目播音员主持人可借助戏曲孔院平台推广电视戏曲节目，以戏曲代言人的身份介绍我国各地的地方戏所承载的文化、独具的特色、表演的风格等，展现我国戏曲的博大精深，同时助推戏曲孔子学院在传播文化、沟通心灵、维护文明多样性方面作出更大贡献。

我国电视戏曲节目播音员主持人有义务用电视戏曲节目播音主持创作的

方式，向世界展现戏曲中所蕴含的中华民族所特有的精神、价值观、信仰、情感等，让世界各国不仅读懂戏曲之美，更能读懂中华文化之美，实现"美美与共，世界大同"。早日实现《关于实施中华优秀传统文化传承发展工程的意见》中设定的总体目标："中华优秀传统文化传承发展体系基本形成，研究阐发、教育普及、保护传承、创新发展、传播交流等方面协同推进并取得重要成果，具有中国特色、中国风格、中国气派的文化产品更加丰富，文化自觉和文化自信显著增强，国家文化软实力的根基更为坚实，中华文化的国际影响力明显提升。"①

---

① 中共中央办公厅、国务院办公厅印发《关于实施中华优秀传统文化传承发展工程的意见》[EB/OL]．中央政府网站．2017 - 01 - 25. http://www. gov. cn/zhengce/2017 - 01/25/content _ 5163472. htm

结　语

　　该论著从开始动笔到写作完成历时整整两年，这个经历是欣喜与痛苦交织的过程，其中，既有灵感爆发、文思泉涌的欣喜愉悦时刻，也有绞尽脑汁、无处下笔的踌躇不前时刻。通过查阅资料、阅读文献、分析节目、采访人物，终于梳理出了我国电视戏曲节目播音主持的发展脉络，并在归纳总结、深思熟虑的基础上发现了发展的规律。整个过程虽然喜忧参半，但是探寻真理的过程也是学习的过程、思考的过程、锻炼的过程和成长的过程，心性的成长是本人最大的收获。

　　进行电视戏曲节目播音主持发展研究离不开对戏曲的关注，戏曲艺术中有很多播音主持艺术专业可以吸收的营养，以往播音主持艺术专业借鉴较多的方面在于练声方式、练习气息的方式等具体技巧层面。然而，通过研究发现，播音主持艺术专业还可以从戏曲艺术中借鉴其思想性，戏曲作为中华优秀传统文化的代表，饱含着劝人向善的价值观，戏曲中的"仁、义、礼、智、信"每时每刻都教育着我们要做个好人。播音员主持人作为党的宣传工作的"喉舌"，很多青年人将优秀的播音员主持人视为奋斗的榜样和标杆，因此，播音员主持人充分吸纳戏曲中的养分，有助于国家形象构建、社会风气优化、强化媒体公信力。同时，播音主持艺术专业还要借鉴戏曲艺术的形式，戏曲艺术对形式的要求非常讲究，比如"行头"的设计、穿着、运用等就值得播音主持艺术专业借鉴。在采访白燕升时，他讲到的一件小事令笔者很有触动。在主持一场活动的时候，白燕升身着一身长衫，为了不让衣服起褶皱，影响观众的观感，即使在后台候场的时候他也没有坐下，硬是站了 12 个小时，在笔者看来，这与白燕升深受戏曲艺术熏陶有着极大的关系，一方面体现了对受众的重视，另一方面也体现了对播音主持这份工作、这项事业的敬畏。播音主持艺术还可以借鉴戏曲艺术中的即兴反应能力，如晋剧表演艺术家丁果仙当年学习了京剧表演艺术家马连良的《四进士》，将自己的《反徐州》给了马连良，丁果仙第一次在北京长安剧场演出《四进士》，梅兰芳等诸多京剧艺术家到现场欣赏。演出时，戏中有两个角色：一个叫"丁旦娃娃（正面角色）"、另一个叫"二混娃娃（反面角色）"，丁果仙一上场口误将丁旦娃娃叫成了二混娃娃。当时面对台下诸多表演艺术家，文武场的人都捏了一把汗，丁果仙用双手揉了揉眼睛，立即补充道："哦，宋家爷爷眼目昏花，把丁旦娃娃认成二混娃娃了哇。"看到丁果仙的这种即兴的圆场能力，现场立即响起了热烈的掌声。除此之外，戏曲艺术中还有很多方面值得我们学习和借鉴，比如戏曲演员讲究"冬练三九、夏练三伏"的吃苦精神，再如戏曲人"戏大于天"的职业精神等。

电视戏曲节目播音主持是我国电视节目播音主持的重要组成部分，是当代戏曲传播不可或缺的重要一环。进行我国电视戏曲节目播音主持发展研究、探索其发展的规律和特征，有助于我们更好地推进电视戏曲节目播音主持事业，从而继承、弘扬、推广我国的优秀戏曲文化，为坚定文化自信、复兴中华优秀传统文化，继而实现中华民族伟大复兴添砖加瓦。

本研究以传承中华优秀传统文化为宏观背景，聚焦戏曲传播这一重要领域，全文贯穿"发展"的主线，对电视戏曲节目播音主持进行了专题研究。针对绪论中提到的我国电视戏曲节目播音主持历程回顾、现状分析、前景展望进行了细致的论述，对我国电视戏曲节目播音主持不同发展阶段的历史背景、技术水平和媒介环境进行了阐述，对不同阶段的电视戏曲节目和电视戏曲节目播音主持的发展特征、具有代表性的电视戏曲节目播音员主持人的创作风格、戏曲观众的接受心理以及不同阶段的审美风貌等对电视播音主持活动的影响等进行了细致的分析。从宏观层面来看，我国电视戏曲节目播音主持受到政治环境因素、经济社会发展因素、媒介环境因素等多个方面、多个维度的制约；从微观层面来看，电视戏曲节目播音员主持人个体的政治素养、文化素养、戏曲素养、播音主持业务素养以及媒介素养对我国电视戏曲节目播音主持的整体发展也具有一定的影响。

限于个人水平问题、现有资料问题、文章篇幅问题，本研究还有很多遗憾和不足。比如，笔者对播音主持艺术理论掌握得较为全面、新闻节目播音主持实践较为丰富，但对新闻传播方面的知识掌握得不够深厚，对戏曲艺术的相关理论和戏曲节目的播音主持实践较少；我国早期的电视戏曲节目播音主持属于"直播"状态，当时没有录像设备，因此很难找到早期的视频资料；我国电视一线工作量较大，疏于保存一些有价值的信息，对理论的积累也比较有限；时间紧、任务重，本研究只选取了具有代表性的中央广播电视台和各省级卫视的电视戏曲节目，对基层市、县级电视台的电视戏曲节目研究不足；笔者选取了每个时期典型的电视戏曲节目播音员主持人进行专访，虽能勾勒出宏观的线条，但是对微观的分析仍略显不足。今后笔者将继续提升自身水平、深挖我国电视戏曲节目播音主持领域，继续积累相关的资料、进行相关的思考，尽可能弥补现有的不足，为我国电视戏曲节目播音主持史做出更全面、更科学的分析研判。

　　具体来看，本书对电视戏曲节目播音主持研究的背景、目的和意义进行了阐释。在研究方法方面，采用了文献研究法、交叉研究法、访谈法、个案研究法、比较研究法。同时，本研究在进行了电视戏曲节目播音主持内涵界定和具体分类的基础上，论述了我国电视戏曲节目播音主持的"党的新闻工作者"及"戏曲文化传播者"的主体特征与"文化责任""社会责任""媒体责任"的社会功能，勾勒出了不同类型电视戏曲节目播音主持创作的差异以及电视戏曲节目播音主持与其他类型电视节目播音主持的区别之处，即"亦播亦演""亦庄亦谐""亦师亦友"。针对电视戏曲节目受众"爱戏"的特点，给出满足戏曲受众"观戏"需求、提升戏曲受众审美品位的具体方法。此外，本研究还将我国电视戏曲节目播音主持的发展历程划分为四个阶段，即"萌芽与起步阶段""迅速发展阶段""蓬勃发展阶段"以及"融合发展阶段"，并概述了每个阶段的时代背景、政治环境、媒介环境以及电视戏曲节目发展的状况，在此基础上，针对每个阶段的电视戏曲节目播音主持发展的阶段性特征以及具有代表性的电视戏曲节目播音员主持人进行了具体的论述分析。

　　总体来看，本研究综合运用了播音主持艺术学、戏剧戏曲学、历史学、新闻传播学、美学、广播电视学、社会学等相关理论，并从中抽丝剥茧地发现了规律，探索出了我国电视戏曲节目播音主持发展的客观性、多样性、曲折性以及必然性等规律性特征。我国电视戏曲节目播音主持的发展是"变与不变"的有机统一，"变"的因素为电视戏曲节目播音主持带来机遇的同时也带来了挑战，"不变"的因素为电视戏曲节目播音主持积累了经验，同时，也为我们运用经验战胜挑战奠定了基础。在电视戏曲节目中，播音员主持人是传播过程中直接面向受众、不可或缺的一环，然而经过研究，笔者发现我国电视戏曲节目播音主持队伍的整体素养仍有待提升，尤其是在政治素养、戏曲文化素养、播音主持业务素养和媒介融合素养等方面的表现较为明显。结合存在的问题，本研究建议将推进电视戏曲节目播音主持向前发展与解决当前社会的主要矛盾结合起来、与弘扬中华优秀传统文化结合起来、与最新出现的科学技术和媒介环境的变革结合起来、与讲好中国故事和提升国家文化软实力结合起来。

进行我国电视戏曲节目播音主持研究，探寻规律本身不是目的，目的是把握规律、顺应规律和运用规律，推进我国电视戏曲节目播音主持向前发展。2017 年 10 月 18 日，在中国共产党第十九次全国代表大会上，习近平总书记指出："经过长期努力，中国特色社会主义进入了新时代，这是我国发展新的历史方位。"社会主要矛盾的变化是中国特色社会主义进入新时代的一个重要标志。新时代背景下，我国电视戏曲节目播音员主持人要将解决人民日益增长的美好生活需要和不平衡不充分的发展之间的矛盾作为根本目标，着力提升我国电视戏曲节目播音主持的整体水平，使我国电视戏曲节目播音主持更加"百花齐放"，在精神层面充分满足人民对美好生活的向往。

该论著是在本人博士论文的基础上进一步修改完善的，将博士研究凝结成这样一本书也算是对自己博士生涯的一段铭记。在书稿即将出版的时候，心中充满了浓浓的谢意：

首先，感谢我的博导姚喜双老师。姚老师不仅是我学术方面的恩师，更是我人生的导师，他的政治意识、大局意识、核心意识和看齐意识为我树立了标杆。姚老师知识渊博、治学严谨、待人和蔼，每次与其接触，无论是做人、做事、做学问，都让我受益匪浅。记得姚老师第一次给我们上课时就明确提到："齐越老师多次强调：'我培养的首先是人，其次才是播音员。'"先"人品"后"艺品"是姚老师对所有学生提出的第一个要求。在姚老师的指引下，我顺利完成了论文选题、资料搜集、人物采访和具体写作等工作，可以说，我读博期间前进的每一步都离不开姚老师的教导。

其次，感谢我的博士后合作导师鲁景超老师。鲁老师通文达艺、见多识广、待人诚恳、诲人不倦，一直以来不仅在各个方面对我严格要求，还如慈母般关心关爱着我的成长。鲁老师站位高、视野宽、角度新，多年来为了搭建一流的学习平台殚精竭虑、四处奔走，邀请了很多业界专家学者与我们交流研讨，策划了众多顶级的学术活动供我们锻炼提高。在论文写作的过程中，鲁老师鼓励我、鞭策我、指引我，给我提出了很多宝贵的意见和建议。此外，感谢曾志华老师、李洪岩老师、郭招金老师、赵俐老师、徐树华老师等，从论文选题、中期考核到预答辩和正式答辩，每位老师都给了我很多的指导和启发。感恩各位老师，老师们的谆谆教诲和悉心指导我将铭记于心。

再次，感谢赵忠祥老师、杨燕老师、白燕升老师、鞠萍老师、赵靓老师、陈爱美老师、刘芳老师、朱晓杨老师、尚远老师、张弦老师、毕璐娜老师、裘识老师、林嵩老师接受本人的采访。在论文写作的过程中，各位老师为我讲述了很多电视戏曲节目播音主持创作的心得体会，使我受益匪浅。杨燕老师从电视戏曲节目学术研究的角度给我提出了很多建议，让我产生了很多新的思考；尚远老师从广播戏曲节目播音主持与电视戏曲节目播音主持的异同等方面进行了很多详尽的分析和解读；张弦老师阐述了当下电视戏曲节目编导和制作的思路，以及从编辑的角度如何看待电视戏曲节目播音主持这项活动；毕璐娜老师和裘识老师从戏曲演员的角度阐述了对电视戏曲节目播音主持的认识；林嵩老师从资深戏迷角度谈了受众对电视戏曲节目及其播音主持的看法。没有各位老师的鼎力相助，本书将缺乏深度的思考，感谢各位老师。

最后，感谢我的家人，家庭是我爱的港湾和奋斗的源泉。在我读博的第一年，我的女儿来到这个世界，她的出生为我们整个大家庭平添了很多幸福和快乐，她每一天的成长和变化也令我们欢欣愉悦，感谢我的女儿让我体会"身为人父"的幸福感和成就感。由于读博期间和博后期间任务繁重，几年来我陪在女儿身边的时间有限，大多数时候需要妻子、父母和岳父母帮助照顾，由衷感谢家人们的辛苦付出！

参考文献

一、论著

[1] 习近平. 习近平谈治国理政（第二卷）［M］. 北京：外文出版社. 2017.

[2] 习近平. 决胜全面建成小康社会夺取新时代中国特色社会主义伟大胜利——在中国共产党第十九次全国代表大会上的报告［M］. 北京：人民出版社，2017.

[3] 习近平新闻思想讲义（2018年版）编写组. 习近平新闻思想讲义（2018年版）［M］. 北京：人民出版社，学习出版社，2018.

[4] 上海艺术研究所，中国戏剧家协会上海分会. 中国戏曲曲艺词典［M］. 上海：上海辞书出版社. 1981.

[5] 戴碧湘等. 艺术概论［M］. 北京：文化艺术出版社. 1983.

[6] 中共中央文献研究室. 关于建国以来党的若干历史问题的决议注释本（修订）［M］. 北京：人民出版社. 1985.

[7] 齐越. 寄语青年播音员［M］. 北京：北京广播学院出版社，1986.

[8] 洪民生. 中国中央电视台30年 1958—1988［M］. 北京：中国广播电视出版社，1988.

[9] 毕征主编. 播音文体业务理论［M］. 北京：北京广播学院出版社，1989.

[10] 李泽厚. 美学四讲［M］. 北京：生活·读书·新知三联书店，1989.

[11] 赵山林. 中国戏曲观众学［M］. 上海：华东师范大学出版社，1990.

［12］齐越. 献给祖国的声音［M］. 北京：中国广播电视出版社，1991.

［13］祁芃. 播音心理学［M］. 北京：北京广播学院出版社，1992.

［14］姚喜双. 播音风格探［M］. 北京：中国文联出版公司，1992.

［15］孙显元主编. 马克思主义原理［M］. 安徽：中国科学技术学出版社. 1993.

［16］于广华主编，马超曾副主编. 中央电视台简史［M］. 北京：人民出版社. 1993.

［17］中华人民共和国史广播电视编辑部编. 当代中国广播电视回忆录［M］. 北京：中国广播电视出版社，1994.

［18］中央电视台研究室，主持人节目研究委员会编. 中国荧屏第一人——沈力［M］. 北京：中国广播电视出版社，1996.

［19］鲁景超主编. 真话实说——名主持人访谈录［M］. 北京：光明日报出版社，1998.

［20］高鑫. 电视艺术学［M］. 北京：北京师范大学出版社，1998.

［21］周华斌. 广播·电视·戏曲研究［M］. 北京：北京广播学院出版社，1998.

［22］张颂. 语言传播文论［M］. 北京：北京广播学院出版社，1999.

［23］中共中央文献研究室. 毛泽东文集（第7卷）［M］. 北京：人民出版社，1999.

［24］赵玉明. 中国广播电视史文集（续集）［M］. 北京：北京广播学院出版社，2000.

［25］陈京生. 电视播音与主持［M］. 北京：北京广播学院出版社，2000.

［26］鲁景超. 广播电视即兴口语表达［M］. 北京：北京广播学院出版社，2000.

［27］杨燕. 电视戏曲论纲——呼唤涅槃的火凤凰［M］. 北京：中国广播电视出版社，2000.

［28］姚喜双. 播音学概论［M］. 北京：北京广播学院出版社，2000.

［29］王伯恭主编. 中国百科大辞典（第三卷）［M］. 北京：中国大百科全书出版社，2000.

［30］车文明.20世纪戏曲文物的发现与曲学研究［M］.北京：文化艺术出版社，2001.

［31］姚喜双.播音导论教程［M］.北京：中国广播电视出版社，2001.

［32］中共中央马克思恩格斯列宁斯大林著作编译局编.马克思恩格斯全集（第44卷）［M］.北京：人民出版社，2001.

［33］张海潮主编.电视中国——电视媒体竞争优势［M］.北京：北京广播学院出版社，2001.

［34］傅谨.新中国戏剧史：1949—2000［M］.长沙：湖南美术出版社，2002.

［35］施旭升.中国戏曲审美文化论［M］.北京：北京广播学院出版社，2002.

［36］杨燕主编.中国电视戏曲研究汇评［M］.北京：北京广播学院出版社，2002.

［37］杨燕主编.中国电视戏曲研究汇评［M］.北京：北京广播学院出版社，2002.

［38］姚喜双，郭龙生主编.媒体与语言：来自专家与明星的声音［M］.北京：经济科学出版社，2002.

［39］张颂.语言传播文论（续集）［M］.北京：北京广播学院出版社，2002.

［40］张颂主编.中国播音学［M］.北京：中国传媒大学出版社，2003.

［41］姚喜双.在创新中继承，在继承中创新——播音主持艺术发展的思考（A）.语言文字应用论文集（Ⅱ）［M］.北京：语文出版社.2004.

［42］钮骠主编.中国戏曲史教程［M］.北京：文化艺术出版社，2004.

［43］张庚著，蓝凡导读.戏曲美学论［M］.上海：上海书画出版社，2004.

［44］徐恒.播音发声学［M］.北京：中国传媒大学出版社，2006.

［45］曾志华.电视节目主持人策划［M］.北京：中国传媒大学出版社，2006.

［46］中共中央马克思恩格斯列宁斯大林著作编译局编.马克思恩格斯全集［M］.北京：人民出版社，2006.

［47］陈晓鸥.广播电视语言传播风格多样化研究［M］.北京：中国广播电视出版社，2007.

［48］李洪岩，柴璠.广播电视语言传播文化品位及审美趋势研究［M］.北京：中国广播电视出版社，2007.

［49］刘习良主编.中国电视史［M］.北京：中国广播电视出版社，2007.

［50］王群，沈慧萍主编.电视主持传播概论［M］.上海：华东师范大学出版社，2007.

［51］夏兰编著.中国戏曲文化［M］.北京：时事出版社，2007.

［52］姚喜双.中国解放区新闻播音语言规范［M］.北京：语文出版社，2007.

［53］刘海龙.大众传播理论：范式与流派［M］.北京：中国人民大学出版社，2008.

［54］吴郁.当代广播电视播音主持［M］.上海：复旦大学出版社，2008.

［55］赵山林.中国戏曲传播接受史［M］.上海：上海世纪出版集团，2008.

［56］陈述.中华人民共和国史（1949—2009）［M］.北京：人民出版社，2009.

［57］郭大钧主编，耿向东副主编.中国当代史（1949—2007）［M］.北京：北京师范大学出版社，2009.

［58］吴郁，曾志华主编.播音主持专业人才培养研究［M］.北京：中国传媒大学出版社，2009.

［59］曾志华.中国电视节目主持人文化影响力研究［M］.北京：北京大学出版社，2009.

［60］张颂.播音主持艺术论［M］.北京：中国传媒大学出版社，2009.

［61］郑谦，张化.中华人民共和国史（1966—1976）［M］.北京：人民出版社，2010.

［62］陈洁编.民国戏曲史年谱［M］.北京：文化艺术出版社，2010.

［63］王宏建主编.艺术概论［M］.北京：文化艺术出版社，2010.

［64］张颂．播音创作基础［M］．北京：中国传媒大学出版社，2011．

［65］罗莉．当代电视播音主持教程［M］．北京：中国传媒大学出版社，2011．

［66］费泳．戏曲电视研究［M］．上海：上海古籍出版社，2012．

［67］高贵武．主持人评价与管理：思维·路径·方法［M］．北京：中国人民大学出版社，2013．

［68］李良荣．新闻学概论［M］．上海：复旦大学出版社，2013．

［69］姚喜双主编；武传涛，刘子琦副主编．新媒体时代广播电视语言研究［M］．北京：语文出版社，2013．

［70］张庚，郭汉城编著．中国戏曲通论［M］．北京：文化艺术出版社，2013．

［71］郑杭生主编；李强，李路路，林克雷副主编．社会学概论新修（第4版）［M］．北京：中国人民大学出版社，2013．

［72］祝捷．中国播音主持评价标准体系发展研究［M］．北京：中国广播电视出版社，2013．

［73］《中华人民共和国史》编写组．中华人民共和国史［M］．北京：高等教育出版社、人民出版社，2013．

［74］刘祯．戏曲历史与审美变迁［M］．北京：中国文联出版社，2014．

［75］白燕升．大幕拉开［M］．北京：清华大学出版社，2014．

［76］徐贲．公共说理十八讲［M］．北京：中信出版社，2014．

［77］赵玉明主编．中国广播电视通史［M］．北京：中国广播影视出版社，2014．

［78］费孝通．乡土中国［M］．北京：人民出版社，2015．

［79］岑运强主编．语言学概论［M］．北京：中国人民大学出版社，2015．

［80］人民日报评论部编著．习近平用典［M］．北京：人民日报出版社，2015．

［81］周贻白．中国剧场史［M］．北京：中国戏剧出版社，2016．

［82］鲁景超．播音主持语言的文化功能［M］．北京：中国传媒大学出版社，2016．

［83］喻梅. 新中国播音创作简史［M］. 北京：中国传媒大学出版社，2016.

［84］彭兰. 网络传播概论［M］. 北京：中国人民大学出版社，2017.

［85］李桃. 网络主持发展简史［M］. 北京：科学出版社，2018.

［86］姚喜双. 献给春天的声音：首届播音主持·媒体语言西湖论坛文集［M］. 北京：高等教育出版社，2019.

二、译著

［87］［美］哈拉普著，朱光潜译. 艺术的社会根源［M］. 上海：新文艺出版社，1951.

［88］［德、美］库尔特·卢因. 群体生活的渠道［M］. 北京：中国传媒大学出版社，2002.

［89］［法］古斯塔夫·勒庞著，冯克利译. 乌合之众：大众心理研究［M］. 北京：中央编译出版社，2004.

［90］［美］威尔伯·施拉姆，威廉·波特著，何道宽译. 传播学概论［M］. 北京：中国人民大学出版社，2010.

［91］［美］伊莱休·卡茨等编，常江译. 媒介研究经典文本解读［M］. 北京：北京大学出版社，2011.

［92］［日］青木正儿著，王古鲁译. 中国近世戏曲史［M］. 北京：中华书局，2012.

［93］［美］约瑟夫·克拉珀著，段鹏译. 大众传播的效果［M］. 北京：中国传媒大学出版社，2016.

［94］［法］居伊·德波著，张新木译. 景观社会［M］. 南京：南京大学出版社，2017.

三、期刊论文

［95］朱光明. 重新评价王中新闻学理论［J］. 复旦学报（社会科学版），1979（4）.

［96］李尧坤. 不能忽视戏曲的娱乐功能［J］. 当代戏剧，1994（3）.

［97］陈爱美. 情感投入　深层参与——主持电视戏曲专栏《秦之声》的

体会［J］. 中国广播电视学刊，1996（2）.

［98］李捷.“百花齐放，百家争鸣”方针的由来与发展［J］. 文艺理论与批评，1997（6）.

［99］白燕升. 好雨知时节当春乃发生——2001 年全国青年京剧演员电视大赛断想［J］. 中国京剧，2001（4）.

［100］黄望南. 主持人专业化的思考——和戏曲节目主持人白燕升对话［J］. 电视研究，2002（4）.

［101］关文彬. 继承与创新——从《相约花戏楼》谈电视戏曲栏目的包装［J］. 中国广播电视学刊，2003（5）.

［102］张体义. 庞晓戈：《梨园春》的“当家花旦”［J］. 新闻爱好者，2004（12）.

［103］宋劭勋. 新闻传播学中 convergence 一词溯源及内涵［J］. 现代传播，2006（2）.

［104］彭吉象，杨乘虎. 中国电视频道化生存的理论构想及其营销策略——访北京大学艺术学院副院长彭吉象教授［J］. 现代传播，2006（3）.

［105］于辉. 电视戏曲节目主持人的角色定位［J］. 当代电视，2007（5）.

［106］薛莹. 电视戏曲主持人的角色换位［J］. 中国广播电视学刊，2008（8）.

［107］董芳. 广播戏曲主持人知识结构及主持技巧［J］. 新闻爱好者，2008（10）.

［108］蔡盈洲. 坚守与创新——安徽卫视《相约花戏楼》的不懈追求［J］. 中国电视，2009（6）.

［109］王廷信. 20 世纪中国戏曲传播的时代背景［J］. 艺术百家，2011（1）.

［110］周勇. 电视会终结吗？——新媒体时代电视的颠覆与重构［J］. 国际新闻界，2011（2）.

［111］杨燕，董琳. 中国电视戏曲栏目的发展现状与分析［J］. 现代传播，2012（1）.

［112］齐辉. 电视戏曲节目发展的困境与对策［J］. 中国广播电视学刊，

2012（8）．

[113] 颜全毅．电视戏曲的创新与责任［J］．当代电视，2012（10）．

[114] 潘伟．《梨园春》的品牌化研究［J］．中国广播电视学刊，2013（9）．

[115] 李文．中国电视仪式性主持理论浅议［J］．中国报业，2013（24）．

[116] 李洪岩．多维语境中播音主持的功能与拓展［J］．现代传播，2013（8）．

[117] 彭晓燕．试析戏曲电视节目主持人的形象建构［J］．电影评介，2014（Z1）．

[118] 郭洪刚．浅析当代戏曲电视节目的发展趋势［J］．当代电视，2015（2）．

[119] 王屹飞．戏曲类节目主持人的现状研究［J］．四川戏剧，2016（7）．

[120] 李霞．电视戏曲栏目的生存困境与未来发展［J］．传媒，2016（14）．

[121] 刘爱珍．电视戏曲节目的现状与发展［J］．当代电视，2017（1）．

[122] 思涵．传承文化经典　弘扬时代主旋律——专访中央电视台主持人董艺［J］．今传媒，2017（1）．

[123] 杨玉．央视春节戏曲晚会创作思路探究［J］．东南传播，2017（2）．

[124] 李峻岭．消失的主持人？——电视真人秀节目主持人的价值重估［J］．中国电视，2017（7）．

[125] 张奥．传统戏曲的互联网思维保护与传承探究［J］．四川戏剧，2017（9）．

[126] 张珂．电视媒体戏曲传播的完善路径［J］．新闻战线，2017（18）．

[127] 马宁．"互联网思维"下的戏曲艺术传播浅论［J］．戏曲艺术，2018（1）．

[128] 丁惠．文化自信视域下的传统戏曲跨文化传播［J］．齐齐哈尔大

学学报（哲学社会科学版），2018（2）.

［129］林海燕，赵寰宇. 戏曲在传统文化传承与发扬中的作用初探 ［J］.戏剧文学，2018（2）.

［130］段鹏. 媒介融合环境下我国广播电视发展的实践路径与建议 ［J］.中国电视，2018（3）.

［131］杨玉. 本体回归彰自信 媒体融合拓体量——2017 年电视戏曲年度观察 ［J］. 中国广播电视学刊，2018（6）.

［132］庞晓戈. 千期梨园正青春——论《梨园春》的创新 ［J］. 新闻爱好者，2019（1）.

［133］李依伦，李霞. 中国传统文化在戏曲电视节目中的影响力分析［J］. 中国电视，2019（2）.

［134］喻国明.5G 时代传媒发展的机遇和要义 ［J］. 新闻与写作，2019（3）.

［135］章晓杰. 我国电视戏曲节目播音主持发展研究初探 ［J］. 中国戏剧，2019（4）.

［136］荆学民，赵洁. 特质与效能：中国政党政治基础上的政治传播析论 ［J］. 学术界，2019（12）.

四、学位论文

［137］焦福民. 后戏台时期戏曲传播研究 ［D］. 山东大学博士学位论文，2006.

［138］巩晓亮. 电视节目主持人品牌研究 ［D］. 华东师范大学博士学位论文，2008.

［139］秦红雨. "兴源铺"初探：媒体时代的乡村戏曲及其社会意义［D］. 华东师范大学博士学位论文，2009.

［140］王玉坤. 戏曲电视节目研究 ［D］. 山西师范大学博士学位论文，2014.

［141］邵振奇. 盘整与辩证：戏曲电视栏目研究 ［D］. 山西师范大学博士学位论文，2017.

［142］金飞. 马克思主义新闻观与中国网络舆情管理研究 ［D］. 湖北大

学博士学位论文，2018.

[143] 王丰. 习近平新时代中国特色社会主义思想的哲学研究 [D]. 中共中央党校博士学位论文，2018.

五、报纸文章及电子文献

[144] 江泽民. 在全国宣传思想工作会议上的讲话 [N]. 人民日报，1994 - 3 - 7.

[145] 国务院关于公布第一批国家级非物质文化遗产名录的通知 [EB/OL]. 中央政府网站. http://www. gov. cn/zwgk/2006 - 06/02/content_297946. htm，2006 - 06 - 02.

[146] 温家宝主持召开国务院常务会议　决定加快推进三网融合 [OL]. 人民日报海外版. http://paper. people. com. cn/rmrbhwb/html/2010 - 01/14/content_426715. htm，2010 - 01 - 14.

[147] 关于推动传统媒体和新兴媒体融合发展的指导意见 [EB/OL]. 人民网. http://media. people. com. cn/n/2014/0818/c120837 - 25489622. html，2014 - 08 - 18.

[148] 国务院关于积极推进"互联网＋"行动的指导意见 [EB/OL]. 中央政府网站. http://www. gov. cn/zhengce/content/2015 - 07/04/content_10002. htm，2015 - 07 - 04.

[149] 国务院办公厅印发关于支持戏曲传承发展若干政策的通知 [EB/OL]. 中央政府网站. http://www. gov. cn/zhengce/content/2015 - 07/17/content_10010. htm，2015 - 07 - 11.

[150] 习近平：坚持正确方向创新方法手段　提高新闻舆论传播力引导力 [J/OL]. 新华网. http://www. xinhuanet. com/politics/2016 - 02/19/c_1118102868. htm，2016 - 2 - 19.

[151] 习近平总书记主持召开党的新闻舆论工作座谈会并到人民日报社、新华社、中央电视台调研侧记 [OL]. 中国政府网. http://www. gov. cn/xinwen/2016 - 02/21/content_5044092. htm，2016 - 02 - 21.

[152] 中国文联第十次全国代表大会、中国作协第九次全国代表大会开幕 [OL]. 中央政府网站. http://www. gov. cn/xinwen/2016 - 11/30/content_

5140638. htm，2016 - 11 - 30.

　　［153］关于实施中华优秀传统文化传承发展工程的意见［EB/OL］. 中央政府网站. http：//www. gov. cn/zhengce/2017 - 01/25/content _ 5163472. htm? from = timeline，2017 - 01 - 25.

　　［154］中共中央办公厅　国务院办公厅. 国家"十三五"时期文化发展改革规划纲要［EB/OL］. 中国人民政府网. http：//www. gov. cn/zhengce/2017 - 05/07/content_5191604. htm，2017 - 05 - 07.

　　［155］姚喜双. 谈阅读能力的构成［N］. 光明日报. 2018 年 3 月 25 日 12 版.

　　［156］习近平：要坚持与时代同步伐［J/OL］. 中国社会科学网. http：// www. cssn. cn/wspd/skzs/201903/t20190312 _ 4846568. shtml? tdsourcetag = s _ pcqq_aiomsg，2019 - 03 - 12.

　　［157］习近平和彭丽媛同出席亚洲文明对话大会的外方领导人夫妇共同出席亚洲文化嘉年华活动［OL］. 中央政府网站. http：//www. gov. cn/xinwen/ 2019 - 05/15/content_5391987. htm，2019 - 05 - 15.

六、英文文献

　　［158］RUDOLPH F. VERDERBER. *Communicate*!［M］. Belmont：Wadsworth Publishing Company，1984.

　　［159］ANDREW PARKER，Eve Kosofsky Sedgwick. *Performativity and performance*［M］. London/New York：Routledge，1995.

　　［160］ANNA MCCARTHY. *Ambient television：visual culture and public space*［M］. Durham：Duck University Press，2001.

　　［161］RICHARD CAMPBELL，CHRISTOPHER R. MARTIN，BETTINA FABOS. *Media and culture：an introduction to mass communication*［M］. Boston：St. Martin's Press，2004.

　　［162］HENRY JENKINS. *Convergence Culture*［M］. Newyork University press2006.

　　［163］PETER BURKE. *What is cultural history*?　［M］. Bristol：Policy Press，2019.

附录一　我国电视戏曲节目播音主持发展大事记

（一）1949—1958 年

1950 年 11 月，全国戏曲改革工作会议召开。

1951 年 4 月，毛泽东在中国戏曲研究院（现中国艺术研究院）成立时题词："百花齐放，推陈出新"。同年，政务院颁布《关于戏曲改革工作的指示》。

1956 年 4 月，毛泽东在中共中央政治局扩大会议上提出"百花齐放，百家争鸣"的方针。强调，艺术问题上要坚持"百花齐放"的方针。

（二）1958—1978 年

1958 年 5 月，中国第一座电视台——北京电视台（现中央电视台）开始试播，9 月 2 日正式播出。在北京电视台开始的节目中，戏剧转播占了 15%，这是电视与戏曲的第一次结缘。这个时期实况转播的戏曲演出有梅兰芳的《穆桂英挂帅》，尚小云的《双阳公主》，荀慧生的《红娘》等。

1958 年 11 月，北京电视台开始口播《简明新闻》，每次 5 分钟。沈力是第一位电视播音员，承担了当时北京电视台包括戏曲节目在内的全部播音主持工作任务。

1958 年，上海电视台开播后的第二次播出就播出了两场戏曲选段。11 月 19 日举办首次《京剧晚会》。1958—1966 年"文化大革命"前夕，该台共直播戏曲 351 场，涉及剧种 41 个。

1958 年 9 月 2 日，中央广播局在原有的创建于 1954 年 3 月的广播技术人员训练班基础上，创办了北京广播专科学校，这是中央广播局直属的第一所高等专科学校。1959 年 9 月，北京广播专科学校扩建为北京广播学院，北京广播学院的建立和发展，标志着中国广播电视高等教育进入了一个新的阶段。

1959 年，文化部在北京举办了国庆十周年献礼演出，由全国各省、市选调了二十余个剧种，三十多个剧团进京演出。北京电视台承担了此次直播国庆十周年献礼剧目的任务。

1960 年 7 月 1 日，西安实验电视台直播肖若兰主演的秦腔折子戏《藏舟》。1962—1964 年，该台播出戏剧近百场次，多数是传统戏曲。

1961 年 12 月 11—19 日，文化部和中国戏剧家协会举办"纪念周信芳演剧生活 60 年"活动，北京电视台进行了大规模的连续直播，这也是我国电视第一次规模宏大的连续转播活动，播出了周信芳主演的《打渔杀家》《乌龙院》《海瑞上疏》等剧目。

1962 年 5 月，中央广播局召开部分地方台台长座谈会，讨论广播系统贯彻"八字方针"的调整意见。同年 7 月，对广播节目、播音时间以及中小城市广播电台、电视台和有线广播等作了调整，其中关于电视的是"保留部分电视台，其余停办"。

1963 年，由于工作需要，恢复了一批广播电台和电视台。1964 年 1 月，武汉电视台恢复。1965 年 6 月，哈尔滨、长春、西安三座电视台和太原教育电视台均转为正式电视台。至"文革"前，我国的电视台发展到 12 座。

1964 年广播事业局制定的《宣传业务整改方案（提纲)》，推动并促进了全国广播电视宣传工作的普遍改进和提高。

1964 年，北京电视台从日本引进一台两英寸黑白磁带录像机，首先录制了常香玉主演的豫剧《朝阳沟》第二场以及京剧《红灯记》中的"智斗鸠山"，成为我国第一次使用电视录像技术录制和播映的文艺节目。

1964 年前后，广州电视台播放了大量的以阶级斗争为主要内容的现代戏，如粤剧《白毛女》、潮剧《江姐》、粤剧《山乡恩仇录》和越剧《祥林嫂》等。

1964 年 6 月 5 日到 7 月 31 日在北京举行的京剧现代戏观摩演出大会，标志着京剧改革进入新的阶段。受当时的政治文化环境影响，作为反映戏曲艺术现状的电视戏曲节目，这一时期也多以现代戏为主要播放内容。

1965 年 7 月到 8 月，广州举办了为期一个半月的中南区戏剧观摩演出大会，广州电视台将大部分戏剧搬上了电视屏幕，一时间工农兵的光辉形象将

"才子佳人""王侯将相"统统赶出了戏曲舞台，电视荧屏得以"净化"，显得"更具革命性"了。

1968 年 7 月 1 日，贵阳电视台（现贵州电视台）试验播出，一些地方电视台陆续开办或重建。

1969 年 12 月，中央广播局举办"确保安全播音学习班"，到 1970 年，广播电视基本实行了录制播出制度，所有节目一般不再直播，在技术上实现了电视戏曲节目的保存。

1970 年，彩色电视的研究得以恢复。

1970 年 10 月 1 日，新疆、青海、宁夏、甘肃、广西和福建六个省、自治区新建成电视台或试验电视台，并开始电视广播。至此，全国除西藏自治区外，所有省、自治区都有了电视台。

1973 年 5 月 1 日，北京电视台正式宣布彩电试播，使用八频道，面向首都观众，每周四次播出，1974 年 5 月后改为每日播出。

1975 年至 1976 年间，由于毛泽东主席对古典诗词和戏曲的爱好，中央曾经调集了一批文艺工作者搞诗词配曲，并录制传统戏电视资料片，电视工作者在特殊的历史条件下尽最大努力为抢救戏曲作出了巨大贡献。

1976 年，戏曲、音乐、舞蹈、戏剧、曲艺、杂技等舞台艺术表演很快得到复苏，电视文艺节目的来源不断得到充实和扩大，电视戏曲艺术的生命力开始焕发出来，"百家争鸣，百花齐放"的政策得以更好地贯彻落实。

（三）1978—1996 年

1978 年 1 月 1 日，北京电视台恢复播音员出图像报道节目。

1978 年 5 月 1 日，北京电视台正式更名为中央电视台。

1978 年，上海电视台《戏曲专题》节目开播。

1978 年 12 月 18 日至 22 日，党的十一届三中全会在北京举行，我国进入了社会主义现代化建设的新时期。

1979 年 7 月 1 日，陕西电视台《地方戏》（后更名为《秦之声》）栏目开播，主持人为陈爱美等。

1979 年 8 月，全国首次电视节目会议在北京召开。

1979 年 10 月，在第四次全国文学艺术工作者代表大会上，邓小平同志代表党中央致祝词，重申了党的"双百方针"。

1980 年 6 月，全国第二次电视节目会议在北京召开。

1980 年 7 月，"戏曲剧目工作座谈会"召开，面对改革开放戏曲复苏的大好形势，这次会议的中心议题是：总结经验，肯定成绩，探讨存在的问题，进一步明确社会主义新时期戏曲工作的方针政策，繁荣和发展戏曲事业。

1981 年，上海电视台开办《戏剧之家》节目。

1981 年，广东电视台开办《万紫千红》节目，其中涉及戏曲的部分较多；同年，广西电视台《百花园》开播，这两档节目成为我国电视文艺的一个重要标志。

1981 年 4 月，全国第三次电视节目会议在北京召开。

1982 年 5 月 4 日，中华人民共和国第五届全国人民代表大会常务委员会第二十三次会议通过《全国人民代表大会常务委员会关于国务院部委机构改革实施方案的决议》，决定设立广播电视部，撤销广播电视局。电视更加受到重视，为电视戏曲节目的发展带来更多机遇。

1982 年，中央电视台《戏曲常识》节目开播。

1983 年 3 月，第十一次全国广播电视工作会议确立了"四级办广播，四级办电视，四级混合覆盖"的方针，电视戏曲节目得到在国家电视媒体、省级电视媒体、市级电视媒体、县级电视媒体多点开花的机会。

1983 年 10 月，文化部、中国文联等单位召开座谈会，提出"振兴中国戏曲"。

1984 年，上海电视台《戏曲大舞台》开播。

1985 年，中央电视台《戏曲欣赏》（1993 年改版为《九州戏苑》）开播，这是中央电视台最早开办的电视戏曲栏目。刘璐曾担任该栏目主持人。

1985 年，河北电视台开办《戏曲集锦》节目。

1987 年，广东电视台开办《南粤戏曲》节目。同年，天津电视台开办《戏曲之花》节目，吴同宾曾长期担任该节目主持人。

1987 年 11 月，"全国青年京剧演员电视大赛"在北京举行，言兴朋、于魁智等获得最佳表演奖。

1988 年，陕西电视台《地方戏》更名为《秦之声》。这是目前播出时间最久的电视戏曲节目，至今已有四十多年历史，播出节目 1700 多期。

1989 年，四川电视台《川剧欣赏》开播；广西电视台《家乡戏》栏目开播。

20 世纪 80 年代，上海东方电视台戏剧频道开播，这是我国第一家戏剧电视媒体。同一时期开播的电视戏曲节目还有北京电视台的《菊乐苑》、河北电视台开办的《戏曲大观园》、浙江电视台开办的《百花戏苑》等。

1991 年，中央电视台第一届春节戏曲晚会开播。

1991 年 11 月，全国中青年京剧演员电视大赛在北京举办。

1992 年，山西电视台开办《戏曲舞台》节目；同年，山东电视台开办的《五彩剧坛》节目也在戏曲方面做足了文章。

1993 年，北京国际京剧票友电视大赛举办。

1993 年，中央电视台《戏曲欣赏》改版为《九州戏苑》。《九州戏苑》是当时中央电视台第一套节目频道中唯一的一个戏曲栏目。

1993 年，中国广播电视协会设立"金话筒奖"，作为广播电视播音员主持人的最高荣誉，为树立行业榜样和标杆发挥了重要作用。亚妮、白燕升等电视戏曲节目播音员主持人曾获此殊荣。

1994 年 10 月，河南电视台《梨园春》栏目开播。经过多年经营，该节目已成为河南卫视的一个名牌栏目。倪宝铎和庞晓戈为该节目的主持人，倪宝铎退休以后，关枫、刘雯等新生代主持人逐渐进入大众视野。

1994 年 10 月，《普通话水平测试实施办法（试行）》开始实施，播音员主持人须达到相应的普通话等级才可上岗。

1994 年 11 月，中央电视台第二届全国戏剧小品电视比赛决赛在北京举行。

1995 年，北京电视台开办《戏迷天地》节目；天津电视台开办《中华戏曲》节目；福建电视台开办《闽海观剧》节目。

（四）1996—2012 年

1996 年 1 月 1 日，中央电视台"戏曲·音乐频道"正式开播，即当时的 CCTV－3。

1996 年 9 月，全国广播影视语言工作会议在北京召开，印发《关于播音员、主持人上岗的暂行规定（征求意见稿）》，对加强播音员主持人队伍建设与管理提供了明确的目标。

1997 年，北京广播学院创办"齐越朗诵艺术节"暨全国大学生朗诵大会，经过 20 多年的发展，该艺术节已成为全国高校朗诵艺术展示交流的重要平台，众多朗诵爱好者参与其中，也为戏曲节目播音员主持人的培养贡献了力量。

1998 年，教育部修订并颁布了普通高等学校播音主持艺术专业规范。这也为电视戏曲节目主持人培养的教学质量提供了政策上的保障。

1999 年，北京广播学院播音与主持艺术专业的"广播电视语言艺术"方向开始招收广播电视艺术学博士研究生。国内其他高校在广播电视蓬勃发展的时代背景下，也抓住时机开始纷纷设立播音主持艺术专业，这为我国大批量培养各类型主持人打下了坚实的基础。

1999 年 7 月，全国所有省、自治区、直辖市的第一套节目通过亚洲 2 号卫星传送节目。

1999 年 10 月，安徽电视台《相约花戏楼》栏目开播，栏目以安徽黄梅戏和其他地方戏曲表演为主，主持人为马滢等。

2001 年 3 月，山西电视台《走进大戏台》栏目开播。目前山西卫视《走进大戏台》与河南卫视《梨园春》以及安徽卫视《相约花戏楼》为全国地方戏曲类节目收视前三甲。

2001 年 7 月 9 日，中央电视台戏曲频道开播（CCTV－11），至此，我国国家级电视媒体终于专门为戏曲开辟了一个频道。戏曲频道开办初期，白燕升主持了几乎全部的电视戏曲节目，鞠萍、孙小梅经常客串电视戏曲节目播音员主持人。

2003 年，中国广播电视协会电视文艺工作委员会开始举办电视戏曲"兰花奖"的评奖活动。

2004 年 10 月 1 日，长城平台中国中央电视台戏曲频道由"央视风云"承制，面向北美及亚洲播出的专业戏曲频道，全天 24 小时分为三个时段循环播出。

2005 年 8 月 15 日，河南电视台开办梨园频道，播出剧种涵盖京剧、豫剧、评剧、越剧、黄梅戏等全国主要知名剧种。

2006 年 4 月 11 日，岭南戏曲频道开播，这是广东省内唯一的数字电视专业戏曲频道，频道定位为"传承岭南文化，繁荣广东戏曲艺术"，节目内容六成是戏曲艺术类的节目。

2007 年 10 月，吉林电视台开办东北戏曲频道，这是覆盖黑、吉、辽、蒙四省区的数字电视付费频道。内容涵盖吉剧、辽南戏、龙江戏、二人转等东北地方戏种，立足东北地方剧种的宣传与推广。

2009 年，河北电视台农民频道《绝对有戏》开播。节目一经推出，受到了无数戏曲观众的追捧和喜爱，为弘扬和传承传统文化起到了极大的推动作用。

2010 年 3 月 1 日，SiTV 七彩戏剧频道与上海戏剧频道结合并改版，原上海戏剧频道改为东方购物频道。七彩戏剧频道播出内容以南方戏剧为主兼顾其他剧种，下设栏目包括新闻专题类节目《戏闻大点击》、戏剧欣赏栏目《戏剧长廊》、访谈栏目《粉墨春秋》等。

（五）2012 年至今

2012 年 11 月 8 日，中国共产党第十八次全国代表大会在北京召开。从党的十八大起，我国社会发展处在了一个新的历史起点上，中国特色社会主义进入了新时代。

2012 年，山东卫视《金声玉振》开播。这是一档融经典戏曲演唱、名家访谈、戏曲知识、人物故事等内容于一体的戏曲文化秀节目，栏目形态为周播。

2014 年，天津卫视《国色天香》开播，该节目是一档全部由明星参与竞赛的季播真人秀节目，主持人为郭德纲和宁静。

2014 年 8 月，习近平主持召开中央全面深化改革领导小组第四次会议并发表重要讲话。会议审议通过《关于推进传统媒体和新兴媒体融合发展的指导意见》。

2014 年 10 月，习近平主持召开文艺工作座谈会并发表重要讲话，强调要"坚持以人民为中心的创作导向"。

2015 年 2 月，央视戏曲频道推出《叮咯咙咚呛》戏曲真人秀节目，邀请中韩当红明星作为嘉宾，董艺为主持人。

2015 年 3 月，国务院总理作《政府工作报告》，"互联网＋"首次出现在政府工作报告中。

2015 年 7 月，国务院印发《关于支持戏曲传承发展的若干政策》，对戏曲的传承发展与传播做出明确要求。

2016 年 2 月，习近平主持召开党的新闻舆论工作座谈会，并提出党的新闻舆论工作的职责和使命 48 字方针。

2017 年春节期间，中央电视台戏曲频道《角儿来了》开播，这是国内首档大型融媒体互动戏曲节目，董艺为主持人。

2017 年，央视戏曲频道《中国戏歌》节目开播，填补了传统戏歌节目电视荧屏空白。董艺为主持人。

2017 年，东方卫视《喝彩中华》节目开播，邀请徐帆、王珮瑜、程雷等担任观察员。

2017 年 10 月 18 日，中国共产党第十九次全国代表大会在北京召开。习近平总书记在党的十九大报告中指出，要"坚定文化自信，推动社会主义文化繁荣兴盛"。"戏曲文化"作为中华优秀传统文化的重要组成部分，有益于满足人民过上美好生活的新期待，提供丰富的精神食粮。

2018 年 3 月，中央广播电视总台成立，由原中央电视台、原中央人民广播电台、原中国国际广播电台合并组建。包括戏曲节目在内的诸多频道、频率及栏目步入新的发展阶段。广播方面的主持人也开始兼任电视戏曲晚会节目的主持人。

2019 年春节期间，央视戏曲频道《梨园传奇》节目开播，董艺担任主持人。

附录二　访谈录

（一）中国第一位电视男播音员主持人赵忠祥访谈录

采访时间：2019 年 8 月 18 日上午 11 点

采访地点：北京

章：赵老师您好，您作为我国第一位电视男播音员主持人，最初的电视播音主持创作活动是什么样的呢？

赵：我们过去不叫"主持"，叫"报幕"，因为我印象中中央电视台是从1958 年开播，一直到 1980 年左右，才开始逐渐地、普遍地采用录像，在此之前都是直播，那时候是没有录像机的。1979 年我到美国的时候，我们只有 16毫米的摄影机，当时我们没有录像机，我们录像机的采访是使用美国三大广播公司的。所以我们当时就是任何一种节目形态，只要在中央电视台播出就必须"直播"，直播之前总得有人张罗，就是由我们播音员来负责这项工作。

章：您对电视戏曲节目最初的印象是什么呢？

赵：我印象中几乎当时所有著名的戏曲表演艺术家都来过中央电视台表演，当时都是直播，在这个历程当中我比较熟悉的有盖叫天、马连良、裘盛戎、赵艳侠、红线女等，当时的名角儿都来过，我也跟他们在播送室里交流过，从而结识了很多戏曲表演艺术家。那时候我们播音员一方面主要就是介绍这些名家名角儿、介绍名曲名段和折子戏，以及整体的串联；另一方面就是他们在剧场演连台本戏，我们就会派转播车过去，如果需要，我们就会在中场休息的时候去采访一下，问一些比较简单的问题，例如"戏曲背景""个人风格"之类的。1962 年左右，我还访谈过昆曲表演艺术家白云生，做了十几次访谈，主要介绍北昆的形式；还访谈过裘盛戎，大概也做过十几次访谈。

章：那时候就有电视戏曲访谈了？

赵：当然，你现在看到的所有的电视节目类型，那个时候几乎都有，就是那个时候创造出来的。

章：您还记得央视第一个戏曲节目是什么吗？

赵：因为那时候我们总会播一些戏曲表演画面，所以太多了，很难讲哪个是第一个。我当时比较熟悉的单位一个是北方昆曲剧院，一个是中国评剧院。像评剧表演艺术家马泰、京剧表演艺术家张君秋、裘盛戎都是我的好朋友。实际上，当时比较简单，就是请他们来，有时候清唱，有时候化完妆，一两个人再带一个文场，在一个小的演播区表演，直接就直播出去了。

章：具体的节目名称您能想到的有哪些呢？

赵：太多了，因为是作为折子戏或清唱唱段演的，比如《女起解》《十字坡》《铡美案》等吧。

章：当时没有专题节目，是直接以戏曲选段的名字命名吗？

赵：对，我们那时候没有专题节目。我们当时是分三段，前面是播新闻，播完新闻有一点专题，所谓的专题也都是很固定的，如"医药卫生""电视台的客人"之类的，然后不是演电影就是剧场转播，剩下一个空档就会请一些名人来现场演唱些折子戏。介绍的时候我们直接说："下面进入文艺节目时间，今天我们请到了谁谁谁，他将为大家带来什么什么表演"，除此之外我们也会请刘淑芳等一些歌唱家来唱歌。

章：您是1960年进入中央电视台的，那时候主要播什么节目呢？

赵：所有的节目都播，最主要的就是播新闻。

章：您当时的播音状态是什么样的呢？

赵：那时候我们不懂，除了沈力，没有看过任何人在电视上的表现形式，因此，我们就以沈力为标志，她比我们早一两年入台。沈力当时形成了一个比较温和的形式，播报状态端庄、温和，跟中央人民广播电台比起来的话调门比较低，语言的状态更松弛，更有对象感，比较接近于说话。因为我们是出图像的，就像面对面跟观众坐在一起，不可能调门儿太高地跟人家说话。

章：播音是接近于说话的形式，您当时在与戏曲名家名角儿访谈的时候是一种什么样的交流形式呢？

赵：我们那时候访谈不是你代表你自己去访谈，而是作为一种工具，给你一些问题，你把这些问题问完了，他回答完了，任务就完成了，跟你个人没关系。

章：所以当时也没有什么自己发挥的余地？

赵：那时候不允许有个人发挥，电视台是绝对不允许有个人发挥的，一直到八十年代后期才允许播音员主持人有一些水词儿。稿件内容都是经过领导三审的，你在中间瞎说一句你就下去了。

章：嗯，在稿件内容上是非常严格的，但是我们在访谈态度上可以有一些设计吧？

赵：态度上就是一种平等交流的状态。当时包括春晚在内是一句水词儿都不允许加的，每一个字都是经过领导字斟句酌、反复推敲的。所以有人说那时候的主持人说的不是人话，我不认同，他根本不懂我们当时把这些词儿一字不差地背下来是何等的难度。罗马政治学家西塞罗曾经说过："一个人如果对自己出生以前的历史毫无所知的话，这个人就等于没有长大。"一个人如果不能把自己的生活和自己前辈的生活联系在一起，这样的生活有何价值可言？

章：对，我们必须以史为鉴，任何当下发生的事情在历史上都可以找到答案。

赵：中国文化的特征一定程度上来讲就是背诵文化，是一种记忆和传承文化。比如国学中的"四书五经"全部是要背的，没有什么发挥的余地，甚至如何讲解，也是私塾里的老师讲解完你背下来，这就是很严格的背诵文化。在受到西方的自由化教育影响之后，家长经常说孩子的学习负担太重了，要求减负，我觉得这个绝对是与中国文化传承的方式相背离的，我觉得这是以无知来颠覆我们知识结构的舆论，因为我们有五千多年的文化需要继承，跟美国200多年的历史不一样，所以我们的孩子需要通过背诵去传承，需要比美国的孩子下更多功夫。以前的私塾教育也是很严谨的，不是现在我们认为的无章程的，私塾一般学制四年，8岁启蒙，12岁出蒙，12岁就可以考童生了，之后就是考秀才、进士、举人。在这过程中，四书五经全是要背下来的，孩子在9岁到10岁的时候就必须要学习一本书，叫《说文解字》，汉朝许慎写的，这是中国第一部字典，全书收集了9353个字，孩子在10岁的时候就要全部背下来了，这是现在我们很多成年人都达不到的。我国历史上有五个刻苦学习的典范：悬梁、刺股、囊萤、映雪、凿壁偷光，这些都是教育孩子们励志学习，没有一个说让人去玩儿别学了。我们中国五千多年的文明，首先就是要靠背诵来继承。

章：央视最开始的播音员只有沈力、您还有吕大渝，之后有哪些播音员加入到播音队伍中呢？

赵：之后就是七十年代初，刘佳和李娟从中央人民广播电台调到了中央电视台，算是老人新进；再后来就是八十年代初邢质斌、薛飞、杜宪、张宏民、罗京、卢静、李瑞英等。那时候中央电视台的新闻播音主要不是口播和出图像，最主要的是画面播音，就像新闻简报一样，我们的播音是要对着片子的。

章：很多人对您主持"春晚"和《动物世界》的配音印象特别深刻，您是从什么时候不再什么节目都播，而是有专职的节目了呢？

赵：1985 年之前我主要是播新闻，当时已经开始有一些专题和文艺节目，也请我去做播音主持工作。1985 年我就离开新闻岗位了，到了国际部。当时主要是两档节目：一个是《正大综艺》，一个是《动物世界》，是我的专职。我主持了那么多台文艺晚会，我没有在文艺部待过一天，都是他们请去的；我播了那么多年新闻，我没有在新闻部待过一天，我是总编室的编制。

章：各种类型的节目您都主持过，所以当时您从主要从事的新闻主播岗位转换成文艺节目主持人，这个转换对您来讲还是比较容易的吧？

赵：没有什么转换难度，因为 1983 年就有春晚了，再之前的话 1981 年的时候有中学生智力竞赛、1979 年之后我搞新闻专题和街头采访。所以虽然不再坐着播新闻稿了，其他的事我都可以做，并不陌生。

章：开始主持《正大综艺》和《动物世界》之后，您接触戏曲还多吗？

赵：主持过"中南海新年演唱会"，也主持过两次"戏曲春晚"，后来就几乎没有了。因为后来戏曲那边有戏曲频道了，有白燕升等专职电视戏曲主持人了，那时候中宣部比较重视这个，所以电视戏曲节目慢慢变得比较正规了。白燕升很优秀，戏曲知识也很扎实，对戏曲节目很有见解，不光是京剧，包括很多地方戏他也很了解。白燕升是真懂戏曲、真喜欢戏曲，而且很用功，我当时主持戏曲节目没有把这个当成我业务的一个主项。

章：嗯，这个跟您主持的节目类型太多也有关系，所有的节目都播不可能每一项都去深究。

赵：其实我当时更喜欢的是体育解说，曾经一度让我跟张芝和宋世雄一块儿，宋世雄比我晚一些，我先跟张芝学的。学了一段时间之后我跟台里说我能不能专职解说，别的活儿我不干了，台里不同意，就只能放弃了。因为当时的氛围不是你喜欢不喜欢的问题，而是组织上安排你做什么你就得去做什么。而且我说一句公道话，组织上是不会埋没人才的，你做哪个类型节目的播音主持工作做得真好，是不会就不让你去的。

章：您如何看待戏曲的传承呢？

赵：在传承方面，我记得当时进行了一些抢救性的工程"音配像""像配像"等，因为那时候很多老戏曲表演艺术家年纪都比较大了，也有一些已经不在了，就采用了那样一种措施来进行保护。除了政策层面，我觉得关键还是要戏曲人自身努力。张云雷唱那个《探清水河》，带动了一部分年轻人喜欢传统曲艺，他唱《锁麟囊》，台下成千上万的观众跟着他一起唱，这个对戏曲也是有带动作用的。因此，我觉得戏曲还是要有角儿，有真才实学，真有绝活儿，观众还是会买账，像张火丁现在就还是很受欢迎的，每次一有演出，很多观众不远万里来看她。流行歌曲也是一样，早年有周璇，后来有邓丽君，再后来有毛阿敏。戏曲就是要看角儿，就像看足球看马拉多纳一样。还有一点就是，我觉得这个跟收入也是有关系的，梅兰芳当年走穴一场 400 现大洋，400 现大洋在北京能买两三套四合院。我觉得这个也是相辅相成的，因为他受欢迎所以有高收入，因为高收入所以这行火爆，如果我们的孩子看到现在的戏曲名家名角儿的收入那么可观，也会促使他们去学戏。所以这个在经济上也是一个问题。

章：电视对戏曲的传播您怎么看呢？

赵：一部分是弘扬，当年在戏园子里演出的时候才有多少观众啊？唱十年的观众可能不如现在像"春晚"那样的电视转播一场的观众多。另一方面，就是伤害了戏曲，说白了这是小园子里的一门儿艺术。其实，电视最伤害的是相声，在电视上演了一场以后，这个小包袱在园子里就不能用了，这个道理是一样的。还有就是一种艺术形式的兴起都有与之相应的技术因素，就像广播带火了通俗音乐和相声、电视带火了小品和综艺节目。

章：赵老师，您现在关注戏曲节目关注得还多吗？对电视戏曲的未来怎么看？

赵：关注不多。我觉得电视戏曲的发展还要依托戏曲，电视戏曲是传播戏曲，而不是创造戏曲。如果戏曲大放光彩，电视戏曲节目也会火爆；如果戏曲不景气，电视戏曲的前景也堪忧。

章：好的，感谢赵老师接受我的采访。

（二）陕西台《秦之声》节目第一代播音员主持人陈爱美访谈录

采访时间：2018 年 10 月 21 日下午 2 点

采访地点：西安

章：陈老师，您是怎么和播音主持结缘的呢？

陈：1979 年 4 月 17 日、18 日两天，《陕西日报》登了一个豆腐块儿那么大的广告"陕西电视台招若干名女播音员"，要求相貌端正、普通话标准、高中以上文凭。那时候都是工农兵学员，高考虽然恢复了，但是第一届高考之后的大学生还没毕业，所以一般就是要求高中学历。这之前我在陕西省展览馆当了四年的讲解员，当时有人说陕西台在招播音员，建议我去报，我就报名了。3600 名考生，连着考了半个月。

章：那竞争很激烈呀，考的什么内容您还有印象吗？

陈：当时评委让我们读了段儿报纸，说了几段讲解词，觉得我声音亮亮的、甜甜的、脆脆的，牙齿整齐洁白，普通话标准。评委还问我是否在县广播站、剧团等文化团体工作过。我说没有，我家成分高，农村户口，评委老师也比较同情。

章：当时直接就挑中您了还是考了几轮呢？

陈：一个月之后接到了复试通知，60 个人进入复试。然后就是听这 60 个人录音，考察各种体裁稿件的播读，也考察普通话，最后筛选出我们 9 个人。又过了两个月，通知录像，录的内容有天气预报、工农业消息、戏词解释、诗歌朗诵、节目预告等。我是当时 9 个人当中唯一脱稿的，而且表现得很不错，然后又筛选出 5 个人。后来就是等着，谁料这一等就是一年多，最终 5 人中选了两位，李彤和我，她进了播出部，我进了新闻部。

章：哦，您是先成为新闻播音员后来才成了戏曲节目主持人？

陈：1980 年 5 月 23 日我报到，报到当天就开始新闻配音了。我们当时整个台也就二三百人，播音员就四五名，可以说是"万金油"，基本是什么节目都上，比如：节目预报、新闻、戏曲、体育、少儿、智力竞赛等，所以当时没有太明显的区分，说谁是什么类型的主持人。1984 年 7 月 1 日，陕西台才有了出镜的新闻，我是《陕西新闻》的首任出镜播音员，陕西的电视观众那时候看黑白电视，第一个看到的就是我。主持戏曲节目是在 1990 年，就是《秦之声》，之前这个节目也叫过《乱弹》，是 1979 年开播的，这个节目早期用我们时任领导的话形容就是"舞台上演啥我们录啥，录啥播啥"，那时候没有专职的播音员主持人。

章："乱弹"就是"秦腔"吗？

陈：乱弹嘛，弹拨，其实就是梆子腔，在陕西"唱乱弹"就是"唱秦腔"。

章：我知道您当年经常在戏曲节目中唱秦腔，您是什么时候接触秦腔的？

陈：我其实开始主持《秦之声》的时候不太敢唱，也不太敢说陕西话，因为我怕影响普通话。其实我是 10 岁随全家到农村落户的，农民唱"自乐班"，我才开始跟着他们学秦腔，唱着玩儿。

章：那时候的梦想是什么呢？

陈：那时候我就一心热爱文艺，特别想将来考剧团当戏曲演员。因为小时候我家住在阎良镇，我家隔壁是广播站，斜对面是电影院。我在两岁半的时候，就在那大喇叭上唱歌"我是小小的音乐家，唱歌呱呱叫，指挥叫呱呱……"那时候是有线广播，四里八乡的大喇叭都能听见。五六岁的时候天天泡在电影院看电影，比如《白毛女》之类的。

章：您小时候接受艺术熏陶接受得挺多的。

陈：这种状况一直持续到自然灾害时期。我父亲之前是在西安四院，当年叫广仁医院，基督教会办的学校上学。那时候的知识分子最时尚的事儿就是到易俗社看戏、听秦腔。当时是知识分子编戏，新手再演，当然是老把式教哈。我父亲是个医生，也很爱戏曲。到三年自然灾害的时候，我父亲带头到农村落户，一到农村落户，我家没有劳力，后来我们在陕北富县逃荒一年，住在窑洞里。在山里，我也给农村的娃娃教普通话，"小河从我门前过，我请小河停一停，小河摇头不答应，急急忙忙去浇田"。那时候农民干活儿休息的时候，就会说让陈先生家的女儿唱一段儿。

章：我感觉您属于"活跃分子"，不管到哪儿都没有丢下爱好文艺的习惯。

陈：对，后来参加工作以后我也是把这个习惯保持住了，1987 年，陕西台职工到华县与部队联欢，那天文艺部的李彤、常丽君她俩没去，文艺部的负责人就说让我来主持。当时其实不光要主持，还要出节目的，但这个对我来讲挺容易的，因为我从小就登台。当时我就表演了一段眉户《梁秋燕》："阳春儿天秋燕去田间，慰劳军属把菜剜，样样事我要走在前边。"当时发挥得不错，现场效果非常好，后来我们领导苟台长说："没想到陈爱美还是个唱戏的嗓子！"

章：后来电视观众看过您这一出儿吗？

陈：看过，1989 年 7 月 1 日，陕西电视台第二套节目开播时，就直播出去了，当时是提前录的音，专门到北大街陕西人民广播电台录音棚录的，找的是陕西省戏曲研究院眉碗团乐队伴奏的。这是整场晚会唯一的一个职工出演的节目，直到现在《梁秋燕》好像成了我的保留节目。

章：在观众印象当中您是特别爱戏，而且特别会唱戏的播音员主持人，带来这种印象的方式是一炮打响的还是细水长流的呢？

陈：应该说是 1990 年，戏曲晚会开始用我了。那年冬天零下十几度，我当时穿着薄薄的丝绸衣服，特别冷，但群众的热情感染着我。作为主持人我当时跟观众互动、自娱自乐、互相点着唱，可以说当时这种现象在播音员主持人中是比较少见的。我感觉应该就是从那时候观众对我比较熟悉了，而且当时春晚录完之后，还有个回访，就是所有秦腔表演艺术家要下基层给基层群众演出，这个应该是中央电视台"心连心"节目的雏形。当时首先就到了兴平县，这是著名作曲家刘炽的家乡。

章：嗯，《让我们荡起双桨》《英雄赞歌》《我的祖国》这些耳熟能详的作品都是他创作的。

陈：对，我们就去他的家乡回访，演出期间我就和李瑞芳住在一个宿舍，导演来问："李老师明天给群众演出表演什么？"我当时在旁边就说："当然是《梁秋燕》呀！"李老师说："哦对了，那这样，陈爱美你唱秋燕，我给你唱配角当二嫂。"要知道，五十年代陕西农村有这样一句话：看了《梁秋燕》可以两天不吃饭——说的就是这位大名鼎鼎的李瑞芳啊。她居然说让我唱主角秋燕，我当时就说我不会，她说："谁说不会，我看你唱过，挺不错！"她看的就是 1989 年我唱的那个。

章：哦，当时播出后被她看到了。

陈：对，后来我们这场在兴平农村的演出在大年初二陕西电视台一套播出了，当时就引起一个小小的轰动。很多观众就说看陈爱美播了十年的新闻，没想到她也会唱秦腔。

章：尤其是过年期间，这个效果肯定会更好。

陈：初二播完连着又播了几天，后面几天去走亲戚，感觉家家户户都在播我俩合作的《梁秋燕》。大家都说："快看，陈爱美还会唱咱的戏！"

章：在您主持戏曲节目的那些年，有没有关注过其他台的戏曲节目？或者说有哪些比较欣赏的戏曲节目主持人？

陈：那时候各地方台的节目还没有上星，所以每个省都只能看到中央电视台和本省本地的节目。1995 年中央电视台的"金士明杯"电视主持人大赛，我们台当时推送的《爱美与秦声》是当时所有推送的节目中唯一的戏曲类节目，我获得了综艺类唯一的"银奖"。

章：这个奖既是对您的一个认可，也是对这一类节目主持人的一种认可。当时您为了主持好戏曲节目做过哪些工作？注重在哪些方面去提升了呢？

陈：其实当时也有些节目注入了戏曲元素，如吉林台的丛丽、浙江台的亚妮。我觉得这个是水到渠成、一触即发的，因为我本来就喜爱唱秦腔，而且之前也有过很多登台的经历。所以，这就好像端庄的新闻"大我"中走出了一个灵动的戏曲"小我"。还有就是秦腔受众大部分都是农民群众，我又是从农村走出来的，我爱农民，也爱秦腔，我就是他们当中的一员。不是我为了主持戏曲节目而去做准备，没有，而是主持戏曲节目让我把之前的积累一下子激发出来了。我给你举一个例子，我跟他们在一起，只要他们哼哼曲儿，我就想学，我祖籍山东，是孔子的故乡，我也受中国传统文化的熏陶，本身就有那种掏心窝子为你好的热情，只要观众高兴我就高兴，甚至有时候我会现学现唱、热蒸现卖呢。

章：唱当地的戏会一下子拉近主持人跟观众的距离，您都唱过哪些陕西的地方戏呢？

陈：很多，眉户、碗碗腔、合阳的线腔、富平的阿宫腔、乾县的弦板腔、阳县的山歌、商洛花鼓，我只要主持之前提前到了，就会立即跟当地的群众或戏曲演员现学现唱。通常我都会比别人早到很久，一方面是早点接触演出人员，另一方面是提前化妆、造型，在化妆、服装方面我是崇尚武装到牙齿的人，只要出镜就一定要力争给观众呈现一个完美的形象，我觉得这是对观众的尊重。

章：对，在稿件内容等方面确定的情况下，我们对形象力求完美也会给观众一种赏心悦目的愉悦感。就包括戏曲演员，穿着打扮本身就是戏曲的一部分。

陈：我在戏曲节目播音主持的过程中也和戏曲演员一样，讲究"戏大于天"，无论什么事都要让路。有一次我去主持一个晚会，当时因为打不到车，时间比较紧，我就打了一个小三轮去演出的地方了，有人可能会说"哎，你看，陈爱美坐着蹦蹦儿来了"，但在我看来没关系，我不能因为面子问题耽误了演出。

章：您的这个"戏大于天"也是给我们很多年轻的播音员主持人树立了一个榜样。您认为一名戏曲节目播音员主持人要具备哪些素养呢？

陈：我祖籍山东，我们山东有句老话儿叫"高个子门前站，不干活都好看"，这个说的是外在方面，首先必须要有一个令人赏心悦目的形象。然后最核心的东西在我看来是这个播音员主持人的一种忠诚，内心当中对国家、对民族、对社会、对人民，包括对我们的戏曲传统文化的一种敬畏和热爱。除此之外，最好要会唱，要具备戏曲专业方面的一些常识性知识，起码是不能太外行。

章：陈老师，您退休以后还关注戏曲节目吗？

陈：关注啊，不仅关注，而且我现在特别想做一个《秦腔大讲堂》，请历史学家来讲历史、请戏曲评论家来讲戏文、请秦腔演员来给大家掰开了揉碎了讲唱腔、做示范。因为现如今的戏曲节目很多都是大赛形式的，我想让戏曲节目多元化一些。

章：您的这个想法很好，这样的话这个节目也适合戏曲零基础的观众来看，对戏曲文化的推广、优秀传统文化的传承都有很大的助益。

陈：没错，而且还有历史价值、典籍收藏价值，将来让很多年以后的人知道今天我们是怎么唱的。而且，也能记录戏曲的流变，比如我们去绍兴采访的时候发现，绍剧二凡源于西秦腔，那当年的西秦腔到底是个什么唱法？

如果这些都能通过现代科技手段记录下来我觉得将来会成为一个宝库。

章：确实是一件功德无量的事，那在戏曲推广方面您之前做过哪些事呢？

陈：社会上的活动基本上没停，主要还做了一个《我们的易俗社》，"易俗社"是西安的一个百年秦腔剧社，是秦腔历史上第一个以戏剧推进社会改革的戏曲学社。

章：嗯，当年鲁迅也曾经多次到易俗社看秦腔表演。

陈：2012 年，易俗社百年诞辰的时候，我们团队，其实就我们三个人，沿着当年易俗社的足迹以重走和探访的方式边走边拍，前往北京、武汉、上海、南京等多个省市，寻访了 100 多位专家学者、亲历者、见证者的后人，以及很多戏迷观众，并且以他们的讲述和回顾为主，梳理了百年易俗社的钩沉往事，并且制作成了纪录片在中央电视台播出了，可以说生动再现了戏迷观众对百年易俗社的特殊情结。除此之外，我还做过一段时间的广播戏曲节目《爱美戏缘》，片头是我自费做的，片头曲的词儿是这样的，前面是个女声"我家大门朝南开，喜鹊喳喳爱美串门来"，因为是上午九点到十点的节目，老年人晨练回来，后面的词儿是男声"晨练回家把门开，端茶递水……"，然后主持人开始"结一个戏缘，还一个戏愿，《爱美戏缘》"。

章：这个设计很别致，词儿写得也好。丰富的电视戏曲节目播音主持的经历一定会让您在广播戏曲中游刃有余的。

陈：我觉得很多戏曲都成了非物质文化遗产了，我们要赶紧对老专家和老艺术家进行口述历史的专访，要不然等他们不在了这个就太遗憾了，拯救性的保护，拾遗补阙。这个提案我在 2003 年的时候就提出来过，因为当时我是政协委员。

章：年轻人是戏曲推广和传承的重要力量，您觉得我们如何在这个群体中推广戏曲文化呢？还有就是如何培养年轻的戏曲节目主持人？

陈：戏曲进校园，一方面是社团，让对戏曲有兴趣的学生参与其中；另一方面就是大学里面要开设戏曲鉴赏课，给他们讲述戏曲知识、教他们如何鉴赏戏曲表演。当然这个跟戏校那种专业的戏曲知识的学习是两码事，是针对非戏曲专业的学生的普适课程。而且最好是从他们家乡戏着手，每个人在了解像京剧这样的国粹的基础上去让他们每个人成为自己家乡戏的代言人和推广者，传承戏曲文化是每个人的责任。培养年轻的戏曲节目主持人我觉得首先要培养他们的艺术感悟和新闻敏感。

章：回顾您的戏曲主持生涯有什么感悟？

陈：幸福满满，没有一点儿遗憾。其实我感觉我条件并不是特别好，就我这样的条件来说，我已经发挥到极致了。我本身的特点就是，内心七八分我尽量发挥到九十分。还有就是我是个纯粹的人，我主持戏曲节目真的是爱戏曲。总而言之，我对戏曲是怀着敬畏之心的，因为这个门类太博大精深了，一旦进入就要不断地学习。我们作为播音员主持人，工作性质决定我们是一档子事一档子事地完成任务，然而电视又是一门遗憾的艺术，我的主张就是把遗憾压缩在最小状态。我为了秦腔可以说是"跑断了腿，说歪了嘴"，曾经为了跑秦腔演出的事脚崴了，脚腕粉碎性骨折；有一次到城墙上录介绍秦腔的一段词被风吹到了，早晨起来刷牙嘴歪了。但这些都没有把我击倒，不要怀疑你忠实的劳动，只要你做了就一定会有收获。

章：我还对一件事有所耳闻，就是您当年为了能让秦腔顺利进京演出，四处奔走筹款，您能讲讲这件事吗？

陈：2003 年，为了庆祝中国戏剧梅花奖创办二十周年，陕西历届获奖的 12 位梅花奖得主要进京演出，这个消息是我上《陕西新闻联播》节目的时候播报的，当时我就觉得这个事儿特别好，能让京城的观众们感受我们秦腔的魅力，我下了节目直接就拨通了省剧协领导的电话，主动请缨，不要报酬，担纲演出主持人。但是我发现在 4 月 3 日、4 日给陕西省观众演出的时候，因为没有乐队现场伴奏，演员们只能跟着之前录好的磁带对口型，原来是因为经费有限，演出队伍请不了乐队，我当时就想乐队是戏剧的魂，如果到了北京还是对口型不是丢咱们陕西的脸呢吗？我说这不行。4 月 6 日，我直接去了《三秦都市报》报社，登报呼吁大家为秦腔进京演出捐款，经过大家的共同努力，我们筹集了 20 万元的资金，解决了乐队进京的燃眉之急，后来就"秦腔进京，'钱'途无忧"了。在北京演出的效果非常好，非常惊艳，获得了满堂彩。

章：太棒了，您所做的这些让我真实地感受到了为什么在陕西有"陈爱美就是秦腔代言人"以及"陈爱美使秦腔起死回生"的说法。感谢陈老师为传统文化、为戏曲、为广播电视作出的贡献，我们晚辈一定会好好向您学习，谢谢您接受我的采访，祝您身体健康，生活幸福。

（三）中国传媒大学教授、电视戏曲节目研究专家杨燕访谈录

采访时间：2019 年 7 月 13 日上午 10 点

采访地点：北京

章：杨老师，您好，您觉得戏曲是如何传承传统文化的呢？

杨：在传承中华优秀传统文化方面戏曲的作用是无与伦比的，包括它和文学的关系、它和历史知识的关系以及和我们中国人伦理道德修养的关系，在很长的历史阶段都可以说是最重要的一种文艺形式。特别是对基层百姓的教导和引导作用是非常明显的。统治阶级的话他可能不听，但是戏台上演出来的东西，会潜移默化、润物无声地熏陶他们。这些东西不完全是统治阶级的意识，也是我们中国老百姓朴素的一种是非标准、道德观念。

章：在历史上，包括在当下它都发挥着重要的作用，您对戏曲的未来怎么看呢？

杨：任何一种艺术形态，在历史的文化长河中，它都有像人的出生、成长、繁盛到衰落的自然规律。随着农耕文明的淡出、工业文明的崛起，戏曲艺术本身就陷入了一个发展困境，进入了它的衰落期。任何有识之士、任何为之献身的艺术家和文化人，在这一点上，是无可挽回的，这是文化艺术自身发展的规律。有很多戏曲人身在其中不愿意承认这一点，从感情上来讲非常理解；但是从历史、现实和文化发展的规律而言的话，这个其实是命中注定的。我们这一代人能做的就是延长它的寿命。就像一个人终究是要死的，但是我们不能让他在 20 岁就死了，不心疼他，他到了 60 岁、70 岁甚至是 80 岁，仍然可以有质量地活着。特别是我们意识到它的艺术价值之后，我们不要人为地加速它的死亡，我们这一代人包括我们之后的几代人的作用，就是去想方设法地延续戏曲的艺术生命。甚至将来我们可以用戏曲博物馆这样的一种形态来保存它，然后传给后代。

章：我们国家已经将很多戏曲剧种列入了国家非物质文化遗产名录，从国家层面来保护戏曲，所以我觉得戏曲将来肯定是不会消亡的，但将来确实很可能会变得越来越小众。

杨：从这一点来讲，20 世纪四五十年代，日本就对他们的包括能乐、歌舞伎等在内的传统戏剧进行了静态保护，而不是动态保护的形式，国家出钱把传统戏剧艺人养起来，还帮他们选接班人，使他们的传统戏剧成为一种高

雅文化、上层文人的高级文化的象征。我们中国地大物博、艺术形态也多，可以说是"家大业大"，有时候会有些"大手大脚"，好像扔弃一点不心疼。尤其是在历史上的一些政治运动期间，对戏曲不太重视，顾不上对艺术文化的保护。但是现在形势不一样了，大家意识到这个问题，从国家政策角度来讲，现在是最好的历史阶段，但是现在就存在正确保护和毁坏性保护的区别了。我们中国对戏曲的保护，从来都是动态保护，随着戏曲自身的发育、成长以及和其他艺术形态的融合，让它自然地发展，我觉得这个是正确的。

章：对，除了日本，其实韩国也是属于静态保护，他们把假面剧的 13 个剧目原貌保留，只要演出就只能按照原样演，也有一些韩国学者觉得韩国对传统戏剧的保护应该学习我们中国的这种动态保护，让它在发展的过程中保护它。

杨：动态保护优势明显，比如在戏曲的传播方面，戏曲与其他艺术形式不停地在交融，所以我们可以看到现代戏、可以看到戏曲与声光电的融合，还可以看到戏歌这种形式。戏曲人一直以来也有创新意识，他们也不排斥这种融合，比如著名歌舞导演张继刚跨界执导的京剧《赤壁》，由青年京剧演员担纲，在国家大剧院演出，与声、光、电结合起来，进行了立体的融合。虽然是京剧传统老戏剧目，但吸取当代舞台表演概念，对戏曲的服装、表演程式都进行了改动。再比如上海接受新鲜时尚的事物比较快，所以上海戏曲理念更先进一些，他们经常搞那种小剧场、沉浸式的戏曲演出，还有就是把话剧和戏曲结合起来的杂交形态，来吸引年轻观众。从这点来说，我们中国是允许的，虽然正统的老艺人反对的声音比较多，认为这不叫玩意儿，觉得这已经不是戏曲了，但是这种形式比较有利于年轻人接受，年轻人越来越多地接触戏曲了，这种艺术形式才会在年轻人中深入进去、传播下来。从我的角度来讲，我不反对，我觉得可以多形态地发展戏曲。

章：电视出现以后对戏曲来讲是一把双刃剑，您觉得电视对戏曲来讲，利弊关系是怎样的呢？

杨：按我的想法来讲，还是利大于弊的。过去电视戏曲界一直在关注和支持戏曲的保存问题，实施了"音配像""像配像"等工程，这个对戏曲的保存是有价值的，但是从戏曲的发展来说，其实我不欣赏这种做法。我觉得不带观众地、死板地录下来，这样的资料对观众来讲可看性不强，除非是真正懂戏的人，在进行研究或教学的时候会有一定的意义，还有一些戏迷真喜欢，看这个也行，但是我看的话会觉得"味同嚼蜡"，没有那种激动人心的欣赏价值，因为欣赏价值要在剧场里看，电视戏曲只是有着传播的作用，对欣赏来说，就打了折扣了。

章：电视确实遗失了戏曲的一些原汁原味儿的东西，而且您说的这种形式确实没有充分展现戏曲之美。

杨：对，为什么我不欣赏那种做法，因为"音配像"这种形式它不带观众、没有互动，艺术的神韵的东西、华彩的东西出不来。我们欣赏艺术，其实中规中矩的艺术形态和激情洋溢的表达不一样，这就是体现"艺术性"的地方，艺术性的地方全在于艺术家激情洋溢地、突然地灵感迸发。为什么我们看有一些演员演戏"温不嘟"的就是不好看，有的艺术家的表演我们觉得真好看，他可能不漂亮，但是演得真好。包括电视剧、话剧之类的形态也是这样，出彩的东西就在于那一点点，艺术的东西跟其他的不一样，华彩的东西虽然是一点点，但这一点点很重要，它是精华。为什么我们尊重艺术、崇尚艺术，就在于它这里面是有灵性的东西，它是不可复制的，这一场演的跟上一场演的肯定不一样。同样一出戏，这个演员演得好看，那个演员演得不好看，为什么？就是差那一点点灵性的东西。这种东西用保存性质的那种"音配像"和电视戏曲里的那种现场录像都是出不来的。

章：高水平的演员和表演，造就高水平的观众，爱戏、懂戏的高水平观众，也会激发演员的表演，比如现场戏迷的"叫好"，对演员来讲就是一个积极的反馈，可以提振演员的精气神儿。

杨：对，没有观众的情况下偶尔演员可能也会演出来好的状态，但是它和有观众的激发，让演员忘乎所以投入了，灵感一下子迸发出来的感觉肯定也是不一样的。演员最佳状态迸发出来他自己也会觉得酣畅淋漓，唱戏不觉得累。老师讲课也是这样，有几次课学生特别认真听，老师来了神儿了，教案上没有的东西发挥出来了，学生听得兴高采烈，情不自禁会给老师鼓掌，这就是那种华彩的东西。如果是录像，在录像棚里录，录不出来那种东西，如果人家没看过剧场里的戏，光看录像，人家以为这就是戏曲，一下就没兴趣了。

章：对，第一印象很重要，看了一下没兴趣，有可能从此就不接触戏曲了。

杨：接触戏曲也是有机缘的，观众看到华彩的东西之后，可能会突然被这个东西吸引，看到戏曲的美，从而有兴趣去细细品味它，从而更爱戏曲。这些都是电视戏曲做得不好的方面，但是电视戏曲对戏曲传播下去还是利大的，可是不能偏废了让戏曲华彩出现的形态。

章：现在电视戏曲节目的形态愈发多样化，我们要把主要精力放在更能体现戏曲华彩部分的节目上。

杨：对，现在来讲，电视戏曲节目做得还是不错的。现在的电视戏曲人也很努力，在尽力推动电视戏曲节目发展。电视戏曲节目播音员主持人如果能把展现戏曲华彩的东西做出来，就真的对戏曲作出贡献了，否则光是照本宣科、背主持词，对戏曲说一些不咸不淡的话，对戏曲是会起反作用的。利和弊是辩证的，但总体来讲我还是觉得利大于弊。现在一些年轻人真正地深入进去之后也有真喜欢戏曲的，当他们痴迷起来开始宣传戏曲的时候，这些年轻人比中老年人活跃、精力充沛，年轻戏迷比老戏迷能量要大，他起到作用的话会更好。所以戏曲节目真的能挖掘出这样的潜在受众的话对戏曲的传承和延续是有好处的。

章：您之前在《电视戏曲论纲——呼唤涅槃的火凤凰》中说，电视戏曲未来发展走向还有待观察，现在再让您来谈这个问题的话您有哪些看法呢？

杨：这本书比较早了，实际上 1999 年就成型了，当时电视戏曲正处于上升期，其实当时还有一些问题来不及写了，所以就以概论性的东西结尾了，所以叫作"论纲"，是纲要的意思。实际上，当时互联网上已经出现电视戏曲节目了，但那时候是比较原生态的，直接把电视戏曲节目搬到互联网上去，后来我在一些论文中也论述到关于互联网戏曲的内容。就当前来讲，我感觉电视戏曲发展的状态还是不错的，比我之前预料的还是要乐观一些的，虽然各种娱乐形式层出不穷对电视戏曲有冲击，但是电视戏曲的传播在争取年轻受众方面、跨界融合方面和吸纳利用新传播手段方面有很多有益的尝试。

章：对，像央视戏曲频道的《角儿来了》节目就非常注重与场外、互联网上的受众的互动。

杨：我其实一直觉得戏曲这个艺术形态非常时尚，它特别善于吸收、学习、利用其他新出现的传媒形态，包括电视戏曲在内，总会有一些新点子运用到节目中。对受众来讲，是需要我们电视戏曲人引导的，其中就包括利用网络这一形式去做工作，还有一些戏曲人也在利用综艺节目等其他电视节目来宣传戏曲，比如说王珮瑜就经常搞跨界，还利用各种电视节目和互联网节目来宣传戏曲，我觉得这些现象是好的。

章：对，日本、韩国等国家现在也有这种形式，日本有专门在网上播出的戏曲节目，韩国针对传统戏剧"盘索里"制作的真人秀节目，把古代时候的人们如何欣赏戏剧的场景用电视节目的形式还原出来。

杨：对，因为都属于传统戏剧，他们在发展过程中遇到的问题跟我们的戏曲是有共通之处的，我们可以进行对比研究，从而取其精华、为我所用。除了学习国外先进经验，我觉得我们也可以吸收其他行业的经验，比如说现在年轻人喜欢电游，很多人甚至达到痴迷的程度，我觉得这里面也是有经验可借鉴的，我们电视戏曲也可以进行参考。电视戏曲节目吸收和融入一些新技术可以使节目形态更活跃一些，现在有一些戏曲节目也利用 VR、电玩、互联网、AI 技术等，包括戏歌虽然是歌不是戏，但其实也在传播戏曲，让人感觉戏很高雅，是有文化的表现。现在很多剧团，包括电视戏曲节目在内，由于在技术方面存在的壁垒，不太善于利用这些新技术去宣传戏曲表演、创新节目形式。戏曲界有句老话叫"一招鲜吃遍天"，如果真正抓住这个机会，在这方面予以提升的话，电视戏曲的现状一定会更好。

章：您觉得我们电视戏曲节目播音员主持人要怎么做呢？

杨：主持人要有对待我们中国戏曲发展现状的一种态度、立场和清醒的认识，如果主持人意识不到，或立场不一样，主持的格调和形态就拿不准，所以戏曲的主持人，一定要有一定的历史使命感和文化内涵。能够做好电视戏曲节目播音主持的人，必定对戏曲的发展这个问题是有认识的。

章：就是要用一种战略眼光来看待这个问题？

杨：对，首先就是要有宏观的格局、战略性的思考，否则在主持节目的过程中可能会出现词不达意、态度不端正的现象，长此以往的话会让观众觉得这是一种亵渎戏曲的行为；其次，电视戏曲节目播音员主持人在节目中除了内容的起承转合之外，还要努力发挥引导、剖析、提炼、提升的作用，由于戏曲本身的特性，戏曲的观赏和领会有一些难度，这时候要帮助观众跨越这个门槛，主持人不能自己沉浸在里面一味地欣赏，你懂了、你知道好，但是光喊好不行，好在哪里还要帮助观众去消化；再次，就是要懂得积累，不断提升文化内涵，要自己脑子里想清楚，拿到主持词之后自己要有判断，最好是自己能撰稿、自己能消化节目；除了业务熟练之外，还是要对戏曲和电视戏曲节目有热爱、有责任心和历史使命感；再有一点，就是要有经济意识，过去的主持人可能没遇见过这个问题，当时电视节目处于一种上升期，现在电视面临的历史局面不是二三十年前了，现在有收视率的考量，电视戏曲节目就面临着能不能维持下去的问题，这时候，电视戏曲节目播音员主持人要为电视戏曲节目站台，做戏曲的知音，用自身的品牌效应扩大受众面，维系一部分戏曲观众，最好还要为电视戏曲节目拉赞助，寻找资金来源，虽然这个是制片人的事，但主持人在经济运作当中也是可以发挥独特作用的角色，这是时代赋予播音员主持人新的身份和作用。其实之前我著述当中提到的陈爱美、白燕升、孔洁、董艺等播音员主持人都为电视戏曲作出过这样的贡献。如果电视戏曲节目没有创收，全靠政府拨款或电视台支持不行，这种靠拨救济粮度日的方式不是长远之计，栏目肯定吃不饱。

章：在电视戏曲节目播音主持受众方面，您觉得我们如何设定目标受众群？

杨：我觉得应该是要兼顾的，不能顾此失彼。因为无论是电视还是网络，我们的空间还是比较大的，我们可以这个节目侧重戏迷票友，另一个节目侧重潜在受众。其实中央电视台戏曲频道也是这么做的，你可以发现有些节目完全是针对年轻受众的，老戏迷也可以看，但主要目标受众群是年轻受众，还有些节目播出的时段年轻人没时间看，或者比较有深度，可能没有一定的戏曲知识积淀很难看进去。甚至一些具体的节目，每一期的内容都会有所侧重，但是整体来讲应该是兼顾的。

章：央视戏曲频道有个节目叫《跟我学》，针对的应该主要就是戏迷票友。

杨：对，很多老戏迷特别喜欢某一出戏，但是不会唱，这时候这个节目就发挥作用了。而且这个节目节奏比较慢，年轻受众可能会有些不耐烦，除非是那种专门学戏曲的孩子。

章：这个节目没有设置专门的主持人，但是我觉得节目中的教学老师也发挥着主持人的作用呢。

杨：没错，这也是一种现象，戏曲老师兼做节目主持人，这个也是需要我们进行研究的一种形态。戏曲人本身其实可以结合戏曲进行很多尝试，除了这种发挥主持人作用的，像裘盛戎的孙子裘继戎参加舞蹈比赛节目，就是将戏曲和街舞融合起来，他也是很有功夫的，他下的功夫和一般的戏曲演员不太一样，是可以吸引年轻受众关注戏曲的。

章：这也引出了下一个问题，您对电视戏曲节目播音员主持人的培养选拔方面有哪些看法呢？

杨：除了常规的主播之外，刚才咱们说的戏曲演员做电视戏曲节目播音员主持人的情况以前也有，天津有个旦角演员叫刘桂娟，以前就做过电视戏曲节目主持人，但是后来不多见她主持，一方面是她戏曲唱得好，她的定位就是戏曲演员，可能觉得她的主业就是在戏曲舞台上唱戏；另一方面戏曲演员来做主持人的话可能也有体制方面的问题。所以还是有一些无奈的、局限性的因素。一个主持人的成长有自身的一些特点，靠行政手段是不行的。

章：您觉得有必要专门培养电视戏曲节目播音员主持人吗？

杨：我觉得有必要，但不容易实现，让电视台开办电视戏曲节目播音主持培训班？不创收啊，有一些电视台连戏曲节目都想砍掉，把时间段让给综艺节目去挣钱，不可能做这样的工作。而且这方面的国家经费是拨在文化部的，文化部现在有文化遗产保护经费，但不是拨给电视台的，这部分的经费大多拨给剧团去排戏。

章：现在我们国家有很多开办播音主持艺术专业的高校，您觉得在高校开办电视戏曲节目播音主持专业或方向可行吗？

杨：原来张颂老师做播音系负责人的时候，就请我去给播音主持艺术专业的本科生讲过戏曲课，开过几轮。能记得的像现在的《新闻联播》主持人郭志坚他们那个班，在"广院"上学的时候就上过戏曲知识课。这个就说明张颂老师当时就有这方面的意识了。为播音主持艺术专业的学生开设戏曲课是可以的，还可以邀请一些编外的相关专家来讲座，但我觉得搞一个电视戏曲节目播音主持专业必要性不大，这个要看现在是否有那么多的电视戏曲节目，还要看如果开设这个专业，将来学生毕业之后就业是否有保障。

章：对，这个要看学生毕业之后有没有市场。电视戏曲节目播音主持这个岗位人员更新换代的速度不快。

杨：对，这个还是经济效益的问题，就制约了它的发展。如果电视戏曲节目火起来了，全国各地都开办电视戏曲节目，那肯定就有必要开设这个专业了。所以就目前的情况来讲，如果想成为一名电视戏曲节目播音员主持人还是要自己下私功，自己多看这方面的书，多听这方面的课，多找相关的专家去请教。

章：好的，获益良多，谢谢杨老师接受我的采访。

（四）电视戏曲节目播音员主持人、导演、制片人白燕升访谈录

采访时间：2019 年 7 月 2 日下午 2 点

采访地点：北京

章：白老师您好，在您进入央视之前，央视有哪些电视戏曲节目和电视戏曲节目播音员主持人您有印象吗？

白：印象比较深刻的节目就是《戏曲欣赏》，节目主持人不固定，像赵忠祥、宋世雄、薛飞、杜宪等大牌主持人都主持过戏曲节目，我应该是央视第一个专职电视戏曲节目主持人。像《九州戏苑》节目，也是很多年没有固定的主持人，都是客串主持，后来到我这儿算是固定下来了。

章：让您做戏曲节目主持人是台里有意识地培养还是偶然的机会呢？

白：这个算是歪打正着吧，1996 年我在《东方时空》节目，当时我作为出镜记者正要去邢台采访，时任文艺部副主任尹希元给我打了一个电话，说戏曲节目缺主持人，问我是否愿意主持戏曲节目。这个电话可以说改变了我的命运，尽管他并不知道我喜欢戏曲。从那之后，我就再也没有离开过戏曲。

章：在这之前您主持过戏曲节目吗？

白：没有。进央视之前，我在河北台主持过包括《河北新闻联播》在内的几乎所有节目，唯独没主持过戏曲节目。河北是个戏曲大省，戏曲资源丰富，河北台也有戏曲节目，但就是那么巧，在我的家乡台我主持过新闻联播、春晚、台庆等各种节目，就是没主持过戏曲节目。进入央视之后，我一开始是和孙小梅搭档主持《早间预告》，我的效果并不理想，所以刚进台的那几年感觉一直在漂着，一直处于选择与被选择的焦虑中。后来，尹主任的一个电话，一下子把我儿时对戏曲的喜欢就全部连接到一起了。

章：在《大幕拉开》中您详细地讲述过您小时候痴迷戏曲的情形，所以这个也可以说是让您找到了归宿。

白：老话讲的"三岁看大、七岁看老"，一个成年人的言行一定可以从他的童年找到答案。所以一个人小时候爱什么、恨什么，将来都会给你的。我小时候那么喜欢戏曲，那么喜欢河北梆子，后来让我成为戏曲节目主持人，所以我感觉我是幸运的，因为央视给了我这样一个平台。

章：所以您以前的理想就是想成为一名戏曲节目主持人吗？因为我知道您除了小时候学过戏，还跟万里老师学过播音。

白：当时"播音员"和"主持人"这样的称谓很少提，叫"广播员"比较多。初中的时候，相信很多人都面临过《我的理想》这样一个命题作文，我那时候的理想就是要成为一个广播员，因为我的姐姐是我们乡广播站的广播员，我感觉大喇叭里传出的声音很吸引我。而且那时候听收音机，听到方明老师的声音和关山老师的声音，就觉得特别好听。

章：从那时候就想着要跟他们学习播音？

白：作为农村的孩子是很自卑的，中学的时候觉得这些著名的播音员都是很遥远的、高高在上的，不敢联系他们。后来直到考上大学，才觉得自己似乎有一点点资格和勇气去接近他们，才开始给人家写信，去找他们。

章：当时的情景是什么样的呢？

白：当时特别有画面感。我大学第一年的寒假没有回家，直接去了沧州，当时万里老师在沧州师范专科学校当口语老师。我去的那天正好下着雪，到她家楼下，她邻居说万里老师去市里开会了，我在雪里站了三个多小时。万里老师回来后，很感动，还没等到测试我，就直接说"我收你了"，然后跟万里老师学了七天。到后来万里老师去世前，她把她所有的录音带都给了我，包括朗诵、示范教学、气息、播音技巧等各个方面。我还算是有悟性、比较刻苦的吧，后来我把这些资料又给了我河北台的学生，我说一定要把老师的这些东西传承下去。

章：综合来讲，您有戏曲功底、播音功底，还有中文积淀，所以可以理解莫言老师曾经说的：燕升是上天为我们准备好的戏曲主持人。

白：莫言老师是我忠实的观众，他喜欢戏曲，喜欢他的家乡戏，我是去他的家乡高密主持活动跟他认识的，他在台下当观众。这是十几年前的事了，开始我们不认识，晚上宵夜的时候聊起来，才知道他关注我那么多年。其实，除了莫言老师，还有很多大家都爱戏，比如大科学家王选先生、故宫博物院的朱家溍先生、欧阳中石先生、首都医科大学的刘曾复先生，都是我的忘年交，所以我说过：一定要以你的方式做事，做到极致，一定有懂你的人。

章：嗯，可以说是电视戏曲节目让你们熟识，那您还记得在央视主持过哪些电视戏曲节目吗？

白：那太多了，1996 年到 1998 年，央视几乎所有的戏曲节目都是我主持的，十几个节目中经常是在上个节目刚说完"再见"，在下个节目就来说"您好"。现在回想起来，那时候真的是很青涩。

章：这些节目当中有没有您印象特别深刻的？比较有代表性的节目？

白：因为十几个节目都是我主持，真的谈不上哪个节目多么有代表性，其实说白了，那时候的那些节目就是《九州戏苑》的分栏目。

章：相当于《九州戏苑》的扩展版？

白：对，因为那时候我们七八个人在着力打造《九州戏苑》，后来就是把《九州戏苑》的一些子栏目扩展成了一个戏曲频道，这种架构戏曲频道一直到现在也没有改变。2006 年到 2013 年，我做了七年制片人，打造《燕升访谈——戏苑百家》，可以说是我亲力亲为、以一己之力打造个人品牌的七年，我个人觉得那也是我积累人脉的七年。

章：当时这个节目的影响力怎么样呢？

白：反响很不错，很多人喜欢看《燕升访谈》，因为那时候打开电视就是音配像，要不就是几台机器录大戏。有了访谈之后，很多人觉得这是有人情味儿、有人文关怀和人文思考的节目。那七年很难忘，但是也很艰难，是通过呼吁、呐喊、挣扎，才使节目存活了下来，直到我离开吧。

章：那您在主持不同类型的电视戏曲节目的时候，在技巧切换上有哪些思考呢？

白：我觉得就是根据节目样态调整自己的状态就好，但是不管怎样一定要做到真诚，以人为本，从人的真情实感出发，千万不要去给自己搭建什么人设，规定什么东西，那样会很假。做节目说到底是做人的问题，所有的审美到最后其实是在审人性。

章：主持电视戏曲节目的时候您对自己有什么具体的要求呢？

白：首先是我有大学四年的中文学习积淀，所以在说话的时候不会说错话，这个指的是语法和逻辑层面。其次是在戏曲专业知识方面，我懂一点戏，特别重要的一点是不怕现学现卖，就怕不懂装懂。遇到不懂的，我很快就会问身边的人、问专家、问演员，绝对不会"嗯、啊"装模作样。我觉得现学现卖不丢人，但不懂装懂是我受不了的，这也是我给自己的一个底线吧。

章：这么多年的电视戏曲节目播音主持实践中，最难忘的一次是哪次呢？

白：那应该是刚主持的时候，在民族宫剧场我把叶少兰说成了叶盛兰，当时是直播，叶少兰就在观众席坐着，我把他的名字说成了他父亲的名字，而且当时很多名家名角儿在下面坐着。虽然没有观众鼓倒掌，下来之后也没有任何人批评我，但我自己羞愧了很长一段时间，因为这种常识性的人名、地名、剧名说错了，连改的机会都没有，最令主持人尴尬，也是让我最难忘的。所以后来我就告诉自己，再熟悉的东西也绝不能掉以轻心。

章：电视就是一门遗憾的艺术，也提醒我们要时刻如履薄冰。

白：对，所以有时候我在想，这么多年我主持了不计其数的晚会，为什么能够保持激情，就是因为我把每一次都当成第一次去主持，无论是在人民大会堂还是在最基层的三五万人的乡间，说真实的，每次上场我手心都冒汗，都会本能地紧张。我曾经问过赵忠祥老师是否正常，赵老师说："正常，必要的紧张才能让你保持一种好的状态和精气神儿，如果太松懈、太不当回事，在台上也会是散的。"我经常就是上场前的几分钟和刚刚上去的一分钟，我每一场都紧张，我就经常有"给我一分钟，我就能征服世界"的感觉，就是只要上去一分钟就什么都不怕了。这就意味着对每一场的主持我都是在意的，"熟戏三分生"，越熟悉的东西，陌生地去做，更有新鲜感。

章：您说的这些都是非常鲜活的实践经验，很有价值。接下来我们聊一聊您离开央视之后的情况，当时从央视离开对您来说是机遇与挑战并存的，这几年一路走来，您当时就是这样计划的吗？

白：不是。这个说来话长，我离开央视的时候没有任何退路，就是离开了。大概三四个月之后，香港卫视找到我希望我加盟，我当时的想法就是还想做传统节目。到了香港卫视之后，我作为副台长创办了一档节目叫作《香港故事》，由我来讲述，我们把目光瞄准一百年前民国时期的一些政治、经济、文化方面的人物，做了包括孙中山、蒋介石、曹锟、梅兰芳、孟小冬等大概30个人物的节目。在香港卫视待了不到两年的时间，有一些卫视找我谈合作，希望我来帮忙打造戏曲节目，2015年的春节开始跟山西卫视接触，确定了接下来要跟山西卫视合作的意向。后来还与湖北卫视、西安台等媒体进行合作。

章：我注意到您与这些媒体合作戏曲节目，不只是做主持人，还担任总导演和总策划？

白：严格来讲应该叫"出品人"吧。虽然说人的精力有限，但这种角色的转换我觉得也是比较自然的，因为只是做主持人的话自己的很多想法实现不了，虽然做出品人很累，事无巨细地操心，但现在我们这个团队已经磨合得很好了，我也很有安全感，我交代的他们执行起来能完成得八九不离十。这个过程是比较水到渠成的，这个是多年来的一种积累，并不是做着主持人我非要去做出品人不可。

章：您觉得在央视和在地方台主持电视戏曲节目，您的播音主持创作活动有没有差异？

白：我没有区别对待，因为我无论到任何地方主持都是带着我这么多年职业化的一种感觉去做这个事，都是用我自己的最高标准去做，甚至我个人觉得我现在的状态比原来还好。

章：人在不断成长，您也在不断成熟。

白：对，我不仅没有降低对自己的要求，反而我觉得我现在还比在央视主持的时候更加开放、包容和温暖，因为我在不断地规范自己、提高自己。不过在央视的经历给我打下了一个良好的基础，包括主持特点和人脉资源等。

章：从您开始主持电视戏曲节目到现在，如果让您来给您的电视戏曲节目播音主持进行一个分期，您会怎么划分呢？

白：工作的第一个十年，可以说是"书生意气，挥斥方遒"，那时候特别希望得到社会和周围人的认可，在一种职业的荣誉感当中全力以赴地工作，做好自己的播音主持工作；第二个十年，是理想与现实相互牵绊的十年，当时有很多想法，但现实当中有很多实现不了，所以是比较痛苦的；第三个十年，就是我离开央视这些年来，主动性更强了，更加知道自己要什么了，要不然也不会选择离开，选择离开之后一定要有一个方向，现在带着自己的团队，应该说我们实现了最初的设想，我们做到了电视戏曲传播的最大化。未来可能会继续沿着这条路走下去，但是再往后的归宿很可能会圆我校园的梦，也许未来某一天我会重返校园，去培养人才。

章：这是从内心感受方面讲，从播音主持创作角度来讲呢？

白：绝对是一如既往地珍惜每一次机会，但是不会乱，"不会乱"指的是我不会为了混脸熟，参加不属于我的场子的节目，央视其他频道也有各种邀请，但是我大多不会去，因为我觉得那不是我的场子，我不想当一个混脸熟的主持人。在大众情人的时代过去之后，我个人觉得在分众传播的时代，我们应该把自己领域的内容做到极致，往深度去做，这个是我内心的追求。

章：现在我国电视戏曲节目已经形成一定规模了，您觉得当前的电视戏曲节目有哪些好的方面？有哪些不好的方面？

白：我觉得不光是戏曲节目，任何节目都一样，仅有爱好和热情是远远不够的。我特别怕陷入一种在自己的一亩三分地里自说自话的境地，所以我们在创作之初就希望打破界限，因为传播千万不能只在戏迷的群体里传播。我反复讲过，中国的戏迷不到1%，99%都是非戏迷，我们如何去争取这99%里的2%都比这1%的纯戏迷基数大，更何况你也不可能让这1%里全部的戏迷都喜欢你的节目。从传播方式上来讲，我们要尽量往大众传播上靠拢，虽然戏曲是小众的，但是要以大众的方式去传播。

章：戏曲的大众传播需要注意什么呢？

白：最重要的就是以人为本，要学会找人性的沟通和共鸣的方法，讲人的故事。目前来讲，我们做那种娱乐的、大众的、平民的还比较少，我觉得我们太需要引导了，而不是迎合，现在很多人不知道戏该怎么欣赏，电视屏幕上做纯戏迷的节目还是比较多的，我觉得有一些自娱自乐的节目是可以的，但不能成为主流，我真的还是希望引导大家如何欣赏、如何迈进这个不太高的门槛，能够进来欣赏戏曲，不能让不了解戏曲的观众打开电视一看之后心想："唱得水平这么低，自娱自乐，戏曲就是这个样子吗？干脆还是不喜欢了吧！"我特别怕这个成为主流。

章：您主导的这些戏曲节目是怎么去做的呢？

白：我主导的节目还是以专业欣赏的为主，强调艺术本身，做大众传播，讲人的故事。所以凡是参加我节目的这些演员和艺术家，走出演播室之后都说特别痛快、特别舒服，因为他们不是干巴巴唱一段儿走了，而是我们以足够尊重的方式讲述了他们的故事，挖掘出了他跟戏曲的前世今生，这就是以人为本的传播，我觉得这一点很重要。所以现在很多节目都还是自娱自乐的比较多，看着很热闹，但是没有质感、没有营养。

章：电视戏曲节目主持人必备的素养在您看来有哪些呢？

白：除了我们常说的政治素养、专业素养，一定要具备一定的戏曲文化素养，要爱戏、懂戏。还要做一个真善美的人，为什么把"真"放在第一位？而不是把"善"和"美"放在第一位，因为"真"一旦缺失，后面的一定都是"伪善""伪美"，现在有一部分主持人就是没有以真实为前提，在那儿作秀，这个是很要命的。无论是什么人，不光是播音员主持人，各行各业都如此，我们要尽量做一个真实的人，所谓真实的人就是要诚恳、友善，同时，要学会必要的质疑和愤怒，这一点特别重要，要学会画一个问号。另外，我常常强调有一个好身体非常重要，我站立最长的一次是穿着长衫站了 12 个小时，因为这个长衫一旦坐下，就会起褶子，上台之后影响观众的观感。站了 12 个小时之后，躺在床上，脚下垫三个枕头都感觉这个血液回不来。所以我觉得一定要有一个健康的体魄，好的身体素质也是播音员主持人必备的一个条件。

章：确实，身体是革命的本钱。您刚才提到长衫，我也注意到您主持节目的时候服装非常考究，是带有传统文化特色的长衫，这个有什么渊源呢？

白：这个并不是我非要把自己打扮成什么样，而是根据这个节目特点去选择的。最开始我跟其他节目的主持人一样，西装、领带，顶多再配个胸饰，曾经我还专门到浙江嵊州，嵊州是我们国家领带出口占 80% 份额的地方，我专门到制作领带的厂家去订制，为什么订制，就是我要确保我胸口上的这块布料要跟我的领带的配色是一样的，市场上是买不到的。穿了一段时间之后我就觉得不对了，我想着穿得再精致，这跟戏曲也没什么关系啊。到 2001 年，首届全国京剧戏迷票友电视大赛，我主持了几十场，那时候我就开始穿纯中式服装了。

章：是唐装吗？

白：算是唐装，但是改良的，是北京服装厂给我制作的，盘扣设计，翻出来袖口什么色我就做一条到膝盖以下的长围巾。因为我们主持的是戏曲节目，必须要体现传统文化元素，从那时候起我穿中式服装算是穿出了标志，我还记得白岩松当时说我是"央视最有特色的主持人"，就是因为别人没有这样穿的，也不符合其他类型节目的特点。这几年我就主要是穿长衫，跟几位设计师在一起商量的设计方案，但因为曲艺的长衫是不垫肩的，是圆肩，我做了一些改良，因为主持人要显得精神一些，我垫肩了，还包括斜襟和对襟方面我也做了一些变化，这个也算是中西结合。然后现在也在继续创新，还在设计新的服装，吸收民国时期先生的长袍马褂的精华，里面是衬衫，外面是个大的马甲，马甲是拖地的，还包括其他的一些改良设计，都是经过反复论证的，不是瞎穿。总之，还是想穿出"中国风"来，因为这是属于中国的东西。

章：可以说，在能想到的各个方面您都做了细致入微的准备。您觉得弘扬戏曲的关键在哪儿？

白：我觉得弘扬戏曲最关键的是在传承，传承戏曲一定是戏曲人本身的事情，这里说的戏曲人指的是演员、服、化、道、编剧等这一整套流程里面的人员。我们再在外围摇旗呐喊，如果戏曲人自己不提高文化素养、不提高技和艺是不行的，他们对于弘扬戏曲的作用是别人无法替代的。电视戏曲节目主持人对于弘扬戏曲的作用是在传播范畴，从我们的角度来讲的话，就是利用我们的号召力，多为戏曲人提供平台、提供机会，帮助他们去进行传播，利用我们的艺术理念润物无声地去感染更多的人，去接触戏曲、了解戏曲、喜欢戏曲。

章：问一个比较抽象的问题，就是您觉得从您主持戏曲节目至今，哪些东西是不变的，哪些东西是不断变化的？

白：不断变化的是服、化、道等这些外在的东西，不变的是演员的"四功五法"。在社会飞速发展的今天，外面的手段花样繁多，让人眼花缭乱，我们更要以人为本，强调演员自身的"四功五法"。

章：那对戏曲主持人来讲呢？有哪些变与不变？

白：一定要说人话，从人的真情实感出发，真听、真看、真感觉，无论节目包装、现场布景、服装搭配如何变化，不变的是内心的那份真诚，做一个真实的人。

章：现在技术迭代的速度可以说是日新月异，互联网技术和5G技术对传播方式的影响越来越深刻，您如何看待电视戏曲节目与互联网的融合？

白：互联网是戏曲传播的翅膀，但是当前电视戏曲与互联网的融合实话说还是"两张皮"的感觉，融合的效果并不好。所以做传统节目的我们，首先不是要祈求互联网去如何传播戏曲，而是首先要把内容做好，把节目的品质做好，这样的话无论技术如何变幻，都可以应对自如。

章：电视戏曲节目与互联网融合的效果不理想，您觉得跟戏曲受众的年龄层次有关系吗？

白：是有人说戏曲的受众是以中老年居多，但在我看来并非如此，我不相信一个人年轻的时候不喜欢戏曲，上了年纪喜欢戏曲。一切美的东西、一切有个性的东西都有他合理的存在方式，所以我想我们戏曲自己首先千万不要把自己端起来、束之高阁，这样会让别人敬而远之，也不要低到尘埃里去迎合，而是保持一种姿态。所以，我想还是要做好自己，让别人知道我们的好，而不是让大家去看糟粕的东西。

章：节目之外，您是如何去推广戏曲，尤其是向年轻人介绍戏曲呢？

白：十几年来，我在工作之余走进了海内外的四百多所高校，去传播推广戏曲文化。去讲座的时候给我最大的感受就是讲座开始前，教室或礼堂里面乱哄哄的，因为有些学生可能是学校组织去的，但是我讲到五分钟的时候，就完全安静下来，讲到十分钟的时候，很多学生从一开始的懒散或看手机的状态放下手机，身体坐直，等我讲到半个小时的时候，他们开始身体前倾，去仔细听你讲座。从他们体态的变化我们就能知道不是他们不喜欢戏曲，而是有时候我们在交流的方式上出了问题，如果你张口闭口就是关于戏曲多么高大上、多么博大精深，故弄玄虚、高高在上地去讲，几句话就会立即在年轻人和戏曲间建起一个屏障。我一般都是从身边人和身边事入手，我更多讲的是故事，然后润物无声地把戏曲渗透进去。我讲的单次最长的讲座是在河南大学的礼堂，我讲到两个小时的时候，学生们不走，要求我继续讲，所以那次讲座我从晚上7点讲到晚上11点，讲了四个小时。而且当时的观众不止是礼堂里的一千多人，广场上的大屏幕还在同步直播，大屏幕前还有几千人。所以说，年轻人不是不喜欢戏曲，而是我们在传播方式上存在一些问题。

章：我觉得这个就是优秀电视戏曲节目播音员主持人对于推广戏曲的不可替代的作用吧。您觉得如果想成为一名优秀的电视戏曲节目主持人要从哪些方面努力？

白：爱戏、爱读书，我觉得这两点是必备的，真心地爱，而不是为了名利地爱，不然的话很难做到与五行八作的人去交流。我也是这样去做的，否则我也不会有那么多的忘年之交，刘曾复老先生、欧阳中石先生、王选教授、莫言先生等。做到这两点我们才能眼里有光、心里有爱地去跟人交流。

章：最后请您对电视戏曲节目及电视戏曲节目播音主持的未来进行展望，未来要怎么发展？

白：什么样的电视戏曲节目及电视戏曲节目播音员主持人造就什么样的受众，我觉得作为新闻工作者和文艺工作者我们要引导，要把节目做得好听、好看，引导着受众向着更高级的审美层次去发展。习近平总书记要求我们"培根铸魂、守正创新"，这是指导我们艺术实践的根本，在守住根本、守住魂魄的基础上再去创新。一个人也是这样，如果一个人魂不附体的话，也就不能称其为一个有正能量的人了，所以我们一定要守住根本，做一个真实的、正直的人，首先要做一个好人，才能是个好的电视戏曲节目播音员主持人。作为一个在电视戏曲节目播音主持道路上从业近三十年、未来还要继续走下去的人，与大家共勉吧。

章：好的，感谢白老师接受我的采访，谢谢！

（五）中央电视台《春节戏曲晚会》播音员主持人鞠萍访谈录

采访时间：2022 年 5 月 18 日下午 5 点

采访地点：北京

章：在大家的印象当中，您主要是主持少儿节目，但我了解到您还主持过很多次的电视戏曲节目，当时有什么渊源呢？

鞠：主要是当时缺人，没有专业的电视戏曲女主持人。那时候我和孙小梅经常客串，和白燕升一起主持戏曲节目。还有个原因就是，那几年我们台戏曲频道每年都搞全国京剧大赛、戏迷票友大赛。

章：我看您客串主持"总台戏曲春晚"比较多。

鞠：对，早期导演会安排我们这些主持人反串，经常会请专业院团的戏曲老师来给我们量身订制主持人参演的节目，所以就有了春节戏曲晚会的表演机会。我跟郭达、李金斗老师演《拾玉镯》，那都是戏曲老师一点一点儿教出来的，我有嗓音条件，能够做到"现学现卖"。所以我一直觉得，主持人不需要各个方面都特别精，但最好什么都懂一点儿。孙小梅会拉手风琴，还会书画，嗓音条件也特别好。所以那时候可以说给了我们很多机会，感谢导演们，特别用心。

章：您在去年央视频推出的《央 young 之夏》节目中演唱歌曲《万疆》的时候，也加入了一段戏曲唱腔，受到了很多网友的好评。

鞠：对，那段儿是《穆桂英挂帅》。我还曾经演过《朝阳沟》《沙家浜》《红娘》《双阳公主》《苏三起解》，最近唱过《梨花颂》《刘巧儿》《杜鹃山》《淮河营》，有过很多表演戏曲的机会。说实话，我觉得主要是总台这个平台给的机会，用最好的老师、最好的乐队，来让我们呈现出自己的最佳状态。

章：您在主持戏曲节目之前接触过戏曲吗？

鞠：没有。小时候听样板戏比较多，因为我是 1966 年出生，小学的时候经常唱，比如《智取威虎山》选段《八年前风雪夜》的小常宝，那时候京剧《杜鹃山》里的柯湘是我的偶像，杨春霞老师扮演的。只局限在现代戏的那八个样板戏当中，传统戏我没看过，那时候也都不演了，直到工作以后才有机会接触传统戏曲，比如在主持戏曲春晚的时候或者是主持各种戏曲比赛的时候。

章：嗯，戏曲方面的知识大多也都是那时候开始积累起来的？

鞠：对，那时候跟白燕升搭档，他在戏曲方面懂得太多了，从他身上学，也带动我去学习戏曲知识、了解戏曲知识。那时候还搞各种戏曲知识比赛，比如哪个动作代表什么意思、哪个唱腔该如何唱等。可以说九十年代那时候的各种直播主持，让我积累了很多戏曲知识，经常连着播 20 多天，得到了锻炼。

章：九十年代的戏曲大赛经常直播？

鞠：对，因为一场比赛 5—8 出戏，一个戏 15 分钟，唱完之后就开始给这些演员打分，打完分考戏曲知识。

章：您还记得您第一次主持电视戏曲节目吗？

鞠：1994 年的《满园春色——春节戏曲春晚》。我还跟罗京老师一起演过戏曲，他唱《空城计》，我演《红灯记》之类的，我们都挺爱戏曲的。

章：我注意到您主持比较多的就是《戏曲春晚》，其他类型的电视戏曲节目主持过吗？

鞠：我没有在他们的专栏里当过主持人，就是《戏曲春晚》，大概主持过七八届。

章：除了主持戏曲节目，您还做过哪些与戏曲节目相关的工作呢？

鞠：我还当过少儿戏曲大赛的制片人，少儿戏曲大赛跟京剧比赛还不一样，其中包括越剧、豫剧、黄梅戏等多个剧种。

章：您主持过电视戏曲节目之后感觉有哪些收获？还有就是您觉得我们该如何主持好戏曲节目？

鞠：首先我觉得我们要学习戏曲人身上的那种作风，这个行当"尊老""不怕苦"，大家相互尊重，无论在台上还是台下，都是特别客气、特别谦逊。还有就是他们那种一丝不苟的精神，比如化妆和服装方面就能体现出来，也就是你扮演一个角色，要有七八位老师来围着你一个人，我们经常会觉得不好意思，但是人家那行当规定就那样，你想帮他系还不行，你可能一动会导致人家系歪了。人家那一套是艺术活儿，要不怎么说是"国粹"呢。所以，从他们每一个人对工作的这种认真度，就能够感受到这些艺术家的德艺双馨。

章：您主持戏曲节目的时候做过哪些准备吗？

鞠：首先，我嗓子好，我有小嗓儿，所以我能唱的还是比较多的，我记忆中除了程派没唱过，其他的我都学唱过。我听、我研究、我琢磨，我经常会对比各个流派的特点，比如张派为什么成派，跟梅派对比有哪些不同，听很多遍之后，我发现张派清新亮丽一些，还有就是它的节奏随着情绪的变化进行调整。

章：还有哪些准备呢？

鞠：还有就是准备各种传统式的衣服，因为主持那种戏曲比赛可能要很多场，服装要经常变化，所以我准备了很多中式的服装。

章：也就是说，既要让观众"赏心"，也要让观众"悦目"。近几年您关注戏曲节目关注得多吗？

鞠：近几年戏曲频道做关于少儿的戏曲节目会请我过去当嘉宾或评委什么的。

章：您的嗓音条件确实特别好，这个不仅有助于播音主持，也有助于唱戏。

鞠：我小时候学过唱歌，当时在合唱团待过。

章：您觉得主持戏曲节目与其他类型节目相比，要具备哪些方面的素养呢？

鞠：对传统文化的热爱，不懂传统文化、不懂戏的话，主持戏曲节目还真是不行，不懂的话，在台上都接不上话茬儿，心里会发虚，你都不知道在哪个节骨眼儿喊好。所以戏曲节目不是什么人都能主持得了的。最好还要会唱点儿，会唱的话会给观众眼前一亮的感觉，而且，会唱戏有助于主持人更深刻地理解戏曲。空时多读读历史，了解著名戏曲名剧中的故事。2022 年，董艺做了一台融媒体的戏曲节目《年年有戏》，我演唱了老生，受到许多年轻人的喜爱。

章：好的，谢谢鞠萍老师，感谢您接受我的采访。

（六）河南台《梨园春》节目播音员主持人赵靓访谈录

采访时间：2020 年 2 月 17 日下午 6 点

采访方式：电话采访

章：赵老师您好，您是哪年开始主持《梨园春》节目的？

赵：我是 2014 年年底的时候开始主持的。

章：有五六年的时间了，那之前是主持什么类型的节目呢？

赵：民生新闻，地面频道的《民生大参考》，算是我们地面频道的王牌民生新闻节目。每天晚上直播一个小时的日播节目。

章：那工作量很大呀。

赵：对，不过好在我们当时有三个主播，轮班主持，所以感觉还好。

章：当时是什么渊源开始来主持电视戏曲节目的呢？

赵：2014 年，节目有意培养年轻主持人组成主持团，选中了我。当时是晓戈姐、关枫、我，还有一位当时是借调的外面的一位主持人——程成，我们四个人主持《梨园春》。后来我们台的男主播培养起来之后，也开始慢慢用起来了。现在可以说《梨园春》节目经历了老、中、青三代主持人了。

章：倪宝铎老师和庞晓戈老师是最早的两位吧？

赵：对，最开始是倪宝铎老师和庞晓戈老师，后来就是关枫，再然后是我和刘雯，后来文韬也加入我们这个团队了。

章：嗯，看来河南台很注重主持人的梯队建设。

赵：对，我们台对主持人的培养还是很重视的。庞总，也就是晓戈姐，她现在是我们副总监，分管主持人。她觉得主持人挺需要这种锻炼的机会的，有什么活动她都会让我们这儿的新人轮流上，哪怕不是《梨园春》这个节目的主持人她也很关照，让大家感受这种大舞台，练练胆儿。

章：你们很幸福啊，领导本身当过主持人，她就会非常熟悉这个行当的人才需要如何去培养，在管理主持人的时候会为大家着想。

赵：对，更能理解我们，感同身受，我们挺幸福的。

章：您在主持《梨园春》节目的时候，跟以前主持的民生新闻比较，播音主持创作有哪些异同？

赵：其实我也是在不断地调整和摸索，刚开始来《梨园春》的时候，我觉得从地面频道到了卫视，整个人很亢奋的，在舞台上说话的感觉也是嗓门儿比较大、语调比较高、状态也比较激昂。但后来等我慢慢找到那种状态之后，我发现这实际上还是一种交流，说白了，这两个节目主要的受众还是老百姓。所以我后来觉得我说话的方式没有必要把它搞得文绉绉，或者把一些词儿加很多修饰，说得特别华丽，语言面貌还是要平实、质朴，还是要有什么说什么。

章：对，民生新闻的目标受众群和《梨园春》节目的目标受众群很接近。

赵：基本上是一致的，以前我主持民生新闻的口号就是"百姓无小事，民生大参考"，定位的目标受众就是百姓。《梨园春》也是这个样子，这个节目之所以二十多年屹立不倒，就是因为它在河南有着广泛的群众基础，河南是戏曲大省嘛，有着得天独厚的优势，十八地市，尤其是县级以下的老百姓每到星期天晚上最大的一件事儿还是看《梨园春》，这是二十多年养成的习惯。

章：《梨园春》的影响力不仅限在河南，其实对周边省份的辐射效应也很明显，我了解到它在河北、山西、山东也都有很多忠实的受众。

赵：对，我在主持《梨园春》的同时还在都市频道主持一些综艺节目，明显感觉到受众群还是不太一样的，综艺节目的受众青少年居多，但《梨园春》节目的受众以中老年为主，虽然我们也在不断地努力吸引年轻受众，但这一点确实是不可否认的。所以在语态上，一开始的时候我和刘雯、文韬交流之后都有这种感受，就是观众 Get 不到我们的点，我们也 Get 不到观众的点，有很多我们自认为很好的包袱，比如"我太难了"等网络流行的语言，当我们拿到综艺节目中的时候会马上很响，但是拿到《梨园春》的时候明显观众有时候就听不懂我们在说什么。所以这个就是明显的差异，我们只能再慢慢调整自己的语态。比如，我会想，我跟这个年龄段的观众应该用什么方式交流，在主持《梨园春》节目的时候能不能说得更通俗易懂一些。

章：对，播音主持的风格要根据节目的特性去调整，我觉得现在效果挺好的。

赵：现在我们可以说都找到了自己的方向了吧，就是如何让观众热闹起来，发现了用什么样的方式跟他们交流他们是接受的。

章：您在主持《梨园春》之前对戏曲了解多少？

赵：我父亲喜欢听戏，我小时候家里有很多戏曲光盘之类的，但是我完全不懂、完全不听。接触了以后我发现，喜欢戏曲是一个慢热的过程，就像是和戏曲谈恋爱一样。同时，也发现唱戏唱得好的人也是非常值得尊敬的，他们的努力、付出的辛酸以及他们呈现出来的艺术的高度，是让人很敬仰的。

章："台上一分钟，台下十年功"说的就是这个意思吧。

赵：从他们身上是可以感受到很多力量，吸取很多营养的。比如，我们豫剧大师常香玉流传下来的很多故事，每次在节目中讲这些故事的时候，都能让我们现代人吸取到这种力量。因为我们播音员主持人也是做业务的嘛，戏曲演员也是做业务的，比如她为了练习一个眼神可以每天盯着一炷香练几个小时，因为戏曲演员的眼神儿很重要嘛。这些艺术家身上有太多需要我们学习的东西了。我虽然以前不太懂戏，但现在能听得懂了，能听得出好坏了。

章：嗯，这个很重要，因为参加《梨园春》节目的大多是打擂的选手，他们表演得如何主持人必须要有一定的了解。那您从不懂到比较懂的这个变化主要是耳濡目染的熏陶，还是自己私下也做了一些工作呢？

赵：我主要是通过看大戏，我们河南台有个梨园频道，每天都会播出一些大戏或者是重播《梨园春》的节目。另外就是和艺术家交流，有时候一起演出我们就会交流很多东西。还有一点就是看专家点评，我们节目不光请戏曲名家，还会请一些曲艺名家和影视演员，就是各个方面具有代表性的艺术家，大家会把自己对戏曲不同的理解、不同的高度和不同的艺术思维巧妙地融入点评当中，我觉得这么多年观众爱看《梨园春》节目，点评也是一大特色、一大看点，所以这个也是一个很好的学习方法。

章：这就是所谓的"近水楼台先得月"，无形当中，在工作的同时就把自己的戏曲素养提高了。

赵：对，所以我经常会看看节目的重播，把老师们的点评看一看，或者是做笔记记下来。有一些很经典的行话，比如"戏是苦虫，不打不成"等，作为主持人不观察他们的点评可能接触不到这些话。当主持人记住这些戏曲行话，并将它运用到播音主持的话语体系当中的时候，可能就是一个特别好的闪光点。

章：对，这就是积累，每个人不同的积累最后就形成了每个人不同的风格。刚才咱们也聊到《梨园春》到目前为止经历了三代播音员主持人，您觉得哪些东西是一脉相承、不变的，哪些东西又是在不断发展创新的？

赵：我觉得这几代人比较坚守的就是对观众的一种"亲切感""交流感"，不论是倪宝铎老师还是后来的这几位。倪老师到现在依然很受大家的喜爱，我们节目千期盛典的时候还专门把倪老师请回来，我们五六位主持人一起跟大家见面。倪老师给人的感觉就很亲切，晓戈姐和关枫哥给人的感觉也都是邻家兄弟姐妹一样，后来我和刘雯在接棒的时候也都在找缩短与观众距离的方式。但是因为毕竟不是一代人，所以还是有差异，不同的地方就在于我和刘雯在节目中还是比较大胆的。

章：怎么个大胆呢？

赵：就是比较乐于自黑、搞笑、自我调侃之类的，这一点可能跟之前的播音员主持人不太一样，我们又汲取了一些综艺节目主持的元素放到戏曲节目主持当中。有时候虽然不善于唱某个选段，但我们敢在节目中去尝试，我敢用这个博观众一笑，我觉得这在无形之中能体现自己的风格，也能缩短与观众的距离吧。现在我和刘雯、文韬在节目中基本属于搞笑担当吧，因为在戏曲专业性方面我们和晓戈姐是有差距的，那么风格上也会有差异，找准自己的定位就很重要了，因为现在年轻观众也越来越多了，我们要培养年轻主持人。当然也不能太闹腾，否则年龄大的观众受不了。所以我觉得我们既不能墨守成规，也要善于把握这个度。

章：年轻一代的播音员主持人在节目中运用网络流行语还是比较多的吧？

赵：对，其实包括晓戈姐现在也在尝试，有时候她会问我们："这句话我老听你们说，这什么意思啊？这句话哪来的呀？"然后有时候她甚至会去百度查某句话的含义。所以大家其实都在摸索，都在与时俱进。

章：这有利于节目吸引不同层次的受众。刚才您提到比较"大胆"，所以说《梨园春》给主持人的空间是不是还挺大的？

赵：我自己的感受就是发挥的空间挺大的，但是如果你没把它运用好，对不起，编导就会把它剪掉。我们的节目是这样子，每期节目每位主持人会分配两个选手在舞台上进行采访，导演会给一个基本的采访构架，选手的经历和要突出的故事点，怎么串联，怎么让观众更爱看这一段儿采访，是需要主持人再去选手那儿深挖的。我们每个人在录制之前，都会去跟选手聊天、沟通，然后再自己组织语言。我们录制是有严格时间限制的，不能超过两个小时，针对每位选手的采访顶多就是三五分钟的样子，这三五分钟就交给主持人了，如果发挥得好，后期可能会保留两到三分钟，但是如果主持人啰里啰唆没说到点儿上，或者选手的表现不到位，俩人没配合好，后期可能编辑得就只剩一句话了。

章：可以说机会都给了主持人了，但是就看能否抓住机会把自己负责的这块儿发挥好了。

赵：对，空间很大，所以我们每次录制之前都要与选手用心地去交流，努力把自己这块儿做好、做出彩，我们就是要争取让导演一句话也剪不掉。

章：在设计这个小板块儿的时候有哪些心得呢？或者说积累了哪些小技巧？

赵：我觉得算不上技巧吧，主要还是看用心的程度，要跟选手沟通和交流，往往一些灵感都是在沟通和交流中迸发出来的。而且在交流的过程中也不仅仅是听他的故事，还要有"编导思维"，怎么把他的唱段和他这个人物结合起来，怎么把他表演的人物性格和他个人的经历结合起来等，都需要自己去思考和设计。

章：所以这也不是个有条条框框的东西，就需要我们运用发散性思维去构思和设计。

赵：对，有时候就是灵光一闪的东西，需要我们下功夫去想。

章：除了这些，主持戏曲节目的话，您如何看待"戏曲专业性"在播音主持中的运用呢？

赵：我比较欣赏的一位戏曲主持人是程成，我搭档过挺多戏曲节目主持人的，我挺欣赏程成那种状态的。因为他从小是学戏的、工小生，正儿八经戏校毕业的，他主持《梨园春》现场效果特别好，别看他那么"闹腾"，他能"闹腾"到点儿上，他能文能武、能唱能打。如果说程成做主持人是老天爷赏饭吃，是他的聪明才智，临场反应很机敏，那他主持戏曲节目肯定是他之前的积累以及和戏曲的渊源了。

章：所以说主持戏曲节目还是要具备一定的戏曲知识。

赵：对，这就是为什么不懂戏的主持人，刚开始站在戏曲节目的舞台上经常不太敢开口，尤其是涉及戏曲专业知识的时候，包括这个唱段是什么、是哪个流派的、是哪位大师的作品，后来它又被移植成了什么剧种？在不懂的情况下是真的不能乱说的，因为台下就坐着专家，台上的主持人也多是半个专家，所以年轻的主持人在找自己的定位的时候一方面让自己成为节目的开心果也好，搞笑担当也好，要找到发挥自己作用的方式，要有存在感；另一方面，就是要"暗下苦功"，还是要去学习戏曲的基本知识，否则的话，不可能永远都是这样的一个角色。

章：现在互联网发展迅猛，媒体融合程度不断加深，《梨园春》节目的播音主持在这方面做了哪些尝试呢？

赵：我们会有一些环节，比如连线网络上的网友一起来唱戏，会有这样的播出季，通过大小屏互通的方式，把小屏上的内容搬到大屏上去，效果还挺好的。现在有越来越多的年轻人喜欢戏曲，他们关注节目的方式主要是网络。以前听人唱戏可能要到现场，但是现在很多人都是通过"直播"去看，足不出户就能看到喜欢的民间的明星表演，能跟他学唱、连麦合唱，然后还能给他打赏，所以得适应这种变化。

章：那您觉得这种变化对播音主持的语言有影响吗？

赵：有，现在涉及网络或新媒体这一块儿，领导就会交给我们这些年轻人去做，我们也因为经常关注这些新媒体，所以会用一些网络语言跟大家交流，比如"宝宝们""老铁们""双击666"等跟网友去聊，整个状态就是不一样的，包括"哦买噶"这些网红标志性语言我们也是可以运用到播音主持语言中的。

章：这会一下拉近与年轻人的距离，让他们觉得是"自己人"。

赵：对，现在其实参加节目的选手也在慢慢发生变化，现在来打擂的一年中得有十几位网络主播，线上粉丝量很高的。以前觉得网络对电视有冲击，但是网络对电视也是有反哺的，这些网络主播在网上把戏曲唱火了以后，再来到我们节目中的时候，他的粉丝也会来关注节目。其实这个大小屏互通从去年开始在我们节目中就经常出现了，有好几位选手就是这样做的。

章：没错，有时候我也会从 B 站上面看戏曲视频，发现喜欢戏曲的年轻人还是挺多的，而且从弹幕当中能发现大家都挺有自己的见解，很多内容会让我们"脑洞大开"。但是，您在主持的时候会不会出现这样的矛盾，就是当您用网络用语的时候，一些传统的中老年受众在接收方面会有困难。

赵：这个我觉得还要"因人而异"吧，因为选手不同，我们交流的对象不一样。当面对的是一位网络主播或年轻人的时候，我们就会多采用一些年轻人的方式，通过选手把一些网络词语或者语言传递给观众。

章：没错，还是不能"一刀切"，要具体问题具体分析。最后一个问题，在未来，《梨园春》节目的定位是什么？播音员主持人努力的方向是什么呢？

赵：戏曲艺术是中国传统文化的集大成者，它是中国传统文化的美学精髓，也无处不在地彰显着我们的文化自信，那一腔一调弘扬的都是"真善美"，传播的都是"仁义礼智信"。我们节目从 1994 年开播已经走过了二十七个粉墨春秋，它的初心和使命就是要弘扬中华优秀传统文化，传播我们的戏曲艺术，展示我们的文化自信。作为主持人除了与观众沟通、与选手交流之外，我们也在不停地寻找那些点，比如这个人身上的闪光点、这个唱段的闪光点、这个故事对我们当下的启示。我们希望能用当代语言向观众讲述这些传统故事的时代价值，用戏曲"讲好中国故事"，这是我们的一个初心。所以这二十多年，大家在做的都是同一件事。接下来我们努力的方向还是一样的，不管节目的形式如何变化，只是一个外壳，我们的核心部分仍然是弘扬中华优秀传统文化、讲好中国故事。

章：好的，谢谢赵老师，感谢您接受我的采访。

（七）陕西台《秦之声》节目播音员主持人刘芳访谈录

采访时间：2018 年 10 月 22 日上午 10 点

采访地点：西安

章：刘老师您好，请问您是哪年到陕西台的？

刘：我是 2007 年从陕西师范大学播音系毕业就进入陕西台了。当时是大三的时候参加了陕西台的全国主持人大赛，获得了冠军，然后大四一年实习，毕业后就进入陕西台工作了。

章：最开始是做什么节目呢？

刘：实习阶段是在地面频道的民生节目《都市快报》做出镜记者，正式入台工作之后到影视娱乐频道主持影视资讯节目，每天 15 分钟的节目。

章：后来是如何成为戏曲节目主持人的呢？

刘：在 2009 年，《秦之声》开播三十周年，当时的《秦之声》节目主持人、也是我上一任的主持人刘波老师准备转岗，所以台里就面向我们陕西台全单位招《秦之声》主持人，然后我就报名了，经过几轮试镜，最终成了《秦之声》主持人。

章：从主持影视资讯节目到主持戏曲节目，这个转换的过程感觉怎么样？

刘：对我来讲一开始是非常有挑战的，因为之前主持的影视资讯节目很简单，就是看着提词器播内容，节目时长也比较短，也基本涉及不到陕西方言问题。但主持《秦之声》节目之后首要的挑战就是：与之前的几任主持人（陈爱美、白妍琴、刘波等）相比我不是陕西人，听不太懂陕西话，但这个节目是以秦腔为主要内容，秦腔的语言基本都是陕西的方言。

章：哦，您不是陕西人？我原以为您是西安人呢。

刘：不是的，我籍贯山东青岛，爷爷支边到新疆，然后我是在新疆出生、长大的，所以之前也没有接触陕西方言的环境。后来在西安上大学，稍微接触一点儿，但也还是不太懂。

章：那您之前接触过戏曲吗？对戏曲是否了解？

刘：这就是我要说的第二个挑战：我之前从来没有接触过戏曲，对戏曲完全不了解，成长过程中我身边也没有这种秦腔文化氛围。不像之前的几位主持人，土生土长陕西人，成长过程中会受到秦腔熏陶，所以多少她们都能唱一些，这方面对我来讲也是个挑战。第三个挑战就是我最开始对《秦之声》节目和戏曲主持没有概念，可以说是一片空白的，因为刚走出校门没多久，只知道《秦之声》是个历史悠久的大节目，历任的主持人也都非常优秀。我本人一直以来也比较喜欢综艺性的大舞台，在这样的情况下正好《秦之声》招人，后来还是很庆幸能成为《秦之声》的主持人。

章：嗯，那您遇到这些挑战之后是如何调整自己或者说如何提升自己在戏曲节目主持方面的能力的呢？

刘：首先我进入这个节目的时候恰逢《秦之声》开播三十周年，我们的节目由周播改为日播，节目量大增，每天都是一个多小时的节目，节目是比赛形式，所以工作强度大幅提高。但我觉得正是这种大批量、高强度的工作状态锻造了我，因为我觉得主持人有时候就是舞台筛出来的，频繁的舞台主持需要我不停地输入关于秦腔以及戏曲节目主持的各种知识。

章：相当于边输入边输出。

刘：对，这种边输入边输出的工作状态就像是快速的强化训练使我很快进入了状态。因为如果在外界的压力没那么大的时候，光靠自己去了解可能进步得会比较慢。因为戏曲基础太薄弱了，甚至我刚开始主持秦腔的时候，我就听不懂，听不懂到什么程度，就是它什么时候唱完我都不知道。我刚开始的搭档是吕越涛，他非常照顾我，经常还没唱完我以为结束了要往上冲的时候，他就一把拽住我，等唱完了我以为还没结束的时候他就提醒我赶紧上场。我自己也很郁闷、很着急。

章：这时候有没有专门找一些名家名角儿的演出视频来看？

刘：有的，除了看这方面的音像资料还经常去现场看。西安有两大剧社，陕西省戏曲研究院和易俗社，他们经常会有一些剧目的演出，我就经常去看，剧场演出好在两边有字幕，我听不懂陕西话我就看那个字幕，看完字幕就能看懂剧情然后就入戏了。我最开始对主持有兴趣，但对戏曲真不了解，但是通过看这些戏，渐渐就被它吸引了，有的剧情感人至深、有的跌宕起伏，然后发现戏曲真的是博大精深啊，然后开始慢慢真正喜欢上戏曲，喜欢上秦腔，从而建立了对戏曲的兴趣。

还有就是，我们《秦之声》团队的工作人员有着几十年的电视戏曲经验，是非常成熟的，再加上我们栏目组还专门聘请了两个专业的院团艺术家作为节目顾问，来为我们栏目组普及戏曲知识，在节目录制前后进行指导，在节目录制过程中进行监督，比如某一出戏的道具摆放、演员服装配饰的穿戴要求，两位专家都会随时来帮忙进行纠正和调整。戏曲舞台讲究"宁穿破不穿错"，否则就闹笑话了。所以有这样的专家在，我就经常向他们请教，比如他们唱的什么？他们这个动作什么意思？等等，他们也都会耐心细致地给我讲明白，所以每天的录制、播出，就像是强化训练一样。

章：除了以上提到的高强度工作状态、深入剧场看戏、找专家答疑解惑还做了哪些工作呢？

刘：除了这些，我觉得就是我得感谢节目组的每一位老师以及我接触到的每一个人，他们对我都非常好。因为最开始主持戏曲节目我经常会犯一些错误，这些错误现在看起来很可笑，但当时就是出现这样的情况了，而且都是没法圆场的，比如把生角儿说成旦角儿了，这就属于硬伤。当时的老师们也没有批评我而是不断地鼓励我，还给了我很多关于戏曲和秦腔的书和秦腔经典剧目的剧本，我在业余时间就不断地钻研。后来大概主持了一年多之后，有一次我们在录秦腔的本戏《赵氏孤儿》，请的是一个专业院团录这完整的一出戏，唱得我也听不懂，但赵氏孤儿的故事我知道，刚好旁边有个剧本，我就对照着剧本看他们每一个人物一句一句的唱词，看进去之后，到最后一场的时候我竟然情不自禁地流眼泪了。真的是被剧情打动了，被秦腔打动了，被戏曲打动了。

章：戏曲作为我国优秀传统文化的一部分，之所以源远流长，必定是有着它深厚的内涵。现在很多年轻人不看戏我觉得不是因为不喜欢，更不是因为戏曲不好，而是因为他们接触得少，不了解戏曲、不懂戏曲。

刘：没错，我也是接触秦腔之后才发现，原来有那么多人爱着秦腔，他们的那种爱是我们无法想象的，真的是生命中第一位的，像对待自己的生命一样爱着戏曲，像戏痴一样爱着秦腔，可以说，如果没有秦腔他们就会觉得生命是寡然无味的。

章：所以这也凸显出戏曲节目主持人的重要性了，戏曲节目主持人所做的事情也是在不断地弘扬中华优秀传统文化。说到主持人了，在您主持戏曲节目之后有没有专门关注一下其他的戏曲节目主持人啊？您最欣赏的戏曲节目主持人是哪位？

刘：有啊，比如白燕升老师、央视戏曲频道的董艺老师，以及山西卫视、河南卫视的戏曲节目和戏曲节目主持人我都关注。说到最喜爱的一位那肯定白燕升老师了，我觉得他的状态已经很娴熟了，对节目的把控游刃有余，在场上的表现把主持人的魅力展现得淋漓尽致。

章：嗯，白燕升老师可以说是我国戏曲节目主持界的标志性人物了。

刘：通过关注这些优秀的戏曲节目主持人，都可以汲取相应的养分来提升自己。有一点就是，《秦之声》这个节目做得最火的有之前的专业大赛，后来慢慢地还出现了"戏迷大叫板"。

章：类似于草根大赛？

刘：对，这个是非常非常火的，这个跟其他节目借鉴得比较少，而且陕西的戏迷还有自己本土的一些特点。我印象深刻的就是每一位戏迷选手唱完之后，我都要去跟他们聊天、采访他们、挖掘一些发生在他们身上的独有的故事和人生体验，以及他们和秦腔之间的故事。大部分来到舞台上的戏迷会唱，但有一些戏迷的语言表达能力是有限的，有的平时在家务农的戏迷甚至只有初中文化水平，站在舞台上就不太会说。

章：嗯，越是这种选手越朴实，唱得也是最原生态的秦腔。

刘：对，唱得没问题，但是他们上节目还要有互动，作为主持人在舞台上要跟他交流，为了防止在舞台上他们太拘束，我会提前去跟他们聊天，比如"你怎么喜欢上秦腔的啊？""平时怎么唱的啊？""今天为什么来参加比赛啊？"我们每期需要录四位选手，每天录四五期节目，大概要录 20 位选手，就这样要跟他们每个人去聊，聊戏啊、聊经历啊，等等。

章：这样的话工作量是很大的，你们的节目是日播吗？有几组主持人？

刘：我们从 2009 年开始就一直是日播状态，导演组有三组，主持人不变每一组都要跟。五套文艺频道的《大秦腔》的班底是之前《秦之声》的班底，现在卫视播出的周播节目《秦之声》是另外一组人做，也是我在主持，我和另外一个小伙子。

章：工作量这么大的情况下，还有时间自己去学戏吗？

刘：要学啊，我学的第一出戏，就是秦腔经典选段《三滴血》，祖籍陕西韩城县，是个小生戏，比较简单，但对我来讲也是挺费劲儿的，因为我首先要学陕西方言，之后就是跟着李小峰和张涛的视频学，然后再找我们栏目组的老师帮我指导，后来还专门学过旦角，因为我觉得可能这比较适合女生唱。

章：您在节目中唱过秦腔吗？

刘：唱过一次，但我觉得我这个陕西话就不太过关，唱秦腔听起来就会比较别扭，后来我就想着，我还是扬长避短好好主持、好好说话吧。

章：作为电视戏曲节目播音员主持人，主要任务还是播音主持工作，虽然会唱的话会更好，更能拉近跟戏迷之间的距离，但也没必要非得会唱不可。

刘：我其实很羡慕白燕升老师、陈爱美老师他们那种在主持节目的过程中就可以信手拈来地唱一段儿的状态，但这个对我个人来讲实在是有些难，我就想着我把戏曲尤其是秦腔的知识先充分了解了，唱的话慢慢再尝试吧。

　　章：白燕升老师和陈爱美老师都是从小就接触戏曲，白燕升老师在他的《大幕拉开》中仔细地阐述过小时候登台表演河北梆子的情景。之前我在采访陈爱美老师的时候，她也跟我提到过她小时候就特别喜欢唱秦腔，经常她一唱，很多孩子们都会聚拢过来看她表演。对像白燕升和陈爱美这样的戏曲节目主持人，我觉得他们对戏曲宣传和弘扬的作用比一些戏曲演员还要大。

　　刘：这是相辅相成、互相促进的，戏曲节目主持人也是个很幸福的职业，像我就是因为《秦之声》才走上了大舞台，包括后来主持一些戏曲之外的综艺晚会，也都是因为我主持《秦之声》才让大家认识了我。还有就是好多观众喜欢我们，也是因为秦腔，我印象很深刻的一件事：之前我们陕西台各个频道在做地面推广的时候，各频道的主持人都要去介绍自己的节目，在后台候场的时候，一位白发苍苍的老奶奶往我这边走，她除了我谁都不认识，过来说："芳芳闺女，你看你穿着高跟鞋站半天了多辛苦啊，奶奶把凳子给你，你快坐一会儿。"你想一位驼着背的老奶奶来给我送凳子，当时我就特别感动。我还经常收到农民给我寄来的自己种的无公害的玉米、黄瓜、西红柿。还有之前我生孩子的时候，一位大娘，她就按我没上节目的这个时间推算，我可能生孩子了，孩子可能多大了，然后自己手工给孩子做了虎头鞋，还有纳的鞋底，这种真挚朴实的感情非常打动我。现在人们都很少写信了，但我经常收到戏迷的来信，有特别厚的一沓，感觉特别难得，现在互联网时代我们电视戏曲节目播音员主持人还能有这么大的关注度和影响力，都是戏曲的魅力带来的。

　　章：真是太难得了，说到互联网，可以说现在新媒体发展得非常迅猛，媒介生态日新月异，你们节目在互联网背景下有没有做一些调整或者尝试？

　　刘：想过，也做过一些尝试，比如我们节目开通微博和微信公众号什么的，但我觉得这方面做得还不够好。因为我们日常的录制和播出的任务已经比较重了，我们栏目组才20多人，如果再想把各个方面做得精益求精的很吃力，所以这方面我感觉做得还比较少。

　　章：节目中有没有加入一些与网友或其他平台的受众之间的交流呢？

　　刘：之前也有过，但我觉得效果一般，因为我们节目不是直播，没有特别强的即时性和互动性，所以意义不大，这样的版块儿也就有点形同虚设了。我自己也尝试过做一个公众号，然后让大家往上面传自己演唱秦腔的视频，但后来发现，秦腔的受众群主要还是年纪稍微大一些的，他们用互联网的熟练程度不如一些中青年的戏迷，如果以互联网为主的话可能会流失一大部分戏迷，所以我觉得一定要把线上线下相结合，可以把这个互联网当作一个辅助，但主要的东西还是需要用电视来呈现。而且作为主持人来讲，我也觉得录制已经填满了我的工作，一天大概要录 30 位选手，只有我们一组主持人，精力实在有限。

章：确实辛苦，很辛苦也很锻炼人，痛并快乐着。从您主持戏曲节目到感觉自己进入状态大概用了多久，就是说主持了多久之后，您觉得自己对节目的把控达到了一种比较轻松的状态？

刘：我开始主持戏曲节目其实是不太自信的，虽然大学学的是播音主持，专业也还算比较好，后来参加主持人大赛成绩也不错，但开始的几年也是一直在找状态的阶段，这样持续了大概三四年，才觉得进入状态了。因为一站到舞台上所有人都可以来评价你、审视你，开始总怕别人说你不好。

章：其实播音员主持人这个职业挺脆弱的，时刻处于一种接受检阅的状态。

刘：对，主持的内容每一场都是新的，所以开始的几年很怕听到批评的声音，说你不行什么的，好在当时的观众大多数还都是很宽容的。大概差不多到三四年的时候，慢慢地觉得自己心里有数了。其实这种自信也是经过完成一次一次、你开始认为很难完成的主持任务，并且还完成得不错，这样慢慢积累起来形成的。

章：是的，很多时候我们接到一个任务，可能感觉很难，就会做十分的准备，当我们完成这个播音主持任务的时候发现可能只用了三四分，这时候心里就会比较踏实，经过这样一次一次的磨炼，自信心就培养起来了。

刘：到现在我主持电视戏曲节目大概十年了，心里会有个数，比如哪些活动自己会比较游刃有余，哪些还需要好好做做功课。

章：在这十年中您有过疲劳期吗？

刘：也有，大概五六年的时候吧，我觉得对我来说是个瓶颈期。当时觉得一个活动能应付我就不费那么大劲儿了，但其实这样特别危险，因为这样的话就属于停滞了。这时候我会使劲儿地提醒一下自己，毕竟对这个职业很喜欢，也就希望自己再有个提高。

章：那后来有过明显地感觉到自己有提高吗？大概什么时候？

刘：有，2013年有了宝宝之后，也就是我说的瓶颈期之后。因为在这之前自己是个小姑娘，在大家眼里也是个新人，所以大家对自己要求不高，新来的嘛"差不多"的话大家就会觉得"不错啊"，所以自己对自己的要求也不高。但当生完宝宝回来以后，因为之前已经主持了几年了，自己已经不是新人了，就不能再以之前的标准要求自己了。

章：嗯，以前可能感觉达标就是对自己的最高要求了，但现在的话达标可能只是个底线了。

刘：说实话开始的时候我关注更多的可能是今天衣服是否得体，妆容是否漂亮这些外在的东西，但之后更多的就是我表达的内容了，这句话怎么说，这样说出来好不好。还有就是回归岗位的时候我就在想，一定要让大家感受到我的变化，因为成为母亲之后看世界的角度就不一样了，人生的感悟又多了一点。

章：当了母亲之后身上就会有母性的光环，我觉得这就是成长。这些年的电视戏曲主持生涯，您觉得还有哪些感悟呢？

刘：感悟的话我觉得播音主持这个职业就是一个崇尚"平等"的职业，我们跟比较高层的人在一起要平等，跟比较基层的人在一块儿也要平等，不能跟高层人士在一起我们就低三下四，也不能跟基层人士在一起就高高在上，我觉得把这个度把握好特别重要。

章：对，在一些职位比我们高或社会影响比我们大的人面前不怯场，在一些普通老百姓面前我们也不要压人。

刘：而且我觉得播音员主持人永远不要喧宾夺主，我们始终起一个穿针引线的作用。还有就是在舞台上主持节目的时候一定要有真情实感，虽然舞台艺术有时候也需要加入一些表演成分，但播音员主持人一定要动真情，我觉得这几点是我比较有感触的方面。

章：分享一下这些年最难忘的一次电视戏曲主持经历吧？

刘：那就要说说三年前的陕甘戏迷争霸赛了，当时是陕西省和甘肃省两个省合作，两地戏迷的争霸赛，甘肃的戏曲节目《大戏台》做得很好，当地秦腔的氛围也特别好，戏迷的水平都非常高，接近票友。作为主持人我们一直伴随着戏迷闯关，看着他们一路走来是那么热爱秦腔、向往舞台，特别努力，非常不容易。但随着比赛的深入，到十强赛的时候就很残酷了，名额有限，必然面临割爱的选择。有一位选手我印象很深，是我们陕西的一位选手，被淘汰了，我知道她内心非常遗憾，但她表现得特别乐观，我觉得他们有一些人文化水平可能不是很高，但能说出那种话我都很佩服，让我很感动，当时她没事儿，我却流泪了，因为我一直和他们经历了那个过程，知道他们走到这一步有多么不容易，那个时候的眼泪真的是真情实感的流露。而且有时候评委在点评的时候对选手要求比较严格，我就经常替这些选手说话，因为评委仅是从艺术的角度来分析她展现的那一段儿，而我是对他们一路走来的整个过程和台前幕后的事都非常了解，他们在背后付出的努力主持人是能看见的。说实话感觉当时有点失职，作为主持人应该安慰选手，那次反过来了，她不断地安慰我。

章：比赛无情人有情，您那个表现就是一种真情实感的流露，也是对选手负责的一种表现，相信您所表达的内容也是很多喜欢她的戏迷的心声。您除了主持电视戏曲节目，平时有没有组织或参加过推广秦腔的公益活动呢？

刘：有啊，我们会和一些专业的秦腔演员组织"秦腔进校园"活动，去给大学生演出和讲课，让年轻人更多地了解秦腔。演出结束之后，我们还会把演员再请上台，给学生讲一讲他的这个扮相是什么，他的某一个动作代表什么，他的这个妆容为什么这么化，等等。同时也会结合年轻人的特点讲一些他们感兴趣的东西，比如告诉他们古人其实很会谈恋爱，就像《拾玉镯》中为了跟心上人产生关联，会主动把镯子丢在那儿，让心上人去捡，学生们对秦腔也很感兴趣。

章：对，这样的话会拉近年轻人和秦腔的距离，把更多的年轻人吸纳到秦腔艺术中来。这种优秀的传统文化比现在流行的很多快餐文化更有价值。

刘：向年轻人推广秦腔很重要，而且我觉得推广秦腔不只是秦腔演员或者从事与秦腔相关行业的人的事，也是每一位接触到秦腔的人的责任。秦腔被列入非物质文化遗产了，一方面体现了我们对它的重视，但另一方面也说明它正在慢慢消逝，需要我们好好保护它、传承它。我出去演出的时候，甚至经常跟主办方说我看你们这个节目单中没有秦腔，要不要我帮你联系秦腔演员来表演一个啊。

章：现在全国范围内播音主持艺术专业非常火爆，很多播音主持艺术专业的学子可能以后也想从事电视戏曲节目播音主持工作，您觉得一名电视戏曲节目播音员主持人的必备素养有哪些呢？

刘：我觉得戏曲节目主持人与其他类型节目主持人的最大区别就是有一定的专业性，首先要有一定的戏曲文化素养，否则在舞台上无法交流，而且有时候在舞台上需要"有感而发"，如果不懂戏，这个"感"和"发"是很难出来的。像做戏曲节目比较好的白燕升老师、陈爱美老师、董艺老师，他们都是很懂戏的。还有就是一定要"热爱戏曲"，只有热爱它，才能投入进去，在进行戏曲节目播音主持的时候你所说的话才是观众想听的，你在特别难、特别疲惫的瓶颈时期才能迈过去。然后像政治素养、文化素养、播音主持专业素养这些与其他类型的播音员主持人的要求就差不多了，像字正腔圆、体态语之类的在最开始主持的时候比较关注，再往后就内化成一种习惯了，不用刻意去考虑了。但是作为播音主持专业的学生来讲，我觉得基本功很重要，在学校的时候一定练好基本功，每天的练声一定不能偷懒，将来步入工作岗位的时候就会发现当时练好基本功的重要性了。

章：您觉得戏曲专业的学生或演员成为戏曲节目播音员主持人的话，这个模式您觉得怎么样呢？

刘：目前我没太关注到有这种情况，之前我们也邀请过专业的戏曲演员来客串主持跟我搭档，效果挺好的，但是主要的节奏还是要我们来把控，术业有专攻嘛，他们身上会有一些戏曲方面的精气神儿，但不一定会适合主持，当然，不排除以后会有这种完美结合吧。

章：可能看问题的角度不太一样，播音员主持人更多的是从主持节目、串联、控场的角度出发，他们可能更多的是从戏曲艺术的角度出发。您对当前戏曲艺术的整体发展状况有关注吗？

刘：我觉得近几年国家非常重视传统文化，对戏曲的扶持力度也很大，政策上会给很多倾斜，大家都说戏曲人的春天来了，现在很多院团都在做惠民演出，老百姓只需要花一二十块钱就可以到剧院看名家名角儿的戏，我们可以发现这两年剧场演出又火起来了，在现场看和在电视上看区别还是很大的，在现场会看到很多细节。

章：通过您对之前老一辈的电视戏曲节目播音员主持人的了解，以及对当前电视戏曲节目主持人的观察，戏曲节目播音主持工作有哪些变与不变？

刘：我觉得不变的是戏曲节目大部分面对的是普通的基层受众，所以无论是以前的还是现在的都是很接地气儿的，而不是高高在上的。以我们的节目来讲，变化的是以前主持人在节目中的表现比重还挺大的，但现在主要是穿针引线的作用了，更多的是让选手去表现，让评委去点评，让观众去感受。还有就是现在跟选手交流的时候，不像之前那样只聊戏了，而是靶向意识更浓了，就是聊参与节目的人的经历，聊这个人的感受，这个人可能是名家名角儿、可能是草根选手，也可能是点评专家，把个人放大我觉得节目才会更有看点，人文关怀意识才更强。

章：节目的整体效果也是播音员主持人要考虑的，现在很多电视戏曲节目播音员主持人也在尝试很多新身份，有的兼做节目策划，有的兼做制片人什么的，您有没有考虑过在这方面也做一些尝试呢？

刘：有这样的想法，这个其实就是一个全新的领域了，因为作为制片人的话更要去进行通篇考虑。其实现在我们主持人也会参与节目的策划会，而且一个好的主持人也是一个好的现场导演，当节目一开始，开头音乐一响起，这个场面就交给主持人去掌控了。在节目进行当中会出现很多突发情况，这就需要主持人发挥临场应变能力进行协调了。

章：作为播音员主持人不能只把自己的目光局限在播音主持上，而是要深度参与到节目的编创中来。

刘：对，这种深度参与不仅体现在播出前和播出中，也体现在播出后，就是在节目播出后我一定要看，而且还要带上家人一起看。

章：这个做法我也很认同，只有这样才能知道自己哪里做得好、哪里做得不够好，因为我们在台上主持的时候说的某一句话当时觉得没问题，但从观众的角度来看就会发现问题。

刘：对，只有这样才能不断地进步嘛。

章：好，今天聊了很多，很有价值，收获很大，感谢您接受我的采访。祝您越来越好。

刘：谢谢。

（八）浙江台《戏相逢》节目播音员主持人朱晓杨访谈录

采访时间：2019 年 5 月 17 日下午 7 点

采访地点：杭州

章：浙江电视台有哪些电视戏曲节目和电视戏曲节目播音员主持人？

朱：浙江台在十年前有很出名的几档戏曲节目，好像是每周六、周日下午时段播出，叫《戏迷擂台》，这个节目主要是戏迷上台表演以及与名家的一些互串，还有一些节目主要是做名角演员们表演戏曲的片段。当时最著名的电视戏曲节目播音员主持人是浙江卫视的更生，他是学武生出身，会唱越剧、黄梅调和京剧，他对戏曲演员从小是如何练功、如何成长的经历很熟悉，包括对戏曲流派和戏迷文化也很清楚。但是后来由于大环境改变，戏曲节目和综艺节目流量的不平衡，节目就停办了。

章：那你们这个《戏相逢》是在什么背景下创办的呢？

朱：浙江是戏曲大省，是南戏的故乡，还有永嘉昆曲，也是越剧、绍剧、婺剧等著名剧种的发祥地，随便探究一个地方剧种的来历，很可能就是中国戏曲艺术的一块"活化石"，并且很多戏曲的本子都创作于浙江，所以说这里戏曲文化积淀丰厚。有这么浓厚的戏曲氛围却没有电视戏曲节目，后来省两会期间就有人大代表和政协委员提议在浙江电视台开办一个戏曲频道，但是由于经费、人员有限，就决定先在浙江影视娱乐频道开办一个专栏节目，每周 20 分钟。

章：这个节目构成是什么样的呢？

朱：最初的设想是把这些名家的折子戏通过主持人串场串起来，后来我们在策划的时候就觉得这样做的话意义不大，把这样的节目放在十年前都不算好节目。然后我们大家一起定下来，觉得做演员的心路历程的采访是一种另辟蹊径的方式，通过访谈让大家知道演员的生活是什么样的，最后再还原一个折子戏，所以节目主要是由访谈和折子戏两部分组成，访谈由因戏结缘和创作过程两部分内容，还会聊到和老师之间的关系，因为我们现在做了很多名家弟子之类的节目。在节目创作上，从拍摄、呈现到剪辑都用了现代最先进的技术和设计，符合当下年轻人的审美喜好，比如拍摄过程中用到斯坦尼康，希望节目的镜头视觉可以丰富起来。节目播出后反响很好，有很多戏曲人觉得又有了一个展示戏曲文化的舞台，并且有很多演员在采访过程中都会真情流露，甚至是潸然泪下，这让我觉得电视戏曲节目在这些戏曲人心里有很迫切的需求。

章：这不仅是戏曲人迫切的需求，应该也是广大戏迷票友的需求，更是我们弘扬优秀戏曲文化的需求。

朱：对，《戏相逢》已经开办近两年了，从最初的周日晚 22 点到现在的周六晚 21 点，也可以看出来大家对这档戏曲节目的肯定，现在还经常有不少年轻观众包括大学生主动来探班，给演员拍照、与演员交流。

章：在这两年里，你们制作团队有没有遇到什么困难？

朱：目前我们碰到的困境就是当我们把梅花奖演员、白玉兰奖演员全部采访完之后，没有人可以采访，因为采访年轻一辈的话他们经历比较少，故事不够丰满。这一点我也跟很多剧团说过，老年人在慢慢地老去，传统戏曲的粉丝、戏迷在逐渐减少，而且很多剧目没法适应当今的市场。之前上级领导审片时还说，感觉我们这个节目采访部分比较多，欣赏时间有点少。但是我说如果大家都是一样的形式，观众干吗要看我们的节目，直接看碟片就可以，观众看节目的目的就是想知道戏和人物的故事，我们现在所做的访谈还是有点散，如果有一天能够把戏曲分支和人物的访谈做得更紧实、更有意思就更好了。另外，还有经费的问题，这个节目不创收，除了最开始财政拨款 20 万元来启动这个项目，之后就靠台里给补贴了。

章：现在全国范围内有很多电视戏曲节目，横向比较的话您觉得《戏相逢》这个节目和其他戏曲节目有什么不同？

朱：《戏相逢》和全国大部分戏曲节目不同之处在于我们没有现场观众，而是主持人和嘉宾一人一杯茶，就跟朋友聊天一样。这个设计是因为大多数戏曲演员在访谈过程中是很收敛的，如果把他们置身于很多观众的现场中，他们会端着，主持人可能也会端着。虽然前期编导会跟嘉宾沟通很多，但是不明确地告诉他台本的具体内容是什么，希望嘉宾能够真的放下来，在聊天过程中我尽量不打断嘉宾叙述过程，听完再一一细聊，最后直击心灵深处。很多被采访嘉宾都表示他们很喜欢、很接纳这种采访方式。

章：纵向比较的话，您觉得主持《戏相逢》跟你们以前的戏曲节目有哪些不同？

朱：我们这个《戏相逢》观察和记录戏曲的方式跟以前不太一样。以前的戏曲节目以娱乐性和欣赏性为主，以前的戏曲节目主持就是舞台化的、播报式的，主持人只需要根据编导准备好的台本跟演员做沟通即可。而现在不是，我们必须要真懂戏，还要从前期策划到后期剪辑全程参与。电视戏曲节目的访谈非常有局限性，因为戏曲演员的采访很特殊，他们比较清高，不能挖出太多令他们痛苦的东西，但是现在他们也确实面临着社会关注度不高的问题，所以采访的这个度很难把握。

章：《戏相逢》是以越剧为主的节目，越剧有什么特点呢？

朱：一是越剧不单单是分行当，还分很多流派，如果不懂，演员开口唱，就不知这是哪个流派；二是越剧演员不单单只唱一种流派，一个演员可能被称为某个流派的传人，但是他在演出过程中还唱别的流派。越剧很多角色的塑造是根据演员的声音、角色的性格去做流派。越剧很多演员说他在舞台上不像昆曲那么程式化，会相对来说比较自由，对现代新鲜事物尝试很多，比如把昆曲融入越剧改编《牡丹亭》；把越剧和莎士比亚的名著改编到一起变成《寇流兰与杜丽娘》；把越剧变成越歌调，与西洋乐曲相结合；把日本、朝鲜的剧目移植到越剧里等多种形态的展现。我曾经多次到剧场看演出，有一次看完之后采访剧团负责人，问他为什么这个剧看不到很明显的流派，他们回答说："你这个问题问到点子上了，我们现在要求是表演根据人物发展的情绪来带动推进，是由情感来决定你的唱腔怎么做、怎么改，而不是固定流派的手、眼、身、法、步。"所以浙江越剧跟上海越剧不一样，上海是很贴近老师的原版，包括咬字、发音、唱腔，浙江戏曲找不到很刻意的痕迹。

章：能感觉到您很懂戏，尤其是越剧，您跟越剧是怎么结缘的？

朱：我表舅和舅妈都是戏曲演员，从小跟着他们跑农村剧场，我小学升初中的时候差点读艺校，后来由于男生少，我就没有报名。但是从小就对传统艺术、对戏曲、对越剧都很有兴趣，加上后来持续的关注，才有了现在做节目的基础。

章：在主持戏曲节目之前您是做什么节目的？

朱：主要做美食节目和娱乐节目，并且现在还在继续做美食节目。当时台里要做戏曲节目，但是没有主持人对戏曲有基础，同事们觉得我平时唱得还不错，大家就推荐我去。其实，我觉得戏曲节目和美食节目是有共通之处的，它们虽然都比较表象，但都要真的懂，菜有菜系、戏有唱腔，同时又能纵向地通过某道菜或者某个剧目把他们的文化脉络理出来。

章：主持戏曲节目之后的感受怎样呢？

朱：来不得虚的，一定要有戏曲知识的积累，包括对越剧演员我们需要了解的东西也比较多，包括剧目、人物个性、主要流派和曾经的流派等，要真正地融入他们的系统就必须有很多专业的戏曲知识。还有就是我感觉我们这个节目邀请的嘉宾都是角儿和腕儿，所有的事情都必须考虑在他们的前面，并且要更善于总结一些东西，这样的话嘉宾才会信服。还有就是戏曲演员从小学戏，生活经验和文化积淀都有一定局限性，而且他们不像娱乐明星接受采访比较多会懂得怎么聊，所以采访中作为主持人要带着采访嘉宾走，不能指望戏曲演员给主持人带节奏，如果在采访的过程中主持人处于下风的位置，就很难办。所以主持戏曲节目之后，我会经常去思考一些东西、总结一些东西、看一些东西。

章：现在浙江台戏曲节目主持人有几个？

朱：只有我一个，我觉得现在的主持人跟以前真的不一样，现在的戏曲节目主持人需要做绿叶，然后来捧红花，能让戏曲演员进入大众视野，我负责听，帮他归纳和总结。而不是和演员有种上下级关系的访问，这个时代已经不是主持人走在前面的时代。

章：主持人和嘉宾一定要以一种平等的视角去聊天。

朱：对，我们一定要尊重被访嘉宾。我跟被访嘉宾做完节目之后问他们感受如何，他们说我不会问一些很雷区的问题，比较能够引导他们说出一些内心真实的想法，包括童年记忆在内的整个心路历程，有方向地去回忆。这个评价对我来讲是实现了我对自己的期待的。因为我们节目的名字叫《戏相逢》，我就是希望通过我，在戏迷和演员之间架起一座桥梁，并且为他们提供一个展示的平台就够了。而不是想着我作为主持人要如何出风头，不会让大家把目光集中在我身上。

章：您觉得您对节目还有哪些好的想法没有融入进来或者说以后想要努力的方向是什么？

朱：想法很多，比如我想真正进入一个剧团，进行完整的日常记录，探究一下一出戏到底是怎么排出来的？演员在这出戏的创作过程中会经历什么？把这些日常的记录分阶段地拍下来，再经过访谈串联，这个要跟剧团合作，要有很好的默契。

章：这种形式在网络上运用得多一些。现在网络融媒体飞速发展，在这方面你们做了哪些尝试和改变？

朱：其实很无力，因为现在是"内容为王"，电视戏曲节目的内容就在那儿摆着呢。年轻人如果没有一个整体审美趋势回归到传统文化上，他们就不会听戏曲。这是一个很大的、很麻烦的事情，也很尴尬。我们能做的是节目录制过程中舞美、灯光、包装做一些改变，但是戏曲的内容不会改变。而且也不能很着急地做所谓的创新，也有很多戏曲人包括电视戏曲人在内在创新，但是你的这个创新对戏曲是不是一个很好的继承就是个问题，做不好是会毁戏曲的。

章：现在确实处于探索阶段，还没有一个定论。别说戏曲，就连电视现在也在走下坡路。

朱：对，其实我们可以吸收借鉴国外的一些做法，日本、韩国、泰国等国家的传统戏剧演出我也去看过，节奏也很慢，但是观众当中并非以老年观众为主，年轻人也很多，剧目当中的一些笑点很吸引那些年轻人。

章：在吸引年轻受众方面你们做了哪些努力？

朱：因为我们这个节目现在就四个人在做，所以能圆满完成正常的播出就已经很不容易了，还没有进行太多之前想到的线下的宣传工作，这一年多的时间一直在磨合节目，现在节目磨合得差不多了。今年我们可能会搞一些"走进校园"的活动，希望把戏曲这种传统文化带给年轻人。我们通常认为用比赛、进校园的方式可以吸引年轻观众，但是连故事都不展现给他们，怎么吸引他们。访谈的方式也好、叙述的方式也好，我希望用人物和戏曲的故事、用人物和戏曲的情感来打动年轻人。现在大家慢慢地都有一种行动力，对国家文化、传统文化都有一种尊重。2019 年元旦戏曲晚会国家领导人出席观看，说明国家对戏曲文化的重视。不由得感叹戏曲作为中华民族的传统文化，是传统文化中一块经久不衰的瑰宝。

章：我知道您也主持过戏曲晚会，主持戏曲晚会和主持《戏相逢》有什么不同之处？

朱：我没有把戏曲晚会做得很像晚会的感觉，我是用比较充满喜剧性的台词，以及跟演员之间的插科打诨的引荐和角色的代入感，去完成这台晚会的。还有一点想说的是，做这个节目到现在，我一直坚持穿中式的衣服，包括能体现戏曲元素的装饰也会运用起来，我希望演员看到我这身打扮，觉得我对戏曲艺术有种敬畏之心，用这种程式感来拉近和戏曲演员以及戏曲节目观众的距离。

章：戏曲讲究程式化，电视戏曲节目主持人穿着中国风的服饰符合戏曲节目的特质。对电视戏曲节目播音主持的未来您有什么展望？

朱：从实际出发，深耕垂直领域，使这项活动更有专业性，增强代入感。我觉得现在所谓的戏曲比赛主持人严格意义上来说不算一个真正的戏曲节目主持人，他的更多职能是串联评委和选手，推进节奏。思考一些业界的宏观的东西，而不是特别小的东西，你如果要成为一个必然的存在，那么就要找一个存在的定位，是一个旁观者、发现者还是一个引领者？这也会影响到主持节目的语态。要成为一个垂直领域的意见领袖，不然很容易被取代。怎样让自己不成为一个累赘，你所说的要是大家所不知道的，要带领大家去认识不知道的事物和领域，这对每个主持人来说都通用。

章：最近 AI 主播机器人受到大家的关注，您觉得主持人在以后会不会被 AI 代替？

朱：不会。我们受众在终端获取内容的时候，最想获取的是信息和故事，信息是满足求知欲，故事是满足人天生的窥探欲，所以从以前的戏曲、戏剧、电影再到电视、话剧，都没有逃离故事这个框架，也就是说人类在行进过程中，一直在获取故事，故事把所有的角色层面想要达到的、宣传的，通过具象的故事给大家，而我们普通人希望总结大家的人生百态来对自己有一个反馈和感知。只要故事的欲望在，就不能够消失。在电视的传播媒介也好，在新媒体的传播媒介也好，主持人怎么可能被 AI 主播替代。因为即使它有一万种算法，也不可能跟你进行情感的交流。

章：对，这是关键所在。

朱：对呀，AI 是根据数据的算法给你一个回应，但是人类的微表情，人类的思想有多少种，这个是计算不出来的。即使再精确的算法也没有温度，它配合不了表情。AI 主播也许可以替代部分咨询播报类的播音员，但是它永远代替不了整个播音主持行业。大家都在说新媒体在唱衰广播电视，我的观点是其实一切都没变，只是传播介质发生了变化，传播的方向发生了变化，以后看电视台不是通过电视看，但是这还是一个节目，该有的内容必须有，这就是现在传播媒体都在往新媒体发展的原因所在。大家所批判的是介质，反过来介质变化影响着传统媒体人做节目的思路和产品意识。所以主持人也必须跟着时代步伐不断变化，网络最大的特色就是交互，从前瞻来说，主持人必须变得更垂直、更专业。

章：我知道您还在浙江传媒学院授课，如果说一个学生想成为一名戏曲节目主持人，您认为他该从哪个方向去努力？

朱：首先你必须真的感兴趣，兴趣是做一切事情的基础。其次必须从几个维度去丰富自己的知识储备，比如中国戏曲史、外国戏曲史，还需延伸地了解古代汉语和现代文学，精通故事的塑造和推进，才能跟演员站在同一起跑线，但是主持人和演员不是并肩的，他必须超越演员或者在另一个角度，比如第三视角去观察，才能把所有的东西通过主持人的语态去组织、去挖掘。思维方式真的很重要，要把所有的知识装进自己脑子里，然后在头脑中进行分拣，才能形成一个思维导图，才能正确地输出。现在很多大学生就是缺乏知识的积累，遇到评论就会词穷，不知如何是好。随着时代的发展，如果以后还想继续从事主持人这个职业，必须要研究今后的发展，不能沉浸在老一代主持人的观念下。要以自己的兴趣为主来研究钻研一门学科的方法，培养的方式还是需要改变，要让学生自己去学去了解。

章：一个戏曲演员转型来做戏曲节目主持人，您怎么看？

朱：戏曲演员的弱项就是他们从小就练功，耽误了文化知识的学习，在成为戏曲演员时付出的时间成本远远没有能够让他有更多的经历和时间去兼顾到文化知识的储备，做不到兼容并蓄。很多老演员很难从宏观方面打开一个视角，我认为戏曲人能讲自己的故事，如果主持人不懂，介入其间就是矫情，会减分。从总体来说，如果主持人不是垂直领域的掌握者就很难成为一个好的主持人。

章：能不能聊一下您记忆最深刻的一期节目？

朱：前段时间，有一个戏曲表演耍牙，一个很漂亮的姑娘把自己画得青面獠牙，完全没有花旦的美丽，在练习过程中用到的猪牙会把嘴唇磨破，溃疡愈合不了，吃饭也很困难。演员讲到这些的时候是轻描淡写的，她越是轻描淡写就越是对我刺激很大，我第一次失态，泪洒现场。我跟演员说，你竟然能这么轻描淡写地描述，我哭是因为心疼你，有几个人能知道你背后的故事，一开始她很强势，很明显她不想让别人知道她背后的苦，但是之后她也很动情，讲了很多自己的委屈，但依旧讲得很轻松。

章：说明您是真的站在他们的角度为她们着想，这就是我们一直强调的要真听、真看、真感受。

朱：另一件难忘的事是访问一个老演员，他讲了自己的种种自信，刚进团没多久就当了团长，就是当家花旦，我说你确实很优秀。聊到最后我说你有没有什么地方觉得遗憾的？他觉得都很好，我又说，您的爱人也是团里乐队的，你们夫妻都这么忙，孩子怎么办？他说孩子我们很少管，都是爷爷奶奶在管，我说但是从为人父母的角度来说艺术和家人的感情，你还记得他第一张成绩单吗？他说记得。我说你还记得孩子看你陌生的眼神吗？他说记得。这个时候他的情绪出来了，讲了自己关于艺术的坚守，对舞台的眷恋，对孩子的愧疚和对孩子的无奈，到最后觉得孩子不负众望，在纠葛当中展示了很多戏曲人的共同点。我觉得这个细节很精彩的一个点在于，我用两个否定来告诉观众你的伟大和梨园界这种坚守的风气，这个是我很难忘的。只有等到我真正触碰到你的心灵的时候，大家觉得这种叙述是有说服力的。

章：好的，感谢朱老师接受我的采访。

（九）中央电视台戏曲频道戏曲节目记者、编导张弦访谈录

采访时间：2019 年 12 月 9 日中午 11 点

采访地点：北京

章：您目前在戏曲频道主要从事的工作是什么？

张：我是《戏曲采风》栏目的编导。这是一档集戏闻资讯、人物报道、文化专题于一体的新闻专题类节目。

章：目前，在电视戏曲节目制作方面，您觉得哪些现象值得关注？

张：戏曲和戏曲电视节目都需要创新，与时俱进才能不被淘汰甚至拥有更美好的未来。但是创新的方向别搞错了，也不要自己把探索的脚步就直接认定为是进步。比如舞美确实是发展进步了，但内容上很多未必。现在我觉得很多节目重包装、重形式，但看完后内容上没有什么获得感。很多节目也打着"吸引不看戏的年轻人"的旗号标榜所谓的创新，但真正吸引了多少人走近戏曲，又留下了多少这样的观众，之前的忠实观众有没有流失？没有量化的数据或者直观的成果证明，那是不是只是说到了而没有做到？我们不得而知。

章：您觉得主要原因是什么呢？

张：原因是多方面的。首先，电视是视听的艺术，在感官上要满足观众的审美需求。且随着科技的发展，舞台美术、后期技术的进步是显而易见的。技术创新也是电视节目最容易创新的方向；其次，电视受众以及电视观众的需求发生了变化。电视曾经作为强势媒体，是向大众进行知识普及的最通俗、最有效的媒介。但现在人们已经习惯从网络端随时随地获取自己想要的信息，电视综艺类节目更多的是承载陪伴的功能，以消遣放松为主；还有就是我觉得我们这一代从业者的专业素质整体不如老一辈。频道里很多七零后是大学扩招前名校毕业的大学生，包括再年长些的前辈基本上都是学中文、新闻或戏曲相关专业的。到我们八零后这代大学生，含金量已经下降了，也有一些人只是仰仗着央视这样一个平台，对戏曲并无多大兴趣。比我再小的很难有机会正式进入央视，校招进来的这么多年没有一个人选择留在戏曲频道，具体原因我不清楚。戏曲频道早期像《知识库》《戏曲人生》《戏曲采风·文化周刊》等栏目我很有兴趣。其中有很多节目可以把戏曲知识融会贯通在里面，看后很有收获。而现在的节目几乎很自觉地回避了这些专业性的内容。

章：那您觉得当下应该做什么样的戏曲节目？

张：虽然吸引更多年轻受众关注传统文化是我们坚守不变的追求，但是拉新成本、投资回报也是我们在实际执行过程中必须考虑的问题。我们看到当下很多媒体都有做与戏曲相关的综艺节目，但大部分是借戏曲元素做综艺，戏曲只是噱头，并且这需要大体量的资金和流量明星的加持，才能在竞争激烈的综艺节目中赢得关注。那我们戏曲频道作为专业化频道，与不看戏的年轻人之间天然地存在一道屏障，很多人到了这个频道是直接换台的。人家根本不看你的节目，你又怎么来靠节目吸引他们呢？所以如果是站在专业化频道、常态化戏曲节目的制作角度来说，我认为与其舍近求远，不如在垂直领域深耕。因为在多元文化百花齐放、传播平台百家争鸣的今天，戏曲不会也不需要成为拥有大众的流行文化；央视在综艺等领域也未必还拥有多少优势。所以我们应当用好央视在专业性和权威性方面自带的光环，坚守频道的专业化定位，努力提高以传统戏迷为主的固有观众的黏性，进而再在关注传统文化、追逐国潮的群体中建立影响、树立口碑，做细分领域最有价值的龙头旗舰。每个产品都有自己的用户画像，有针对性地对潜在用户下功夫，好过简单地以"年轻人"这样一个标签划范围，大海里捞针。

章：三台融合后节目制作有没有新的变化？

张：现在做节目会强调融合创新。但融合不是简单的相加，而是要做到真正的相融，这个挺难的。比如《中国戏曲大会》（第二季）我们给广播做了一个融媒体专区，供广播电台的主持人和嘉宾对现场的节目进行评述。但是因为节目不是直播，所以只起到了一个观察者视角的作用，并没有在广播和电视两种媒体的融合上起到实质性的推动。所以我们也还在一个摸索的过程中。其实世纪之交前后启动的《中国京剧音配像精粹》就是广播和电视融合的杰出作品。

章：现在媒体融合是大趋势，但是实际操作起来还是有些困难，包括董艺老师的节目《角儿来了》也会涉及融媒体，比如虚拟观众席，网友同屏共唱，都在努力做尝试，戏曲节目已经向着融媒体节目跨入。

张：对，《角儿来了》现在是戏曲频道的王牌节目，是大型融媒体互动周播栏目。就像你说的，节目实现了跟网友互动，百人同屏来一起唱，以及在录制的时候网络直播录制现场、主持人跟网友互动等。就是节目在录制前、录制中、播出前、播出中、播出后都会通过新媒体平台做一些分发互动。那在与受众多平台、多频次、多角度的互动中，提高了栏目的认知度和受众黏度。栏目通过受众的反馈信息，也可以进一步提升节目质量。特别是节目播出时，通过"大屏带小屏，小屏回大屏，多屏连受众"的多屏融媒体平台，实现了观众边看边聊、全民参与摇一摇抽奖等融媒体互动，这个对收视的拉升应该还是卓有成效的。

章：目前，央视戏曲频道具有代表性的主持人除了董艺还有谁呢？

张：还有张喆，是《CCTV空中剧院》的主持人。这个栏目以播出经典大戏或者折子戏、演唱会为主，前面有专家主创的访谈。这个栏目的主持人设定偏于符号化，主持人发挥的空间有限。

章：从编导的角度来讲，如何看待电视戏曲节目播音主持呢？

张：戏曲节目主持人既需要具备主持人岗位相应的专业能力，又需要掌握一定的戏曲专业的相关知识，应该是跨戏曲和综艺主持人两个专业的复合型人才。虽然对戏曲节目主持人的专业度要求较高，但由于戏曲在当下相对小众的圈层，让这样的人才变得更为稀缺，也较其他综艺主持人更难被大众所认知。

章：您觉得电视戏曲节目播音员主持人要注意什么呢？

张：我觉得首先要了解基本的戏曲常识。基本常识出错会严重削弱主持人的权威性。然后很重要的是要有自己的观点和个性化的表达。因为主持人需要通过主观的表达，让内容更走心地到达受众，或者通过个人魅力引领带动现场气氛、增强互动感。如果主持人只是起到串联的作用、只有客观地陈述，那将来人工智能完全可以取代。大家在欣赏戏曲、欣赏角儿的同时，未尝没有一些观众是因为对主持人或者栏目品牌的认可而收看的。主持人自带流量的话对节目有很多的帮助。

章：之前七八十年代的时候中央人民广播电台也会邀请一些名家来说戏讲戏。

张：对，这种形式以前戏曲频道也有。比如刚开播时朱世慧老师就客串了很多节目的主持人。包括现在的刘宸也经常在频道的一些节目中担任主持人的工作。我之前做过《说段京剧你听吗》也是邀请了京剧演员凌珂担任主讲人，每集介绍一出京剧剧目。

章：戏曲演员来当主持人是一个方向。他们对戏曲知识是很了解的，只需要克服大众传播这一环。

张：对。演员在舞台上相对也没有什么紧张感，可能与镜头交流会有陌生感，但好演员学习能力和适应能力都很强的。其实观众对这样的功能性主持人也不会用传统意义上的主持人标准来要求，比如是否字正腔圆等，反而更期待特色化、个性化的表达。比如凌珂有点类似说评书的方式，拿把扇子，在桌子上摆点戏曲小玩意，在介绍戏的过程中会把看戏小门道、小知识轻松融入进来。像他讲京剧《游龙戏凤》，一个挑帘的动作就可以看出门帘不同的材质。手腕一抖上挑说明帘子很软是布帘，用扇子捅了一下，胳膊带动向上，说明是个硬质的竹帘。我爱看的节目就是这样，很轻松的形式，把知识化在里面。这样的主讲人在节目的专业性上也给了编导极大的帮助，是一次非常愉快并收获满满的创作。

章：嗯，主持人领域出身的人，在戏曲这种内容专业性很强的领域就需要把戏曲的知识好好充实一下了。

张：对，在这方面我觉得白燕升老师是无可替代的戏曲主持人。他的表达能力、控场能力、应变能力是非专业主持人较难具备的。当然他还同时具备相应的戏曲知识，以及建立在与圈内嘉宾友谊基础上的那种被信任感、默契度。这些素养是日积月累的，自然也不是轻易可被替代的。而且他是个性化、标识度很强的主持人。戏曲节目播音主持其实是一个交叉学科，主持人作为中心词这方面的素质更重要，戏曲只是定语。好的主持人可以通过主持专业的能力驾驭全场，毕竟主持人的主要功能是控场。专业内容方面的输出可以交给从事专业的嘉宾，主持人不能喧宾夺主。这恰到好处的分寸拿捏就是主持的艺术、主持人的功力。

章：前面您介绍了您对电视戏曲节目和电视戏曲节目播音主持现状的一些认识和思考，那未来发展您又怎么看？

张：我觉得将来电视肯定做不过网络。因为新媒体所具备的时效性和互动性是传统媒体难以企及的。

章：但是目前来看，电视给人的感觉还是更权威一些。

张：现在网上消息传播速度很快，但是真真假假缺乏可信度，只有央视等国家级权威媒体发布后才会被公众认可。总台也在打造自己的新媒体平台——央视频。网络的崛起并不意味着传统媒体单位的衰落，相反促使了其积极转型。我们看到很多好的网络节目其实也是传统媒体出来的人做的。我也始终认为无论什么平台，好的节目都是内容为王。对我们这些生产电视节目为主的人来说，我们也必须转变我们生产什么观众看什么的强势媒体思维，而是要以如何更好地到达受众来思考如何生产节目、生产什么样的节目？同时我们也应更积极地思考和生产央视频端的节目。这绝不是把大屏节目切碎了放到新媒体端这么简单。它包括从横屏到竖屏构图变化带来的对画面信息强调重点的不同——横屏易于交代人和所处环境，竖屏则突出了人物主体；也包括从起承转合逻辑严密的叙述方式转为用最短的时间说明问题、抓住眼球的节目结构节奏的变化。未来电视端的戏曲节目可能更多的是起到陪伴的作用。而新媒体端可以多尝试面向年轻人的节目，那些有内容、有思考、适合反复品读的节目其实也更适合新媒体平台。关于播音主持这个行业的未来我可能思考的不多。现在确实很多节目也是去主持人化的。比如我工作的栏目《戏曲采风》就没有主持人。如何做到不可替代或如何转型发展，是任何行业从业者都需要时常思考的问题和努力的方向。我们有幸生活在日新月异、飞速发展的新时代，当不负韶华、撸起袖子加油干，希望可以见证戏曲更美好的未来。

章：好的，您的观点给了我很多启发，感谢您接受我的采访。

（十）北京电台戏曲节目播音员主持人尚远访谈录

采访时间：2019 年 8 月 22 日上午 10 点

采访地点：北京

章：尚老师您好，您现在主持什么戏曲节目？节目的内容和形式是什么样的？

尚：现在主要主持戏曲和曲艺，曲艺节目这块儿包括相声和北方鼓曲，戏曲节目的话就是北京文艺广播的《戏迷乐》，是一档周播节目，周六、日晚上 21：30 到 22：30 播出，基本上是以欣赏类和专题类的节目内容为主。过去有一段时间北京文艺广播有一档日播的戏曲类节目，每天下午播出一两个小时，但随着频率定位的调整以及戏曲的式微就没有日播戏曲节目了。所以现在《戏迷乐》是北京电台所有频率唯一一档戏曲节目。

章：您做《戏迷乐》欣赏类内容做得多一些还是专题类的内容多一些？

尚：欣赏类的多一些。欣赏类主要满足听众听戏的需求，但是纯欣赏性的节目有时候感觉容纳的内容还不够，特别是现在各种音视频网站资源很丰富，或者本身素材囤积度比较高的听众，人家就不一定听。所以还会做一些以欣赏为主的戏曲知识、人物专访类的专题节目。做专题节目的话，电台作为喉舌单位，在资源方面和采访能力方面还是比较强的，所以专题节目，特别是专题节目的内容打碎了以后也很适合新媒体传播。

章：您主持这个《戏迷乐》，采编播都参与吗？

尚：广播戏曲节目主持人采编播一体的强度非常高，很多地方电台的戏曲节目都是这样，采编播几乎就是我一个人。按照过去老的录音方法，录音师到剧场录实况要有当班编辑陪着去，但是现在北京电台做戏曲的编辑、记者和主持人就我一个人。所以我一般去剧场录实况，前期如何接洽、到那儿之后和录音师一起布线、录的时候如何听效果，包括录完之后收东西，还有回来以后的剪辑、播音、制作全是我一个人。有的时候录音师不能去，录制也是我用简易机器一个人完成的。确实说起来挺紧巴的。

章：北京电台现在就您一个人在做戏曲节目？

尚：对，专门的戏曲节目就这一个。很多地方电台的戏曲节目都是这样，尤其是地市台的戏曲曲艺节目这种情况就更多了。像上海电台就是做得比较好的，现在上海电台的戏剧曲艺调频就是考察制作精良和一些社会效益，广告、收听率这些不太是枷锁，只要做到精良就好，这是前几年他们改版之后的一个方案。而且他们本身的收听率就不错。大部分地方台基本上都是采编播一体的，有的可能不播，但采和编是一个人，播就由播音员来播了。但凡有点儿深度的，比如节目中有访谈的那种主持人发挥空间比较高的，所谓"主持人节目"，基本上都是采编播一体的。这是广播戏曲节目的一个特点。

章：一个人做，您觉得工作压力大不大？

尚：如果做专题的话比较费劲，如果做欣赏类的相对比较轻松，但也只是"相对轻松"，我想做得好一点儿也是需要下点儿功夫的，比如我曾经做过一期武生唱段，这个武生是比较适合电视传播的，因为他动作场面比较多，我就会把武生精彩的"唱"和"念"剪出来，一般人不这么做，如果要这样做就比较费事一些。

章：什么时候会做专题类的节目多一些？

尚：一般就是有特殊日期或特殊情况发生的时候。很有知名度的老艺术家去世、某位艺术家的诞辰100周年、北京京剧院建院40周年，还有就是对一些人物的专访。比如前两年我做了几期沈玉才先生诞辰100周年的节目，沈先生是京剧历史上非常突出的京胡大家，在业界也非常有名。现在这个行业对伴奏、演奏人才的宣传力度不够，在参加一次活动的时候正好旁边坐着沈先生的公子、艺术家沈长春老师，他们家人比较低调，聊起来沈先生诞辰100周年的事，说也还没张罗什么纪念活动，我就说广播节目为沈先生做点事是应该的，而且广播来播琴师的作品也是有优势的，当时就做了四期专题，系统地梳理了他不同年代、不同行当的伴奏，反响很好。

章：您对戏曲界的人和事包括知识点都是如数家珍，我知道您上学那会儿就痴迷戏曲，您跟戏曲如何结缘的呢？

尚：这个受家庭因素影响吧，我祖父和外祖母都很喜欢戏曲，他们经常听，我那时候年纪小，有灌耳音的这种熏陶，从我记事儿起就喜欢戏曲，后来十岁起就开始跟专业院团的老师学了，也没进过戏校或少儿京剧班什么的，就是跟专业老师学。

章：当时学的什么行当呢？什么时候开始登台表演的？

尚：学的老生，十岁就登台了。后来上了大学之后，也觉得学戏曲对学播音主持是有益的，对声音和表现力方面的塑造，当然也会有一些问题，有时候得从戏曲范儿里往外跳一跳，因为戏曲韵白包括京白也是音乐性的，所以有的时候有点儿唱调儿。

章：当时学戏曲的时候是想往戏曲专业方向发展，还是只是作为兴趣爱好和特长学的呢？

尚：兴趣爱好。家里不同意走这条路，因为九十年代是戏曲比较低谷的时候，很多地方的院团都处于半停顿状态，而且当时也解散了一批专业院团，21世纪以后状况才好一些，这几年是状况最好的时候。

章：现在国家政策非常支持戏曲发展，经常会搞一些惠民演出什么的。

尚：对，而且我发现现在有一批比我们年轻的，90后、00后的年轻人喜欢戏曲，他们看戏的很多角度、感觉和兴趣点跟比我年长一些的戏迷不太一样，当然也有一致的方面啊，他们许多关注的角度、思考交流的方式很独特，给我打开了一扇窗，因为他们是网络时代成长起来的嘛。有时候我在B站看京剧，上面有很多老牌儿的视频网站上没有的内容，B站现在几乎成了传京剧老视频、老录像首选的一个地方，在上面看着现在的年轻人们发的弹幕很有意思，很有趣。

章：开始进入北京电台的时候就是为了让您来主持戏曲节目吗？

尚：当时毕业来台里的时候，也问我有什么特长了，但开始并没有让我主持戏曲节目，差点把我分配到城市广播去做播音员和记者。

章：当时台里有戏曲节目主持人吗？

尚：有，当时是高滟老师在做，每周六、日各有半个小时的播出时间，高滟老师也是采编播一体，她也学过戏，节目做得很不错。再早一些时代，节目可能编播还比较分离，编辑写稿，播音员念念稿子。90年代以后，广播大发展以后采编播融合得更好了，就是朝着主持人节目发展了，主持人发挥的空间也比较大了，特别是文艺类节目和社教类节目更是这样。

章：您是什么时候进入目前这种主持常态的？

尚：大概是2013年到2014年吧，因为当时文艺台没有主持人，所以节目的采编播都在节目制作中心这边，是制播分离，所以一个主持人可以做好几个频率的节目，我现在还在兼做一些其他的节目，比如新闻台那边还有一档民生新闻的节目，每周一到两次，1.5 小时的直播；还做曲艺节目，周一到周日每天一小时的录播。我还做文艺台戏曲口的跑口工作，北京的院团有演出我还得跑口，做新闻资讯，到戏曲旺季的时候，我真是忙得不可开交。所以忙的时候常规的戏曲节目就可能没那么大的精力做得特别符合我内心想做得那么好。

章：除了做节目，私下还做了哪些戏曲方面的工作呢？

尚：这几年我做了好多老艺术家口述历史的采访，我有一个原则就是每到一个地方一定要拜访当地的老戏曲艺术家，我形容自己这叫"贼不走空"，上周我去武汉参加《戏码头》的录制，看拍摄时间是下午，我就利用两个上午的时间去采访了武汉京剧院的老艺术家。包括我去哪儿旅游，我都会去专门儿找当地的老艺术家采访。因为北京、上海等大城市对老艺术家的采访可能比较多，各种口述史或者是专题片的拍摄，他们留的资料比较多，但是地方上的、当年很火的、很有造诣的一流京剧老艺术家，有时候可能感觉照顾不及或不太受关注，当然这个并不是当地工作做得不到位，而是可能他们个人比较低调，也可能当地更重视地方戏。

章：您这些资料是笔巨大的财富，很有价值啊，可以说是一种抢救性的保护工程。

尚：对，所以我觉得这个事儿还是很有必要做的。还有就是看你的眼光、执行力。重庆有一位厉慧森老师，过去所谓"厉家五虎"之一，原本说采访一个小时，但是聊起来之后他发现我还挺懂，所以聊了将近两个小时，他很开心，当时我采访完之后，他还说下次见面要陪我唱出戏，年近九十的老先生要陪我唱出戏，而且我走的时候他还要下楼把我送出小区，送出小区还不放心后来又把我送到马路对面的公交站点。

章：可以看出来老先生多认可您，他觉得您真的懂戏，就愿意多跟您聊。

尚：对，说起这个，还有一些外地的老艺术家来北京演出，我们会邀请到直播间上节目，因为是外地来的，所以他们会把很多事情安排到一块儿，又开发布会、又接受采访、又演出什么的，来到直播间的时候可以看出来他们已经很疲劳了，但是聊着聊着，一听我懂行，就又来精神了。

章：您刚才聊到您最开始学戏曲，后来怎么就学了播音主持了？是不是一开始的想法就是要成为一名戏曲节目主持人？

尚：也想过当一名戏曲节目主持人，因为我也会唱，我小时候看见中央电视台经常搞一些联欢活动，有的主持人就会上去唱一段儿，我当时就想我如果是戏曲主持人，然后上去唱一段儿效果应该也还行，哈哈。我本来是想学中文、历史之类的纯文科专业，可提前批次就录取了，就选了播音主持，我也很喜欢这行。我觉得我也挺享受舞台的，当然演播室也可以满足人的表达欲望。

章：学戏曲对学播音的帮助有哪些呢？

尚：比如一些练声的素材就是从戏曲中借鉴过来的，还有就是对语言的一些细微的控制上吧，然后就是表现力方面戏曲表演会提供一些方法和技巧。还有就是会有一种身份感，比如我在主持晚会的时候，很多人说我显得比实际年龄成熟，我觉得这个也是学老生这个行当带给我的气质吧。而且我觉得，主持戏曲晚会和戏曲节目，带点戏曲味儿，说一些内外行都听懂的话，会给观众一种亲近感。

章：对，所以戏曲节目播音员主持人还是要懂戏。

尚：懂戏的话，在点评方面就会比较到位，比如优秀的演员表演完之后，台下的观众会非常热情，主持人上来就点那么一两句，给他升华一点儿，就仿佛那个小手儿在观众的心上挠上一挠，观众就会很舒服。再有一种情况就是这个演出太好了，或者一个演员太久违了，或者说可能某个演员不是很出名但是唱得特别好，观众没想到在一个犄角旮旯还埋藏着一颗明珠，台下观众很疯狂，但是观众不能和演员说话，这时候主持人上来，比较懂行地来一两句点评，把当时的这种热闹气氛和大家这种对演员的尊重甚至敬仰的心情给他表达出来，这种点评既是给演员听的也是给观众听的，最后形成一个特别好的气氛。这时候主持人如果不懂，就不敢点评，或者点不到这儿，挺好的一个主持人应该发挥的当口，闷在那儿了，观众会觉得不过瘾，观众会觉得我的掌声还不够表达我的心情，你作为主持人应该替我说一两句，就会比较痛快。如果不懂戏，这种感觉就像是一个人洗头，你某个地方痒痒，他就正好从你痒痒的边缘上划过去了，这多难受啊。所以懂点戏对主持戏曲节目是很有必要的。

章：嗯，这个也是一名戏曲节目播音员主持人在节目中应该发挥的关键作用，可以说您就属于专业型主持人吧？

尚：可能算是吧。

章：您觉得现在的戏曲节目主持人还包括哪些类型呢？

尚：有那种主播型的，可能不太懂戏，但形象好气质佳，主要进行节目的串联，在主持的时候会从比较感性的角度进行一些评论；还有就是一些京剧演员去客串主持人，比如央视戏曲频道的《跟我学》节目就经常请一些戏曲演员客串主持，还有就是一些电视转播戏曲演唱会的主持，过去像刘长瑜老师就主持过，现在像宋小川老师也会经常做演唱会的主持人。还有一位是我很推崇的程之先生，过去主持了很多上海大型的戏曲演出和电视戏曲节目，他是一位戏曲名票，然后他又是电影话剧演员，多才多艺，京剧、昆曲、评弹、评书、相声都有造诣，口才又好、人又很儒雅，他的父亲程君谋就是一位名票。

章：您比较欣赏的电视戏曲节目主持人有哪些呢？

尚：这个不好说，我只能谈谈印象比较深的几位。央视的刘璐老师，主持过很多的电视戏曲节目，我小时候经常看到她，还有宋世雄老师也来加盟，尤其是九十年代的时候非常活跃。后来就是白燕升老师，白燕升是电视开始专业化传播、分众化传播之后，戏曲作为一个专门的门类、频道向大家播出的时候，第一个专职戏曲节目主持人。客观来讲，目前白燕升也是最具知名度、最具影响力的电视戏曲节目主持人。

章：他们的主持好在哪儿？有哪些具体的印象吗？

尚：当年白燕升在情怀的提升和评论的点睛之笔上做得非常好。我记得央视戏曲频道的《空中剧院》开播后很长一段时间是白燕升主持的，主持人和两位嘉宾坐在演播室，由两位嘉宾主要介绍接下来大家要欣赏到的戏曲节目的内容、风格、看点，这个节目开播初期是电视戏曲直播的形态，转到剧场信号之后，网友可以一边看节目一边在央视网络论坛留言，然后由白燕升和两位嘉宾对编辑筛选过的这些问题进行解答、回复，包括一些负面的评论或问题，比如我觉得今天哪段儿唱得不好，不好在哪里之类的。

章：这种模式很有犀利度啊，而且信息量很大。

尚：对，这个模式放到今天也是很好的，也是一个很吸引人的模式，他这个参与度太强了，而且很多都是即时性的东西，只有现场直播或这种现场加演播室的直播才有这种即时性。白燕升老师的素质在这个节目中就有过淋漓尽致的体现，我看节目的时候很直观地能感觉到，白燕升手里拿着的一些问题，可能不适合直接提问，但他就换了一种说法，而表达的还是那个问题中的意思，还有就是嘉宾在点评的时候偶尔会有点儿顾左右而言他，他也会很舒服地把这个话给圆回来。

章：这体现了他作为主持人对节目的掌控力。

尚：一个主持人的素养高的话，是可以给电视戏曲节目的形态带来丰富、变化的，一个主持人，他有这样的能力，我们就围绕着他这样的能力专门为他打造一个电视戏曲节目，如果没有他，别人做不了，可能这种形态就消失了。

章：有一些电视戏曲节目的播音员主持人已经成了一些电视戏曲节目的核心和灵魂了。

尚：对，有时候一些活动，京剧行话叫"叠褶儿"，他能帮你弄好了。

章：在具体的创作层面呢？电视戏曲节目主持人更注重什么，广播戏曲节目主持人更注重什么？

尚：比如电视访谈节目或一般的电视综艺类的戏曲节目，可能都是录播，观众期待的是一个成品的东西，节目要很精良，主持人整个的状态还是比较内敛的；广播可能更有亲近感，更可以去打破一些条条框框的，访谈的尺度会大一些，因为广播访谈一般都是直播的，是伴随性的，所以有的时候插科打诨可以稍微多一点，精细度没那么高，哪怕不那么规整，听众也能原谅，哪怕聊的时候扯得远点儿，但是如果你扯得特别漂亮、聊得特别好，也是可以的，甚至听众希望你别那么规整。还有个不同就是广播要时时刻刻想着跟听众沟通，电视戏曲节目主持人虽然也有跟观众的互动，但会有点"高大上"的感觉，而广播就是像聊天一样。

章：您觉得电视更能表现戏曲还是广播更能表现戏曲呢？

尚：电视有画面，这个广播比不了，但是广播戏曲节目更能掰透、掰细了说，个人发挥的空间更多，主持人创作的空间更大。因为广播只是听，如果泛泛而谈没人愿意听，如果能给人一点思考，把个人的很多想法和观点比较公允地说出来，甚至主持人也可以批评当下的一些现象，广播节目也是可以接受的，而且观众可能更爱听。但是电视的那个感觉就是主持人说这种话好像不太好，得引导着嘉宾去说戏、去评论。

章：互联网上的戏曲节目您关注的多吗？

尚：有一些公众号我还是经常关注的，比如天津电台柳峰做了一个《文艺造办处》，他那个上面会经常做一些像广播戏曲节目一样的东西。还有一些APP做过一些教唱的内容，但可能也算不上节目吧。

章：您现在喜欢看的电视戏曲节目是什么？

尚：我现在会偶尔看一下央视戏曲频道的《角儿来了》，我觉得这个节目跳出了过去那种戏曲节目的形态，完全是一种新的包装方式和想法，聊的内容也比较轻松，朋友啊、同事啊、学生啊，甚至同学会。

章：对，而且这个节目跟互联网结合得比较好，会有一些网络上的网友一起参与节目讨论。

尚：这个节目我身边的很多戏迷朋友是挺喜欢看的。而且《角儿来了》的微博经常会上传一些节目片段，我也经常看。

章：我知道您不只是戏曲节目主持人，更是一名票友，您觉得对主持人来讲登台唱戏对主持戏曲节目有哪些帮助呢？

尚：从十岁登台到现在我演过的戏有十多出了。我觉得当主持人真正地唱过，才能深刻地体会到戏曲这门艺术真正的博大精深，还能切身地体会到演员的难处，还有一些很细致的地方。比如他的辛苦，勒上头，穿上行头；表现力的控制；体力的分布，像一些大戏，哪儿悠着点儿，哪儿必须全力投入一点儿；舞台上的对手戏；扮戏、上台整个流程；这样趟过一回就非常熟悉了，就更容易聊到演员的心缝儿里去。有一次，做完一个直播的访谈节目出来之后，我搭档说我有一段聊得特别好，我自己没意识到，因为我问演员嘉宾，登台之前吃什么、喝什么？我搭档说这个听众也爱听，哪怕对戏曲不熟，但是他可能也想知道戏曲演员登台之前吃什么。

章：这个点抓得确实特别好，那他们都吃什么呢？

尚：有吃梨的；梅葆玖老师吃苹果；有的晚上有戏中午吃牛排。关于喝的，有的人喝果汁；有的人喝咖啡；有的人拿酒饮场；有的人不能喝酒，一喝酒声音就闷住了；新中国成立前戏曲演员可以在舞台上喝东西，这叫"饮场"，那时候很多老先生喝茶，但是现在有的戏曲演员说不能喝茶，因为喝茶会把声带的分泌物都带下去了，本来唱干了，分泌物能润一润；有的就喝温水，说水是最好的……聊这些东西，也挺有意思，但这个就适合某一种节目形态。

章：这些东西对咱们播音主持也是有借鉴意义的，而且对观众来讲也会好奇。

尚：对，有的人还想不到问这些，很多人"饱吹饿唱"，也有人吃饱了唱。所以聊这些话题跟艺术有关，但又不是什么有门槛儿的内容。还有就是戏曲演员在上节目的时候大众传播的意识可能不够，他很难自己心里绷着一根弦儿告诉自己不说行话，有时候你让他不按行话说他不会说，这时候就需要主持人来进行信息填充了，就像相声里捧哏的一样，给听众解释一下他刚才说的某个词儿或某句话是什么意思。演员说的时候可能不在意，但比如一些服装穿上以后你才会知道是什么滋味儿，就能把这个点帮大家抓出来；还比如他说："这个得唱正宫调。"主持人就得解释："像我们业余爱好者一般都唱 E 调，唱 F 调就是嗓子很好的了，他能唱正宫调就是比我们这好嗓子还要好的那个调门儿。"这样一解释就很生动了。如果没有熟悉实践的经历，这种话就搭不起来了。还有就是关于剧情，我一般在直播节目中不请演员说剧情，往往会说得比较繁琐，这时候主持人三言两语把这个剧情给听众解释清楚就行。

章：这个有时候就"不识庐山真面目，只缘身在此山中"了，主持人既要知道山里面的情况，又能跳出来看这个东西。

尚：对，主持人对大众传播的效率太了解了。而且有时候他在说戏的时候一些东西他不能省略，但是咱们是作为一名主持人的身份，是可以那么去说的。

章：您觉得当下电视戏曲节目和电视戏曲节目播音员主持人存在哪些问题？

尚：有一些电视戏曲节目综艺晚会的观念有些陈旧，一些形式还是 20 世纪八九十年代的形式；还有就是有时候限制了一些戏曲本身的东西，给主持人发挥的空间有限，甚至有的时候戏曲演员的服装也受限制，比如一个比较惨的角色，应该穿比较破破烂烂些的服装，电视节目为了好看，他不让穿那样的；还有的就是让改词儿，"大放悲声"让唱"大放欢声"，整个儿都拧着。主持人这方面没什么，因为毕竟一些电视戏曲节目给主持人的空间就那么大；我就觉得戏曲播音员主持人应该是个有意见、有想法的人，就像体育解说员解说体育比赛，也是专业化发展，他就可以说这场球球员哪儿踢得好、哪儿踢得不好，除了赞赏还有批评，包括他们写文章也是可以有一些评价，我们戏曲节目主持人我觉得也不要全是说好的，也要有点儿批评，这样去引导大众审美，让大家知道什么样的是好的、什么样的是不好的。新媒体的话，我觉得一些东西尺度可以大点儿，还是有可开掘的空间，但是跟主持人素质有很大的关系。一些传统媒体的主持人也可以在单位所属的类似媒体公众号的平台上，对事不对人地写一些公正的、评论性的文章，对戏曲的发展也是很有帮助的。

章：戏曲方面您觉得现在有哪些问题呢？

尚：一些地方戏老嫌自己土，有向京昆方向靠的倾向，老想把自己的土味儿去掉，但是它的价值就在于它的土味儿啊，"土"的另一种解释是"质朴"，作为京昆爱好者，我和很多同好都爱看"土"的，那种"土"的东西才是最真挚、最可爱的。

章：对地方戏来讲，"土"的东西才是灵魂。

尚：他们认为土，我认为那不是土，我觉得那是"礼失求诸野"，那个是最宝贵的东西。当然，比如有一些"踩台板"把灰都踩起来，是应该去掉的，但是在化妆、服装方面，有一些地方戏朝越剧方向靠，还有的一窝蜂去搞什么渐变色之类的，这个方面媒体评论是缺失的。戏曲主持人应该成为评论家甚至意见领袖去指出这个问题，做不了艺术的评论家，至少要成为一个审美的评论家。

章：在这方面，您在节目中如何去做的呢？

尚：我在节目中不直接评论谁是谁非，但会树立一个正面典型，比如，"刚才大家听姜妙香先生唱的这段儿，姜先生唱这段儿的时候他已经六十多岁了，可您听《四郎探母》里这段儿，他演的是一个十来岁的小英雄杨宗保，六七十岁的人演十来岁的角色，我们能听出来那种活泼劲儿，但是现在很多年轻演员唱这段儿唱得老气横秋。"您看，我没说谁不好，我说老前辈好，行不行？他哪里好？我说出来，您信服了，在对比那不恰当的演唱表演，您就有判断了。我觉得这是一个审美的引导，或者说期待一种共鸣。

章：对，主持人就应该在能说的范围内，把这个点出来，知音是能听出来你在说什么的。

尚：很多艺术家也跟我说，说电台、电视台应该做审美导向的引领者，他们自己说没用，一般召开一个座谈会，都是内行，呼吁完了也没用。电台、电视台是面向大众的，不能让大众不知道什么样的是好的。而且有一位艺术家说我曾经在一次节目中提到的"音响过度使用导致演员不按照传统方法练声、用声"的问题，说我说得特别对，现在一些演出调音台声音推得太大，我们去录音，声音都是爆的，失真以后观众听着声音大、声音的一些瑕疵就避免掉了，可能觉得还挺过瘾，但是放在戏曲表演上来讲，这是倒退啊，很多演员对这个有依赖了，不练声了。

章：过去的戏曲舞台也是有扩声设备的，但没这么夸张。

尚：对，以前就是在台口上有几个话筒。我们电台八十年代录的那批实况听着真美！剧场感、实况感，很清晰，又真实，现在电视台录的音太干了。如果戏曲演员都别胸麦的话，观众听着声音都是在一个平面的，它不是立体的。其实演员在舞台上有靠里一些的，有靠外一些的，正常状态的声音是有大小之分的。

章：电视戏曲节目主持人应该注意的问题有哪些？

尚：要么不懂戏曲，要么也懂，但是谈的都是细枝末节的东西，太琐碎。戏曲流派什么的太复杂，我觉得还是要公允，不能按照自己喜欢什么不喜欢什么，我特别喜欢我也要克制，我不喜欢的我也要公允。还有就是戏曲中的一些字的发音跟现在不太一样，我们作为播音员主持人如何去平衡，你要是读戏曲里面的读音，下来之后可能会被扣钱，你要不读戏曲里面的读音，虽然符合了当下字典当中的读法了，但是戏迷听着别扭，他不知道主持人说什么呢，比如"胭脂宝褶"的"褶"字典上读"zhě"，但是戏曲演员都是唱"xué"；还有就是"王宝钏"的"钏"字典上是"chuàn"，但是戏曲里"chuān"，咱们大众的读法也是这样。我的做法是有时候会垫一句"接下来请欣赏马派名剧《胭脂宝褶（xué）》，当然这个字在字典中应该念 zhě"。但是王宝钏这个就没法解释了，戏曲主持人也要注意这样的问题。

章：对，这些细微的地方有时候也能体现一个主持人的戏曲素养。您觉得未来如何推动电视戏曲节目播音主持创作发展？

尚：将来戏曲表演演出的形式可能会出现一些变化，观众足不出户就可以看到戏曲演出，王珮瑜做清音会的演出，一个人聊、然后再唱。也有人跟我说过，一起弄个节目，就是戏曲欣赏带解说，这形式应该也挺新鲜的。现在缺一档针对戏曲讨论性质的节目，类似戏曲表演的戏曲版《锵锵三人行》，我觉得青年观众肯定喜欢看，因为我从 B 站上看戏，就发现我们这一代人都保守，不太得罪人，不太愿意发表过多的意见，但是从弹幕上可以看出比我们年轻的朋友很有自己的意见和见解，他很想说，他也很想看主持人说，主持人的观点越尖锐他们越爱看。

章：对，这样就可以营造出一个话语场。这样的话主持人在其中就要发挥很大的作用，他对场面的把控，对角色的定位，如何去调和，这是只有主持人才能干的事。

尚：戏曲节目主持人的大众传播除了业务素养和基本功，还要有针对戏曲的东西，就是发现什么、说什么，如何组织语言。这个跟其他的分众化传播类别一样，他有他的一套逻辑，有他的一套说法。我就经常说观众的掌声、叫好声是剧场里面很重要的一部分。

章：对，它是激发演员表演情绪的一个东西。

尚：我就跟观众说："我很感谢观众朋友们！这个剧场里面不只是演员在表演，您们也在参与，您的叫好声和掌声是这种实况演出不可分割的一部分。您既是演出的观赏者又是参与者，有着双重的身份。"观众会有反馈的，我说的也是实情。仔细观察会发现，每个城市叫好都不一样，天津、北京、上海的观众叫好声都不一样。

章：对，戏曲有虚拟性的特征，演员表演出来一部分，还有一部分是需要观众脑补的，这也是一种创造。

尚：你评价刚才那个演员唱得怎么样，到底发现哪儿，发现一个不痛不痒的地方还不如不说。到底哪儿特别好，您叫好儿的时机又正好是那个褶节儿，这种评论是一个戏曲节目主持人必须要独有的。而且有些演员的缺点，嗓窄的话你不能夸他"黄钟大吕"，这个词儿不是所有状态都适用，比如花脸唱的话，你说气势磅礴、黄钟大吕、雄浑壮阔等词来总的评价花脸是可以的，但有的演员他条件不好，嗓门儿高，他靠爆发力，你夸他黄钟大吕就是在讽刺他，你只能说他表现力强，演唱有激情；还有的演员嗓子不行，你就得夸他雍容华贵的舞台气度以及细腻的表现手法，而不能夸他嗓音嘹亮了；甚至有的演员感冒了，嗓子不好了，主持人如何去铺垫，有的是前头说合适，有的是后头说合适，有的还能烘托出一个小高潮来。比如有一次某演员让我给托付托付，我说："他今天感冒了状态不好，大家都知道演员都爱惜羽毛，如果声音状况不好，没有为亲爱的观众们服务好，在他心里也是个负担，但是他知道今天来的观众有的是从外地赶来的，戏曲演员到基层来把好的艺术送给大家，这是一个艺术家对这份事业的责任心，所以他即使状态不好，还要为大家演唱。他提前让我托付托付，如果哪儿唱得不像他过去那么好，哪儿稍有瑕疵也希望大家能够谅解。我们也为艺术家这种精益求精的精神，到基层来演出的热情鼓掌，下面欢迎他来为大家唱一段儿。"

章：对，这些东西演员自己说的话不太好，得主持人替他把这些词儿说了。这些就是戏曲节目主持人特有的，跟其他类别的节目还不太一样。

尚：还有就是戏曲演员一年就这么多戏，不能每次请他来演唱都说一样的主持词，要从各个方面来讲，比如唱腔、声音、人生经历和服、化、道之类的。他的艺术审美、他的条件，根据老师教他的，和他自身条件，每一个角度都能跟这个戏勾上。这是戏曲评论比较丰富的一个基础。

章：对，戏曲可说的维度比较多。对一些电视戏曲节目培养或选拔主持人的时候从哪些方面入手呢？

尚：专业素养有两个：一个是戏曲曲艺的知识，以及怎么能表达出来；另一个是播音主持学习背景的素养。这两个素养缺一不可，而且这两个素养又有交叉重叠的部分。以播音员主持人提高戏曲素养为主，戏曲演员提高播音主持素养这个是可遇不可求的。还有就是一些其他节目的播音员主持人来主持戏曲节目，要有一个好的顾问团队，比如专家、演员、编辑等都比较强大，能把他带出来。

章：好的，跟您聊一番感觉受益匪浅，感谢您接受我的采访。

尚：不客气。

（十一）国家京剧院戏曲演员、主持人毕璐娜访谈录

采访时间：2020 年 5 月 18 日下午 2 点

采访方式：电话采访

章：毕老师您好，您既是戏曲演员又兼职主持人，很高兴能采访您。

毕：您好，作为一名京剧演员来说，从小在学校跟着老师学戏，到了剧团以后就是排练演出，基本上排练厅、剧场、家，三点一线，所以我觉得自己的眼界不够，想法比较简单，希望能配合好、回答好您的问题。

章：您谦虚了，现在戏曲发展的状况跟它繁盛的时候不可同日而语，您觉得主要原因有哪些呢？

毕：这个原因是多方面的，我只说一点，比如，大家都很熟悉的昆曲《牡丹亭》，是汤显祖的作品，汤显祖是明代的文学家、戏曲家，如果在当今社会，有一位等量级的人物去创作一部戏曲作品，我觉得应该也会很成功。梅兰芳先生的身边也是有"梅党"一直支持他，帮助他在艺术创作方面出谋划策。但是现在社会上一些有才华的人可能更愿意去从事其他的行业，毕竟收益会比戏曲多得多。当然，还是有一些老师会为戏曲艺术鞠躬尽瘁的，只是现在和戏曲鼎盛时期的艺术创作氛围差距太大。

章：对，经济因素，这是一个非常现实的问题。从戏曲自身来看的话呢？

毕：传统戏曲作品的唱词中还包括很多古文，需要理解和体会，需要了解它的主题内容、文化背景，戏曲体现的不仅仅有舞台上的表演技艺，还有很多的文化内涵、传统审美，包括价值观，所以是有一定的欣赏门槛儿的。但是现在的观众可能更愿意看那种更直接的东西，一些搞怪的，直接就能让你笑出来的东西。戏曲却需要"品"，越琢磨越有意思。

章：没错，戏曲是需要品味的。

毕：是的。

章：对，这就是快餐文化带来的挑战，我们需要做些工作来应对这样的挑战。

毕：在戏曲的发展过程中，我们的舞台演出就是自体传播，我觉得如果想更好地发展，除了自体传播之外，还要做大量的工作，要利用更多的媒介，从多方面来加大宣传力度。

章：在自体传播方面现在有哪些不尽如人意的地方呢？

毕：过去戏园子天天开戏，现在的演出相对而言并不多，演出少，演员锻炼的机会就少，我们常说百练不如一演，排练厅里练和在舞台上演出，效果是不一样的，演员肯定是在舞台上多演、多体会，才会更好地积累舞台经验，取得更高的艺术造诣。

章：没错，这个跟播音员主持人道理是一样的，上节目少就会很难找到状态。

毕：是的。现在剧团已经开始加大对青年演员培养的力度，都在尽力往好的方向努力。

章：除了主持国家京剧院的现场戏曲演出，您做过电视戏曲节目吗？现场主持和在节目中主持您觉得有什么不同？

毕：我没做过电视戏曲节目，都是现场主持活动，所以不能很好地对比其中的差异，我简单说说自己的体会吧。现场主持的话，我比较注重"导赏"这个方面，通过引导观众更准确地了解和接受一些跟演出相关的戏曲知识和艺术规律，让观众不仅看得懂，更看得精，只有真正看懂了，通过观看演出产生一些思考和共鸣，才能让观众记得住，才算是有效的传播。现场主持时，需要面对一些现场的情况，比如观众的情绪，有激动的、兴奋的，也有冷静的、失望的。主持人要根据观众和演员互动的情况，做出相应的调整，调节演出的现场气氛。偶尔还有一些临时的小状况，比如节目临时变动、演员身体不适、舞美灯光的突发事件，都需要主持人具备临场应变的能力来化解问题，从整体来把握演出的顺利进行。

章：我知道您既学过戏也学过播音主持，在戏曲节目主持人培养方面您有哪些想法呢？

毕：首先肯定要具备新闻素养和传播能力，同时他也要懂戏，要有戏曲专业知识的累积。有两个途径：一个就是专业的播音员主持人，非常喜欢戏，懂很多戏曲的知识，这样的话就可以成为很好的戏曲主持人；还有一个就是学习过戏曲，再去学习一些播音主持的知识。总之是要具备传播和戏曲两方面的专业素养，而且都要运用得很好，这是挺难的一个事情。

章：在吸引年轻受众方面，您觉得要怎么做呢？

毕：戏曲其实挺吸引年轻人的，它是一门唱念做打舞特别全面的艺术，它可以从很多方面吸引不同的人群，只是还有很多人没有发现它。从演员的角度，首先舞台演出的质量要有保证，演员要传承好剧目，把京剧艺术的精髓，舞台的表现力、技巧、技艺很好地传承下来。从主持人的角度，要具备传播理念，从年轻人的需求出发，更轻松、灵活地交流，做好联结传统戏曲和年轻观众之间的桥梁。

章：嗯，您比较欣赏的戏曲节目主持人是谁？为什么呢？

毕：不敢说欣赏，我很尊敬戏曲主持界的各位前辈老师和同仁，他们身上有很多值得我去学习的地方。就说一下我比较熟悉的一位吧，在传媒大学学习期间和师哥尚远探讨得比较多，也比较了解他，他就是一位同时具备传播素养和戏曲素养的优秀戏曲节目主持人，既懂戏，又会主持，能很好地掌控全场，在和观众真诚交流的同时，巧妙地把戏曲推广融入其中，专业能力非常强，戏曲知识储备丰富。他就是我非常欣赏和值得学习的戏曲主持人。

章：好的，感谢您接受我的采访。

（十二）北京京剧院戏曲演员裴识访谈录

采访时间：2020 年 5 月 17 日晚上 9 点

采访方式：电话采访

章：在您看来，戏曲现在面临着的困境是什么？原因是什么？

裴：因为我是京剧演员，我就从京剧的角度来讲。第一，京剧是形成比较晚的一个剧种，之所以京剧成为国粹，是因为京剧在发展过程中吸收了很多剧种的优点，而且当时宫廷里面很重视京剧，包括慈禧太后非常喜欢京剧，所以民间也很追捧。第二，就是当时的娱乐方式很少，加之京剧属于主流的艺术形式，非常有含金量，京剧受过宫廷的洗礼之后，精品也非常多。后来，京剧发展的方向越来越"阳春白雪"，"俗"的内容越来越少，我说的"俗"不是"低俗"，而是"通俗"，因为这个艺术形式是国粹，国家也非常重视，所以在内容上偏向于宏大叙事，偏向于高层次的仁义礼智信的弘扬，感觉都是在教育别人，这种东西应该有，但我觉得不应该成为全部，还需要一些"俗"的东西，要达成一个平衡。

章：您觉得目前戏曲的状况怎么样？

裴：我觉得现在逐渐好一些了，观众的热情又开始回暖了一些，而且观众的年龄层次有越来越年轻的趋势。很多跟我接触过的年轻人，以前可能不太关注戏曲，但是通过我接触了京剧之后，现在开始走向剧场了，有的人就变成戏迷了。

章：有时候一些人跟戏曲的缘分可能就差这么个机遇。

裴：对，咱们这一代人的印象中可能就是，自己的爷爷奶奶、姥姥姥爷比较喜欢戏曲，年轻人听不懂，会有一种抵触心理。但是当你真的坐到剧场里去感受这门艺术，你就会发现这还是很吸引人的。所以，我觉得戏曲目前的困境就在于年龄段，喜欢戏曲的年轻人还是少，现在年轻人娱乐方式越来越多元化，手机、游戏、音乐剧、综艺节目等，而戏曲是一门比较"雅"的艺术形式。其实，我觉得看戏曲就像是"练瑜伽"一样，需要静下来，陶冶情操。还有就是语言的问题，我有很多地方戏演员朋友，我们就经常讨论这个事，因为每个地方有每个地方的方言，所以导致喜欢这个剧种的观众看不了另一个剧种，因为听不懂，听方言都听不懂，再加上调子唱出来，就更听不懂了，所以传播起来比较困难。再有就是，戏曲里面有很多内容需要我们有一定的文化程度才能看懂，所以对观众的鉴赏能力也有一定的要求。

章：对，我们可能首先要对那段历史、那个故事和那背后的传统文化有一定的了解才能够看懂那段戏，所以，戏曲还是有一定门槛的，并不像其他的，比如相声、小品，不管什么文化层次都能听懂。但我觉得这不是观众的问题，这可能需要从戏曲自身找原因。作为年轻一代的主力戏曲演员，您觉得年轻一代肩负怎样的使命呢？

裘：我觉得我们年轻一代的戏曲演员与以往不同的地方在于，我们不是为了生计学习这门艺术，因为现在我们都奔小康了，没有哪个演员家里吃不饱饭，那为什么目前戏曲演员收入有限，我们还要坚守在这儿呢？我们可以去干别的，我们有才艺，可以去做直播、当网红，最主要的我觉得是因为兴趣爱好。所以我们青年戏曲演员要用自己年轻的优势去吸引年轻人，因为不管是演员还是观众，都需要新鲜血液，都需要年轻的力量。所以现在我们很多青年戏曲演员都在利用抖音、微博，或上综艺节目的形式去吸引年轻人看戏，我们不为赚钱。我自己也建了个粉丝群，我这群里从初中、高中到大学各年龄段的人都有，全是年轻人，我经常会跟他们交流，有时候可能说别的事，但我也会把戏曲渗透进去。还比如，我也会把戏曲和歌曲结合起来，之前我上过一个综艺节目《不凡的改变》，我把张韶涵的《隐形的翅膀》改成戏歌了，张韶涵跟我说她很喜欢我的改编。我改编之后，那个作品主要还是歌，我只是把一些京剧元素加进去了，整首歌中只有一句是原汁原味儿的京剧，因为我觉得要让青年人喜欢，应该要由浅入深，让他们不经意间听到一句京剧，感觉好听就可以了。这就是我努力的方向，虽然我们青年演员的力量有限。

章：我觉得只要坚持，就会有一种生生不息的力量。我知道您之前上过多次综艺节目和戏曲节目，也曾经拿到过中央电视台首届学生京剧大赛金奖，我想请您从戏曲演员的角度出发，谈一谈在参加戏曲节目的时候，对戏曲节目主持人有什么期待？

裘：我曾经也主持过学校的一些戏曲晚会，虽然不专业，但确实也关注过这个。总的来说，我觉得对戏曲主持人的要求挺高的。第一，我觉得戏曲节目主持是比较"正"的一种形式，不像综艺娱乐节目主持那么随意，无论是台风、声音、状态都比较正式；第二，对戏曲的掌握，对历史的了解，甚至对这个剧的剧作者和曲作者，包括这个戏的流派，以及这个作品在什么时期是什么状态都要了解，还有就是这个演员本身是什么条件？什么流派？我觉得把这个捋清楚了，从戏曲演员的角度来看基本上就是合格了。因为这些基本的东西不了解就很容易闹笑话，王珮瑜现在是很火了，以前没那么火的时候，有一次演出，主持人在介绍王珮瑜出场的时候，把她的"余派"说成了"佘派"；还有一次一个主持人把四大名旦的"荀慧生"说成了"苟慧生"。

章：嚯，这两个错误太不应该了，这些是最基本的常识，犯这种错误让人感觉对这门艺术都很不尊重。所以说，戏曲节目主持人的人才培养问题是个亟须解决的问题，这也引出了咱们下一个话题，当前我国各高校没有专门培养戏曲节目主持人的专业或方向，您觉得是从戏曲专业学生中选比较好还是从播音主持专业学生中选比较好？或者是用人单位去内部培养？

裘：电视戏曲节目播音员主持人最主要的成分是主持人，一定是要有播音主持基本功底的，哪怕他对戏曲不了解，在进行播音主持之前的准备阶段也可以找到很多资料，完成一场晚会或一个节目的播音主持工作也是没问题的。因为播音员主持人都是经过特殊训练的，无论是吐字归音、播报状态还是驾驭节目的能力都是有基础的，这就像是一个人没学过京剧，你直接让他上台唱京剧他唱不好是一样的。所以我觉得还是要在播音主持专业院校去做这个工作。

章：具体操作层面您有什么建议呢？

裘：把播音主持功底打好以后，首先要读书，比如《中国戏曲史》，比如关于戏曲知识的书以及各个流派传世的书，不需要读太多，每个流派了解一下就够了，这样由浅入深地进行应该就能做得不错。再比如，可以给学生一个节目单，让他看看里面有哪些演员？这些演员都是什么流派？各个流派的特点是什么？这个节目的来龙去脉是什么？然后去查资料、到网上搜，找到切入点是很容易的，只要这样一点一点地练习，慢慢就会有成效。而且，我觉得王珮瑜那句话说得特别好："世界上有两种人，一种是喜欢京剧的人，另一种是不知道自己喜欢京剧的人。"所以在准备过程中，很容易就会培养起兴趣。

章：嗯，是个不错的主意。您平时看电视戏曲节目看得多吗？

裴：我看得比较多的是央视戏曲频道的《空中剧院》，这个节目经常放戏，我就跟看电影似的感觉。

章：您觉得当下的戏曲节目有哪些问题？

裴：我觉得现在的戏曲节目有两极分化的现象：一种是比较偏向老式的戏曲节目，就是访谈什么的，讲一些老艺术家们的学艺经历，这种比较"打内"，但也会让新观众看着比较枯燥；另一种是想创新，想达到综艺效果，可是往往又忽略了一些实质性的内容。我最近在做一些戏歌，我觉得有同理的地方，就是如果创新创得太新了就会让老观众不喜欢，如果创新不够，就会让新观众难以接受，所以很难把两头儿的观众都抓住。

章：您觉得要如何把节目做好呢？

裴：电视和新媒体在形式上要不断"求变求新"，这个是没问题的，但节目吸引不吸引人，最终还是要看它的内容。内容上我还是希望有"干货"，所以做戏曲节目的人是不是真的懂戏很关键，如果戏曲节目制作人对戏曲了解得不太深入，那做出来的节目也很难受到观众的青睐。再有就是内容方面，不要一味"诉苦"，给人一种戏曲人多么苦多么不容易的感觉，是，戏曲人不容易，但我觉得各行各业都有自己的不容易。要讲述戏曲人的不同，学习戏曲的益处，为社会能带来什么。戏曲节目要多请一些积极的、向上的戏曲演员或者年轻的艺人，再请一些热爱戏曲的大学生、中学生和时尚一些的年轻观众来参与，多一些朝气蓬勃，有益于吸引年轻人关注。

章：在这方面，我觉得王珮瑜做得很不错，她非常善于用年轻人的方式来传播戏曲，比如她经常上综艺表演戏曲、推广戏曲，还有她最近与爱奇艺合作做的《瑜你台上见》，介绍了很多基础的戏曲知识，特别适合年轻观众，包括她的抖音号，利用互联网传播，让人感觉戏曲也挺时尚，而且比较适合疫情期间去传播戏曲。说到疫情，这次新冠肺炎疫情对你们影响也很大吧？

裴：影响特别大，因为演员是需要舞台的。我们叫"打十年道行"，刚积累的舞台经验、自信可能都回去了。

章：我也特别有同感，因为播音员主持人如果长期不上节目，整个精气神儿、整个状态就会特别受影响。从另外一个角度看的话，虽然疫情的影响很大，但可能通过疫情也能催生出很多新的东西。比如疫情期间虽然不能在舞台上演，但是否可以通过互联网来传播？

裴：不能把这个做得太廉价了。现在网络很方便和发达，很多优秀的大师的录像都能从网上看到，观众为什么还要到剧场看年轻演员的戏呢？因为戏曲传承应该是"活态"的传承，不是博物馆式的保护。活态传承的戏曲表演，它的最高殿堂应该是剧场。首先，剧场艺术是比较完整的。电视晚会上的节目，我们行话叫"段儿活"，短视频网站上的内容"碎片化"更严重，我们专业演员要展现、传承的是完整的剧目。其次，剧场艺术是一次性的，所以难度更高。舞台表演有时难免有失误，甚至有事故，这种"没有绝对完美，只能不断追求完美"的状态，也是它吸引人的地方。第三，观众在现场观演，这是比较纯粹的欣赏与互动方式，没有插播广告，也没有"刷礼物"之类的。在家里看电视或刷视频，一会儿来个电话，一会儿可能逗逗猫逗逗狗，很难专注，但进了剧场或电影院之后，会和外界的"时空"有短暂的隔绝，这在"手机不离手"的时代，其实是很奢侈的消费。但是电视节目和新媒体对戏曲能起到记录、传播的作用，不能忽视，和剧场的分工不同。我个人是希望"百川归海"，通过可能的途径，最后把观众都吸引到剧场里。

章：嗯，现场看和网上看感觉是不一样的，有一些东西是需要观众到剧场自己品味的。好的，谢谢裴老师接受我的采访，咱们今天就聊到这儿。

裴：好的，不客气。

（十三）资深戏迷、电视戏曲节目观众林嵩访谈录

采访时间：2020 年 5 月 18 日晚上 9 点

采访方式：电话采访

章：林先生您好，您是从什么时候开始喜欢戏曲的？

林：我很小的时候就开始喜欢戏曲了。我是福州人，小时候由于父母工作忙，是我外婆带我，外婆家是在类似于现在的城乡接合部的地方，所以我那时候看戏一种是乡下的"社戏"、庙会上的戏，自己带着板凳，露天的戏台，还有就是城市周边的剧场里的戏也看过，所以我就是从很小的时候，被

抱在老人怀里就听戏了，那时主要是以地方戏为主。

章：所以您就是从小耳濡目染接触戏曲了，您觉得当时怎么就喜欢上戏曲了呢？

林：其实我十岁以前看戏的记忆不深刻，只有片段的印象，我觉得当时可能是服装、扮相非常鲜亮，还有就是它有节奏、动作和锣鼓声响。有研究动画片的人说到，孩子喜欢颜色、动作、声音，实际上戏曲跟这个差不多，也是有这些元素在里面。

章：您喜欢戏曲的过程，最开始是有被动接受的成分，后来什么时候开始有主动喜欢戏曲的意识了呢？

林：大概在小学上到高年级的时候吧，自己主观上就觉得喜欢，除了喜欢动画片，还喜欢戏曲，这个跟电视上转播戏曲节目也有关系。

章：您欣赏戏曲的方式是去剧场现场的多还是通过电视、网络的形式多呢？

林：对我来说，不同的阶段是不一样的。一开始就是我刚才说到的，大部分都是现场的，庙会上甚至街边上的；大概九十年代初的时候，我们福州很少有戏曲的剧场演出，一些农村可能还有，但是城市里那段时间很少了，而且那时候还没有网络，所以主要通过广播电视听戏看戏；到1996年后，我到了北京上大学，既有在剧场看的时候也有通过电视看的时候；最近这三五年，又有一个变化，我去剧场去得多一些，当然今年因为疫情影响不算数啊，这几年每年进各种剧场的次数加起来至少要有六七十场。

章：这场次很多啊，相当于平均每周您都会去剧场看一两次戏。那现在通过电视看戏曲看得少了？

林：近十年吧，电视我就没怎么看过，家里电视费都没交，偶尔看电视节目也是通过网络看。八九十年代电视刚普及的时候看得多，那时候由于电视的出现，戏曲剧场和电影院受到的打击都很大。那个时候由于市场经济体制刚开始转轨等原因，去剧场的人少，国家对戏曲的财政支持也有限，有的院团解散了，有的转型了，有的改革了，所以那几年戏曲的生态很不好。现在来讲的话好多了，有国家财政支持了，戏曲的形势这几年还是不错的。

章：您作为资深戏迷，现在都不怎么看电视戏曲节目，我觉得这个对电视戏曲来讲是个很严峻的信号。

林：跟戏曲本身也有关系，戏曲本身观众就少，电视戏曲的观众自然也会少。还有就是跟娱乐方式多元化有关系，互联网对电视的冲击就像是当年电视对剧场艺术的冲击一样，不光是电视戏曲节目的观众，很多节目的观众都会减少。包括现在一些老的网站也被新的一些 APP 冲击得很厉害，比如"抖音""快手"的出现给很多其他的形式带来了冲击。但我觉得还没到那么严重的时候，电视还是有很大的群众基础，很多人还是有看电视的习惯，而且，我也不是不看电视节目，只是不通过电视机看电视，偶尔我也会通过手机或网络看看央视戏曲频道的节目。

章：对，现在媒体融合的趋势在不断加大，很多电视戏曲节目在网络上都可以看到。

林：前几天我还看到央视频 APP 里面有很多电视戏曲节目，主持人还是央视的主持人，我觉得传统媒体的主持人向互联网方面转还是比较容易的，就像朱广权在网络上帮助湖北直播带货，反响很大，依托电视媒体的公信力，传统媒体的主持人还是很有影响力的。

章：作为戏迷，您对电视戏曲节目播音员主持人关注过吗？

林：从戏迷的角度来讲，看电视戏曲节目对我来讲属于"刚需"，我主要是想看戏曲，所以很多电视戏曲节目播音员主持人我虽然也很熟悉，但谈不上太关注。比如有个节目《空中剧院》经常播放整出戏，因为我们不可能所有的戏都去剧场看，所以我经常看看这个节目，它前面会有主持人访谈部分，但是我一般不怎么在意这部分内容。

章：但是有的主持人是行家，有的主持人可能不太懂戏，所以会不会有这种情况，就是当遇到一位懂戏的主持人的时候您看节目的过程会比较愉悦，遇到一位不懂戏的主持人的时候会觉得蹩脚？

林：这个肯定会有，我在剧场看演出，有时候会遇到那种照着稿子念，还念错人名或剧目名的主持人，感觉是比较露怯的。过多地关注就没什么了，因为主要不是看播音员主持人的，主要还是看戏曲演出的，这个跟看《春节联欢晚会》等节目的感觉好像还不太一样，因为有时候一些不太懂戏的主持人，主持的时候如果出错了，戏迷也知道他不是干这个的，也会比较包容吧。

章：您如何看待电视戏曲节目播音员主持人这个群体呢？

林：因为之前说到，我看电视戏曲节目主要还停留在十年前呢，主要看央视戏曲频道比较多，当然，现在这些主持人可能主要还在做这个，我觉得整体素养还是很高的，我刚才提到的念错字的是在剧场里，电视节目中较少出现这种情况。我印象中，最开始主持人是类似"报幕员"的状态，但是近些年，有的主持人成了这个节目挑大梁的了，有一些主持人好像也很热衷在节目中大显身手，变成"麦霸"了，还有些主持人在节目中有点儿"话痨"。

章：有点儿"喧宾夺主"的感觉？

林：对，还有就是剧场主持跟电视节目主持不一样，主持人要区别对待。我记得有一次在一个剧场看演出，我们当地邀请了一位著名电视新闻节目主持人来主持，有一位老艺术家唱得反响特别好、观众热烈鼓掌，这种情况下，观众要求、老艺术家自己也希望"返一段儿"，就是"返场"，这在剧场演出中很常见，但是当时这个电视主持人不理解这个，他可能还是按照主持电视节目的习惯，想着你也返一段儿，他也返一段儿，这节目不就超时了吗？他就愣给人掐住了，他也不是主持得不好，就是不懂这个。

章：这就是为什么说戏曲主持人一定要懂戏、懂相应的行规。

林：我作为戏迷，我看的是角儿，主持人一定要起到"穿针引线"的作用、"过渡"的作用，把节目衔接起来，使节目流畅一点儿，还有就是"烘云托月"的作用。但是现在，有的主持人不一样，我觉得这个跟演员和主持人地位悬殊也有关系，有的主持人是节目的制片人，是节目的"灵魂"人物，很有话语权。如果这个演员是梅兰芳，那任何主持人到他旁边都成了"陪衬"了。现在的情况就是，有的主持人的名气很大，但是认识这位戏曲演员的人不多，如果主持人特别热衷表现自己，那从观众的角度来看就会觉得不舒服。

章：您觉得如何去培养电视戏曲节目播音员主持人呢？

林：社会有这个需求，所以培养是很有必要的，但是培养不一定要放在高校培养，因为这个岗位的职业寿命比较长，岗位数量也有限，但是高校培养的话每年都要招人，每年都有人毕业，能否找到工作是个问题。我觉得一些戏曲演员中比较能说会道的，如果有这个愿望，可以往这个方向发展；还有就是专业播音员主持人到了工作岗位边做边学，即使开始不太懂戏曲，慢慢熏陶几年也可以做得不错，因为主持当中有一些共性的东西。

章：融媒体背景下，从您作为戏迷的角度来看的话，我们的戏曲、戏曲节目、戏曲主持人要如何去吸引受众呢？

林：这个问题很好，现在网络时代，针对受众是可以精准投放的，一定要把受众分析好，过去可能对受众分析得不到位，真正应该去争取的没有去争取。比如你有一个产品，在制作它之前就要有一个准确的定位，是准备把它卖给谁的。如果搞不清楚这个，老戏迷可能会流失，新戏迷争取不来。现在互联网时代，很多东西都可以通过大数据去分析，通过智能手段，完全可以合理合法地去收集到这些数据。

章：对，给相应的人推送相应的内容，很多网站现在都是这么做的。

林：现在北京有这样一种现象：一些地方戏涉及评奖，需要到北京演出，卖票卖不出去就会送票，一些老年人可以不买票看一年的戏，这样的话既没有创造经济效益也没有形成"流量"，一个字节的流量都没能贡献出来。如果你去高校做一些"戏曲进校园"，大学生看完之后可能还会发个微博，给戏曲带来些流量，也会有一种宣传作用。戏曲演员和电影明星的受众群体应该是多和少的区别，不应该是有和没有的区别。

章：所以主要的目标受众群的设定，对戏曲未来的健康可持续发展有着重要的影响。

林：对，不要把那些创造不了价值的受众当作主要目标受众群，虽然我们说文艺要为人民服务，但毕竟这是有成本的问题。给你举一个很典型的例子，我们当地有个曲艺团，因为是用方言演唱，现在流动人口比较多，很多人听不懂，所以他就把主要目标受众锁定在老年人，他们的所有演出都是免费的，而且他把演出的时间定在早晨的八九点，公开演出不卖票。有一次我说想去看，但是无法早晨八九点去看，我问那个剧团有没有晚上的演出，卖票的演出，人家回复说"对不起，没有"，我是想支持，支持不上。那将来这个戏怎么办？当老一代的观众进了养老院，这个剧种也就跟着进养老院了，将来没有观众基础，也就丧失了存在的必要了。

章：很多地方戏，确实已经到了生死存亡的边缘了。在具体操作层面，您觉得要如何去定位受众呢？

林：有几种吧。年轻人中有一个群体叫"古风党"，他们为什么喜欢戏曲呢？他们喜欢汉服、古琴、昆曲，喜欢喝普洱，如果是男的手上可能会戴着手串，手上盘着核桃，这些人是肯花钱的，我觉着，这些人是可以争取的对象。但是针对这群人，你弄一个 DISCO 京剧或者把京剧跟时装模特结合一下，肯定把他们吓跑了，现代戏他们也不会接受。还有一种属于文艺青年，这个群体人也不少，这个群体女性居多。她们可能不仅喜欢戏曲，而且还喜欢芭蕾舞、交响乐、话剧之类的，她理解这个京剧是一种高雅艺术，这些人学历普遍比较高，也爱读书，有的还会摄影，还有一定写作能力。但这个群体的特点是潮汐式的，她一阵一阵的，过了年龄段可能就不喜欢了，比如在大学阶段喜欢，但大学毕业之后就不喜欢了，有的是生计所迫，有的是离开大城市回到二三线城市了，有的是工作了，有的是生孩子了，所以就没有时间了。针对这个群体，我们的节目、演员、播音员主持人最好就跟他们共同成长，要把他们培养成不是简单的消费主义的来看京剧，否则就会像贾宝玉所说的男的都是土做的，女的都是水做的，但女的一嫁人就该杀。再有一种可以说是迷狂型的，可能由于演员或主持人的外形比较迷人，他就迷上这个人了，现在流量明星最需要的是这种，这些粉丝可能会给你打榜、买你的周边，他会因为喜欢这个不喜欢那个跟人在网上骂战，这种类型的属于"水能载舟亦能覆舟"的，你结婚了他就脱粉了，这样的粉丝可能会"反噬"演员或偶像。对于这种，我建议就绕着他走，因为戏曲是长线的东西，你不可能通过这些人引来资本。

章：戏曲和戏曲节目，有各个程度的受众，有的是属于票友型，有的属于戏迷型，还有的就是普通观众，从这个角度来看的话，我们如何去区分这些受众？

林：这几种我个人观察，旧戏班习气最重的，最不爱看戏曲节目的，对年轻演员也是最瞧不上的，就是一小部分票友，他作为票友演过之后，再看别人演就觉得不是那个意思了。当然，确实有一些票友是有水平的，也拜过师，也真下功夫了，有一些干专业的各方面条件可能不如人家。所以我的观点是，这部分票友型观众不能得罪。现在有一些戏曲演员的定位就比较明确，比如王珮瑜，她经常搞一些活动，她能卖出票去，这很不容易，因为有的戏曲演员演戏都卖不出票，别说搞活动了。

章：王珮瑜在吸引年轻受众方面做得非常好，比如做综艺节目、介绍戏曲常识什么的。

林：我分析着，她的戏迷里面文艺青年居多，像票友型的或者中老年的她不怎么争取，因为她讲的东西都是很基础的东西。我为什么说这一点呢，微博上自不必说了，但我发现居然有人在豆瓣网上讨论王珮瑜，因为豆瓣网用户基本就是以"文青"为主的。

章：好的，谢谢您接受我的采访。

林：不客气。